21世纪高职高专经济管理类基础课程"十二五"规划教材

U0960188

# 税 法

主　编◎张会青
副主编◎雷灵变

天津大学出版社
TIANJIN UNIVERSITY PRESS

## 内容提要

本书根据教育部高职高专教育总体要求，以我国现行税收制度为依据，对各税种的基本内容进行了阐述，对各税种的计算、容易出现的问题等实务进行了详细的介绍，主要内容包括：税法基础理论、增值税法、消费税法、营业税法、关税法、企业所得税法、个人所得税法、自然资源税法、财产行为税法、税收征收管理法等。全书以案例分析为主线，理论学习与背景知识有机结合，所选取的实务案例取材新颖、通俗易懂，具有较强的实用性。

本书既可作为应用型、技能型人才培养的高职高专经济管理类专业的教材，也可供企事业单位会计人员学习参考。

**图书在版编目(CIP)数据**

税法/张会青主编. —天津：天津大学出版社，2011.6

21世纪高职高专经济管理类基础课程"十二五"规划教材

ISBN 978-7-5618-3947-8

Ⅰ.①税… Ⅱ.①张… Ⅲ.①税法—中国—高等职业教育—教材 Ⅳ.①D922.22

中国版本图书馆CIP数据核字(2011)第116843号

**出版发行** 天津大学出版社
**出 版 人** 杨欢
**地　　址** 天津市卫津路92号天津大学内(邮编：300072)
**电　　话** 发行部：022-27403647　　邮购部：022-27402742
**网　　址** www.tjup.com
**印　　刷** 北京市通州京华印刷制版厂
**经　　销** 全国各地新华书店
**开　　本** 185mm×260mm
**印　　张** 16
**字　　数** 399千字
**版　　次** 2011年6月第1版
**印　　次** 2011年6月第1次
**定　　价** 29.00元

# 21世纪高职高专经济管理类基础课程“十二五”规划教材

## 编审委员会

# 出版说明

我国的高等职业教育按照“以服务为宗旨，以就业为导向，以能力培养为主线”的高职教育理念，已经走出一条产学结合、有中国特色的高职教育发展之路。高等职业教育已成为我国培养高技能型人才的主要形式。高等职业教育的全面深化改革，急需高质量、彰显高职特色、真正实现高职人才培养目标的新型系列优秀教材。

天津大学出版社为适应社会对高技能型经济管理类人才的迫切需求，贯彻落实《教育规划纲要》（2010—2020年）的精神，按照教育部要求，组织一批知名专家学者编写了21世纪高职高专经济管理类“十二五”规划教材，覆盖财务会计、市场营销、电子商务、物流管理、连锁经营、财政金融、经济贸易、旅游管理、餐饮管理与服务等专业。

为确保高质量教材进课堂，天津大学出版社积极践行先进的高职教育理念，努力提升教材开发的科学性、针对性和实效性，注重学生专业技能及职业素质的培养，提升学生的职场竞争力。本套教材有以下特点。

1. 定位准确，理念先进

根据高职教育培养目标准确进行教材定位，以学生为中心，体现“够用为度、注重实践”的原则，秉承围绕工作过程、以就业为导向、以能力本位为核心、注重校企合作的高职教材开发理念，以“突出实用性”作为本套教材的编写宗旨。

2. 内容实用，课证融合

以职业能力需求主导教材内容的选择，最大限度地创设职场环境，实现教学和专业工作的近距离对接；与时俱进，吸收专业领域的最新知识、技术和方法，注重学生的可持续发展；紧密结合国家职业资格考试和职业技能等级认定对知识、技能的要求，与学生顺利获得相应专业的等级技能证书有效衔接。

3. 体例新颖，形式活泼

以目标、任务、问题为驱动，以流程图、实际案例、实训及活动设计相结合的方式组织教材的编写，图文并茂、版式灵活，集实用性、科学性、易学性为一体。

4. 校企合作，打造精品

院校专业带头人及骨干教师基于对实际工作岗位的调研分析，与企业一线专家共同研编教材。重点支持品牌专业、特色专业以及国家示范院校教材的建设，争创精品教材。

本套教材适用于高职高专院校经济管理类相关专业。我们竭诚希望广大读者给予支持和指导，以使其日臻完善，共同为繁荣我国的高职教育事业尽绵薄之力。

天津大学出版社

# 前言

PREFACE

税收是国家赖以生存和发展的物质基础，同时又是社会经济生活重要的环境要素。国家为实现其职能的需要，通过税收立法，保证国家的财政收入，以巩固社会主义国家政权，发展社会主义经济，不断提高人们物质文化生活水平，为生产经营者有计划地从事生产经营活动提供法律保障。因此生产经营者应熟悉和掌握我国最新的税收法律、法规和规章，依法及时、足额地缴纳税款，及时尽纳税人应尽的义务；同时在充分了解现行税法的基础上，对筹资、投资和经营等活动作出巧妙的安排，以达到减轻企业税负的目的。本书试图从纳税理论与实务的角度，对经济生活中纳税的方法与技巧进行探索，以使读者对纳税实务有一个较为深刻的全方位的认识。

本书是根据教育部“十二五”规划高职高专教育总体要求编写的教材，具有难易适度、技术应用能力强等特点。我们本着“以服务为宗旨，以就业为导向，以能力培养为主线”的高职教育理念，以培养高等技术应用型专门人才为根本任务，目的是使高职高专学生系统掌握税法基础理论。

本书以我国现行税收制度为依据，在对各税种的基本内容进行阐述的基础上，主要对各税种的计算、容易出现的问题以及如何避免这些问题等实务进行了详细的阐述。本书主要是理论加习题的结构模式，将理论学习与税法实务有机结合，既能使学生充分掌握基础知识，又能培养学生解决问题的能力。

本书具有如下特点：

1. 体系完整，结构科学。

本书在简要介绍税收基本原理的基础上，以最新颁布的税收法律、法规为依据，全面阐述了现行税种的基本内容及应纳税额的计算方法和征收管理规定。

2. 深度适宜，可操作性强。

本书每章正文前都列出了学习目标，章后都配有“基础与提高”的训练习题，包括：单项选择、多项选择、简答等知识应用题，以及计算、项目实训和案例分析等技能和实务题。这样能帮助学生较好地巩固所学内容，强化学习效果，实现学习目标，从而提高处理涉税问题的动手操作能力。

# 前言

PREFACE

3. 体现先进、科学的原则。

本书编写时，紧密结合我国近几年税制改革的实际，吸收了税制改革与研究的最新成果，然后融入到教材的相关内容中，使广大学生学以致用。

本书共10章，第1章至第5章由山西忻州职业技术学院财经系张会青老师编写；第6章至第10章由山西经济管理干部学院（山西经贸职业学院）财会系雷灵变老师编写。全书由张会青老师统稿。在编写的过程中，得到了兄弟院校以及天津大学出版社的大力支持，在此一并表示感谢！

由于编者水平有限，加之时间仓促，书中难免有错误和不妥之处，恳请广大读者批评指正。

编　者

# 目录

CONTENTS

CONTENTS

# 第1章 税法基础理论

## 学习目标

理解税收与税法的含义与特征；熟悉税收的职能；掌握税法的构成要素；掌握税法的基本原则；熟悉税收税种的类别；熟悉我国税收的管理体制。

## 案例导入

**经济发展与税收的良性互动关系**

经济发展与税收的良性互动关系是经济决定税收，税收又反作用于经济，二者之间存在互相依存、互相影响、互相促进的辩证关系。但这种关系并不是在所有条件、所有社会经济制度和所有经济运行模式之下都自动生效，只有在一定的社会经济制度之下，特别是在一定的经济运行模式之下，才可以使二者具有良性互动关系。

计划经济时代，经济发展与税收的良性互动关系只不过是一种理论上的说明，并不具有实际意义。在实践中不可能充分体现二者的良性互动关系。税收对经济的关系得不到充分体现，经济发展主要不是靠税收调节，而是靠计划调节，如果计划发生重大失误，经济发展就要遭遇严重的困难和障碍。税收收得再好、设计再好，对经济的影响也不是决定性的，甚至在许多情况下，它是一种从属的关系。财政只是摆设，为了保证计划的实施完成而进行跟进式的财力保障。因此，在计划经济条件下，经济与税收的良性互动关系体现不出来。

只有在社会主义市场经济条件下，随着财政收入模式的转变和税收在宏观经济调控中地位的不断提高，经济发展与税收间的良性互动关系才为人们所认识，才受到举国上下的充分关注。实践证明，只有宏观经济调控加市场经济的作用，才能保证市场经济的有序运行，既充分发挥市场经济的有利方面，又克服其固有弊端。资本主义一百多年的历史已充分证明，市场经济以市场作为资源配置的基础手段，再加上国家宏观经济调控，资源配置方式才是有效的。市场经济越成熟、市场机制作用发挥得越充分，国家宏观经济调控的作用也就越重要和明显。

在现代市场经济条件下，税收的双重职能必然为人们所认识，因为税收是宏观经济调控最重要的手段。在市场经济下，财政政策和货币政策是两大支柱性的宏观经济调控政策，产业政策和收入分配政策是派生性的宏观调控政策。在财政政策中，税收政策是核心的组成部分，随着社会主义市场经济的逐步建立、健全，宏观经济调控政策的作用得以显现，其中税收作为财政政策的核心，在国民经济中的地位是新中国成立60年来最突出的，税收的双重职能以及经济发展与税收的良性互动关系得到了充分体现。

资料来源：经济会计网

**思考：**

经济发展与税收的良性互动同社会经济时代有何关联？

## 1.1 税收的基础理论

### 1.1.1 税收的含义

税法是税收的法律表现形式，税收则是税法所确定的具体内容。税收不仅是国家取得财政收入的一种手段，而且是国家用以加强宏观调控的重要经济杠杆。

国家取得任何一种财政收入，都要凭借国家的某种权力。如国家的土地收入、官产收入、国有企业利润收入，凭借的是国家对土地和生产资料的所有权；特权收入，凭借的是国家对山林、水流、矿藏等自然资源的所有权；向其统治的臣民或国家收取贡物，凭借的是统治者的权力等。

税收的含义可以从以下几方面进行理解。

(1) 税收是国家财政收入的主要形式。

(2) 国家是行使征税权的主体。

(3) 国家征税所凭借的是行政权。

(4) 国家征税的目的是为社会提供公共品。

(5) 税收必须借助法律形式进行。

### 1.1.2 税收的特征

(1) 税收的强制性。税收的强制性是指税收是国家以社会管理者的身份，依据政治权力，通过颁布法律或政令来进行强制征收。

(2) 税收的无偿性。税收的无偿性是指通过征税，使社会集团和社会成员的一部分收入转归国家所有，且国家不向纳税人支付任何报酬或代价。

(3) 税收的固定性。税收的固定性是指税收是按照国家税法规定的标准征收的，即纳税人、课税对象、税目、税率、计价办法和期限等，非经国家法令修订或调整，征纳双方都不得违背或改变这个固定的比例或数额以及其他规定。

税收的三个特征是统一的整体，相互联系，缺一不可。无偿性是税收这种特殊分配手段本质的体现，强制性是实现税收无偿征收的保证，固定性是无偿性和强制性的必然要求。三者相互配合，保证了政府财政收入的稳定。

### 1.1.3　税收的职能

税收的职能一般是指税收分配在一定社会制度下所固有的功能和职责，是税收的一种长期固定的属性。一般认为税收具有财政、经济和管理三种职能。

**1. 财政收入职能**

税收的财政收入职能，即税收筹集财政收入的职能，是指税收所具有的从社会成员和经济组织手中强制性地取得一部分收入，以满足国家提供公共品需要的职责和功能。财政收入职能是税收最基本的职能。

一般而言，当代世界各国的税收收入占财政收入 90%以上。我国的财政收入有 95%以上来自税收收入。

**2. 调节社会经济**

政府凭借国家强制力参与社会分配，影响纳税人的经济活动能力和行为，从而合理调整社会经济结构。

**3. 监督管理职能**

税收的监督管理职能，是指税收在取得收入的过程中，能够借助它和经济的必然联系来反映国民经济运行和企业生产经营中某些情况，发现存在的问题，从而为国家和企业解决这些问题提供线索和依据。税收的监督管理职能贯穿于税收活动的全过程。

### 1.1.4　税收法律关系

**1. 税收法律关系的含义**

税收法律关系是指税法所确认和调整的，国家与纳税人之间在税收分配过程中形成的权利与义务的关系。

税收法律关系具有以下特征。

(1) 税收法律关系的实质是税收分配关系在法律上的表现。

(2) 税收法律关系的主体一方只能是国家或国家授权的征税机关。

(3) 税收法律关系的主体权利义务关系具有不对等性。

(4) 税收法律关系的产生以纳税人发生了税法规定的事实和行为为前提。

**2. 税收法律关系的构成要素**

税收法律关系是由税收法律关系的主体、税收法律关系的客体和税收法律关系的内容三个要素构成的。

(1) 税收法律关系的主体即税收法律关系中享有权利和承担义务的当事人。一方是代表国家行使征税职责的国家税务机关，包括国家各级税务机关、海关和财政机关；另一方是负有纳税义务的人，包括法人、自然人和其他组织。对税收法律关系中纳税义务人的确定，在我国采取的是属地兼属人的原则。在税收法律关系中征纳主体双方法律地位平等，只是因为主体双方是管理者与被管理者的关系，双方的权利与义务不对等，这是税法的一个重要特征。

(2) 税收法律关系的客体即税收法律关系主体的权利、义务所共同指向的对象，也就是征税对象。例如，所得税法律关系客体就是生产经营所得和其他所得，财产税法律关系的客体即是财产，流转税法律关系客体就是货物销售收入或劳务收入。税收法律关系客体是国家利用税收杠杆调节和控制的目标，国家在一定时期根据客观经济形势发展的需要，通过扩大或缩小征税范围调整征税对象，以达到限制或鼓励国民经济中某些产业、行业发展的目的。

(3) 税收法律关系的内容指权利主体所享有的权利和所应承担的义务，是税法的核心。国家税务机关的权利主要表现为依法进行征税、进行税务检查以及对违法者进行处罚；其义务主要是向纳税人宣传依法纳税等，及时把征收的税款上缴国库，依法受理纳税人对税收争议的申诉等。纳税义务人的权利主要有多缴税款申请退还权、延期纳税权、依法申请减免税权、申请复议和提起诉讼权等。其义务主要是按税法规定办理税务登记、进行纳税申报、接受税务检查、依法缴纳税款等。

**3. 税收法律关系的产生、变更与消灭**

税收法律关系的产生、变更与消灭是指能够引起税收法律关系产生、变更或消灭的客观情况，即税收法律事实。税收法律事实，一般是指税务机关依法征税的行为和纳税人的经济活动行为，发生这种行为才能产生、变更或消灭税收法律关系。例如，纳税人开业经营即产生税收法律关系，纳税人转业或停业就造成税收法律关系的变更或消灭。

**4. 税收法律关系的保护**

税收法律关系的保护形式和方法有很多，税法中关于限期纳税、征收滞纳金和罚款的规定，《中华人民共和国刑法》对构成偷税、抗税罪给予刑事处罚的规定，以及税法中对纳税人不服税务机关征税处理决定，可以申请行政复议或提起诉讼的规定等都是对税收法律关系的直接保护。税收法律关系的保护对征纳主体双方是对等的，不能只对一方予以保护，而对另一方不予保护，对权利享有者的保护就是对义务承担者的制约。

# 1.2 税法的基础理论

## 1.2.1 税法的含义

税法是国家制定的用以调节征税主体与纳税人之间在税收征纳方面的权利及义务关系的法律规范的总称。

税法有广义与狭义之分，广义的税法是指国家立法机关、政府及其有关部门制定的有关税收方面的法律、规章和规定等；而狭义的税法仅指国家立法机关或其授权制定的税收法律，这是严格意义上的税法。

## 1.2.2 税法的特征

(1) 强制性。税法的强制性有其特定内涵：一是有一系列的制度措施做保证。二是税法主要是强制性规范，即对于一切满足税收要素的纳税人，均应依据税法缴纳税款，而不允许行政机关与纳税人变动法定税收要素的内容。

(2) 规范性。税收的规范性具体表现在以下两个方面：首先，国家按单个税种立法，以此作为征税时具有可操作性的法律依据，且税种的开征与否一般都由国家最高权力机关通过制定税收法律的形式加以规定，具有稳定性和固定性。其次，体现为税收要素的规范性，每一部税法都必须对包括征纳主体、征税对象、税率等予以规定。税法的规范性还体现在税法一般都采取成文法的形式。

(3) 技术性。一方面税法要防止对经济生活的不当干预，另一方面又必须注意如何才能确保税收征收，保证税收征管的实效。因此，从这些制度中可以体现出税法规范的技术性。

### 1.2.3　税法的基本原则

税法的基本原则是对一个国家调整税收关系法律规范的高度抽象和概括，是贯穿税收立法、执法和司法等全过程的具有普遍性指导意义的法律准则。税法的基本原则主要包括以下三项：税收法定原则、税收公平原则和税收效率原则。

**1. 税收法定原则**

税收法定原则是最基本的税法原则，税权的行使必须限定在法律规定的范围内，确定征纳双方的权利义务必须以法律规定为依据。

税收法定原则包括以下三个方面。

(1) 税种法定。税种必须由法律予以规定；非经法律规定的税种，征税主体没有征税权力，纳税主体没有缴纳义务。

(2) 税收征约主体法定。税收要素不仅要依据法律做出规定，而且必须明确，以避免出现漏洞和歧义。

(3) 征税程序法定。征税机关必须严格依据法律规定的程序和权限征收税款，没有法律依据，征税机关无权开征、停征、减免、退补税收。

**2. 税收公平原则**

现代各国的税收法律关系中，所有纳税人的地位都是平等的，因此税收在国民之间的分配必须公平合理。税收公平原则是近代平等性的政治和宪法原则在税收法律制度中的体现。

**3. 税收效率原则**

税收效率原则是指以最少的投入获取最大的税收收入，或者最大限度地减轻税收对经济发展的负面影响。它包括税收行政效率和税收经济效率两个方面。

为了提高税收行政效率和税收经济效率，一方面应当采用先进的征税手段，节约费用，提高效率，堵塞漏洞，严厉打击偷税、骗税行为；另一方面，也应尽可能简化税制，使税法语言准确明白，纳税手续简便、透明，降低纳税人的税法遵从成本。

### 1.2.4　税法的分类

**1. 按税法内容和效力标准分类**

按照基本内容和效力的不同，税法可分为税收基本法和税收普通法。其中税收基本法是税法体系的主体和核心，在税法体系中起着税收母法的作用。

税收基本法是指规定税收性质、立法、种类、体制和税务机构以及征纳双方权利与义务等内容的法律规范。其基本内容一般包括：税收制度的性质、税务管理机构、税收立法与管理权限、纳税人的基本权利与义务、税收征收范围（税种）等。我国目前还没有制定统一的税收基本法，随着我国税收法制建设的发展和完善，将研究制定税收基本法。

税收普通法是根据税收基本法的原则，对税收基本法规定的事项分别立法实施的法律。如个人所得税法、税收征收管理法等。

**2. 按照功能作用不同分类**

按照功能作用的不同，税法可分为税收实体法和税收程序法。

税收实体法主要是指确定税种的立法。税收实体法具体规定各税种的征收对象、征收范围、税目、税率、纳税地点等。

税收程序法是税收实体法的对称，是指税务管理方面的法律，包括税收管理法、税收程序法、发票管理法、税务机关组织法、税务争议处理法等。我国税收征收管理法就属于税收程序法。

**3. 按课税对象的性质和特点分类**

按照征收对象的不同，税法可分为以下四种。

（1）对流转额课税的税法，包括增值税、营业税、消费税、关税等税法。

（2）对所得额课税的税法，包括企业所得税法、个人所得税法等税法。

（3）对财产、行为课税的税法，即对财产的价值或某种行为课税的税法，包括房产税法、印花税法等税法。

（4）对自然资源课税的税法，其主要是为保护和合理使用国家自然资源而课征的税。我国现行的资源税、城镇土地使用税等税种均属于资源课税的范畴。

**4. 按税收管辖权分类**

按照主权国家行使税收管辖权的不同，可分为国内税法、外国税法和国际税法等。

（1）国内税法指一个国家在其税收管辖权范围内调整税收分配过程中形成的权利义务关系的法律规范的总称，是由国家最高权力机关和经由授权或依法律规定的国家行政机关制定的税收法律、法规、规章等规范性文件。其效力范围在地域上和对人上均以国家税收管辖权所能达到的管辖范围为准。

（2）外国税法指国外各个国家制定的税收法律制度。

（3）国际税法指国家间形成的税收制度，主要包括双边或多边国家间的税收协定、条约和国际惯例等。

## 1.2.5 税法的构成要素

税法的构成要素包括总则、纳税义务人、征税对象、税目、税率、纳税环节、纳税期限、纳税地点、减税免税、罚则、附则等项目。

（1）总则，主要包括立法依据、立法目的、适用原则等。

（2）纳税义务人，即纳税主体，指履行纳税义务的法人、自然人及其他组织。

（3）征税对象，即纳税客体，主要是指税收法律关系中征纳双方权利义务所指向的物或行为。这是区分不同税种的主要标志，如企业所得税的征税对象就是应税所得，增值税的征税对象就是商品或劳务在生产和流通过程中的增值额。

（4）税目，即各个税种所规定的具体征税项目，是征税对象的具体化。如消费税具体规定了烟、酒等 14 个税目。

（5）税率，即对征税对象的征收比例或征收额度。税率是计算税额的尺度，也是衡量税负轻重与否的重要标志。常用的税率主要有以下几种。

①比例税率，即对同一征税对象，不论数额大小，规定相同的征收比例。我国的增值税、营业税、城市维护建设税、企业所得税等采用的是比例税率。

②超额累进税率，即将应税所得额按照税法规定分解为若干段，每一段按其对应的税率计算出该段应交的税额，然后再将计算出来的各段税额相加，即为应税所得额应交纳的个人所得税。

③定额税率，即按征税对象确定的计算单位，直接规定一个固定的税额。采用定额税率的

有资源税、城镇土地使用税、车船税等。

④超率累进税率，即以征税对象数额的相对率划分若干级距，分别规定相应的差别税率，相对率每超过一个级距的，对超过的部分就按高一级的税率计算征税。采用这种税率的有土地增值税。

(6) 纳税环节，主要是指税法规定的征税对象在从生产到消费的流转过程中应当缴纳税款的环节，如流转税在生产和流通环节纳税、所得税在分配环节纳税等。

(7) 纳税期限，是指纳税人按照税法规定缴纳税款的期限。如企业所得税在月份或者季度终了后 15 日内预缴，年度终了后 5 个月内汇算清缴，多退少补；营业税的纳税期限为 15 日。

(8) 纳税地点，主要是指根据各个税种纳税对象的纳税环节和有利于对税款的源泉控制而规定的纳税人（包括代征、代扣、代缴义务人）的具体纳税地点。

(9) 减税免税，主要是对某些符合税收减免条件纳税人和征税对象采取减少征税或者免予征税的特殊规定。

(10) 罚则，主要是指对纳税人违反税法的行为采取的处罚措施。

(11) 附则，如对该法的解释权、生效时间等。

### 1.2.6　税法的地位和作用

#### 1. 税法的地位

税法是我国法律体系的重要组成部分，其地位是由税收在国家经济活动中的重要性决定的。一方面税收收入是政府取得财政收入的主要来源，而财政收入是维持国家机器正常运转的经济基础；另一方面，税收是国家宏观调控的经济杠杆和重要手段。因此，税法是调整国家与企业和公民个人收入分配关系的最基本、最直接的方式，特别是在市场经济条件下，税收收入的上述两项功效表现得非常明显和直接。

#### 2. 税法的作用

由于税法调整的对象涉及社会经济活动的各个方面，与国家的整体利益及企业、单位、个人的直接利益有着密切的关系。在建立和发展我国社会主义市场经济体制中，国家将通过制定实施税法加强对国民经济的宏观调控，主要作用表现在以下几方面：

(1) 税法是国家维护其经济权益的法律保障。在国际经济交往中，任何国家对进出口贸易、技术交流与合作，以及在本国境内从事生产经营的外国企业和个人都拥有税收管辖权，这是国家权益的具体体现。

(2) 税法是国家组织财政收入的法律保障。为了维护国家机器的正常运转，促进国民经济健康发展，必须筹集大量的资金，即组织国家财政收入。税收是筹集国家建设资金最主要的渠道。为了保证税收组织财政收入职能的发挥，必须通过制定税法，以法律形式确定单位和个人履行纳税义务的具体项目、数额和纳税程序，惩治偷逃税款的行为，防止税款流失，保证国家依法征税，及时足额地取得税收收入。

(3) 税法是国家宏观调控经济的法律手段。我国建立和发展社会主义市场经济体制的一个重要改革目标，就是从过去国家习惯于用行政手段直接管理经济，向主要运用法律、经济的手段宏观调控经济转变。税收作为国家宏观调控的重要手段，通过制定税法，为市场经济的发展创造良好的条件。

(4) 税法是国家维护经济秩序的法律工具。税法的贯彻执行涉及从事生产经营活动的每个单位和个人，这些经营单位和个人办理税务登记、建账建制、纳税申报等各项经营活动都将全面地反映出纳税人的生产经营情况。

(5) 税法能有效地保护纳税人的合法权益。由于国家征税直接涉及纳税人的切身利益，如果税务机关随意征税，就会侵犯纳税人的合法权益，影响纳税人的正常经营，这是法律所不允许的。因此，税法在确定税务机关征税权利和纳税人履行纳税义务的同时，相应规定了税务机关应尽的义务和纳税人享有的权利。

## 1.3 现行的税收制度

### 1.3.1 税收制度及其类型

通常所说的税收制度简称税制，从税收工作的角度来看，一个国家的税收制度是指在既定的管理体制下设置的税种以及与这些税种的征收、管理有关的，具有法律效力的各级成文法律、行政法规、部门规章等的总和。一个国家的税收制度，可按照构成方法和形式分为简单型税制及复合型税制。在现代社会中，世界各国一般都采用多种税并存的复合型税收制度。

### 1.3.2 税种设置

国家税收制度的确立，要以本国的具体政治经济条件为基础。税种的设置及每种税的征税办法，一般是以法律形式确定的，这些法律就是税法。一个国家的税法一般包括税法通则、各税税法条例、实施细则、具体规定四个部分。就一个国家而言，在不同的时期，由于政治经济条件和政治经济目标不同，税收制度也有着或大或小的差异。目前，世界上只有少数国家单独制定税法通则，大多数国家都把税法通则的有关内容包含在各税税法之中，我国的税法就属于这种情况。

目前，我国共有增值税、消费税、营业税、企业所得税、个人所得税、资源税、城镇土地使用税、房产税、城市维护建设税、耕地占用税、土地增值税、车辆购置税、车船税、印花税、契税、烟叶税、关税、船舶吨税、固定资产投资方向调节税（2000 年起暂停征收）等 19 个税种。这 19 个税收法律、法规组成了我国的税收实体法体系。

现行的税种，按性质和作用大致可分为以下几类。

(1) 流转税类，包括增值税、消费税和营业税。主要在生产、流通或者服务业中发挥调节作用。

(2) 所得税类，所得税类包括企业所得税和个人所得税。其特点是可以直接调节纳税人收入，主要是在国民收入形成后，对生产经营者的利润和个人的纯收入发挥调节作用。

(3) 资源税类，包括资源税、城镇土地使用税。主要是因开发和利用自然资源差异而形成的级差收入发挥调节作用。

(4) 特定目的税类，包括固定资产投资方向调节税、城市维护建设税、车辆购置税、耕地占用税等，主要是为了达到特定目的，对特定对象和特定行为发挥调节作用。

(5) 财产和行为税类，包括房产税、城市房地产税、车船税、印花税和契税，主要是对某些财产和行为发挥调节作用。

(6) 关税，主要对进出我国国境的货物、物品征收。

以上对于税种的分类不具有法定性，但将各具体税种按一定方法分类，在税收理论研究和税制建设方面用途相当广泛，作用也非常大。

在上述各类税的税收制度中，除《中华人民共和国个人所得税法》是以国家法律的形式发布实施外，其他各税种都是经全国人民代表大会授权立法，由国务院以暂行条例的形式发布实施的。这些税收法律、法规组成了我国的税法体系。

### 1.3.3　税收管理体制

税收制度是国家以法律形式规定的各种课税制度的总和。税收制度体现在税收法律之中，税收法律是税收制度的形式化，税收制度与税收法律是内容与形式间的关系，也即目的与手段间的关系。

税收管理体制是税收制度的重要组成部分，也是财政管理体制的重要内容，是在各级国家机构之间划分税权的制度。税收管理权限可以简单地划分为税收立法权和税收执法权两类。税收立法是税收制度的前提，税收执法是税收制度的核心。

**1. 税收立法**

（1）税收立法权划分的种类。税收立法权是制定、修改、解释或废止税收法律、法规、规章和规范性文件的权力。它包括两方面的内容：一是什么机关有税收立法权；二是各级机关的税收立法权是如何划分的。

（2）我国税收立法权划分的现状。

①全国性税种的立法权，包括全部中央税、中央与地方共享税和在全国范围内征收的地方税税法的制定、公布和税种的开征、停征权，属于全国人民代表大会及其常务委员会。

②经全国人大及其常委会授权，全国性税种可先由国务院以“条例”或“暂行条例”的形式发布施行。经过一段时期后，再行修订并通过立法程序，由全国人大及其常委会正式立法。

③经全国人大及其常委会授权，国务院有制定税法实施细则、增减税目和调整税率的权力。

④经全国人大及其常委会的授权，国务院有对税法的解释权；经国务院授权，国家税务主管部门（财政部和国家税务总局）有对税收条例的解释权和制定税收条例实施细则的权力。

⑤省级人民代表大会及其常务委员会有根据本地区经济发展的具体情况和实际需要，在不违背国家统一税法、不影响中央的财政收入、不妨碍我国统一市场的前提下开征全国性税种以外的地方税种的税收立法权。税法的公布，税种的开征、停征，由省级人民代表大会及其常务委员会统一规定，所立税法在公布实施前须报全国人大常委会备案。

⑥经省级人民代表大会及其常务委员会授权，省级人民政府有本地区地方税法的解释权和制定税法实施细则、调整税目、税率的权力，也可在上述规定的前提下，制定一些税收征收办法，还可以在全国性地方税条例规定的幅度内，确定本地区适用的税率或税额。上述权力除税法解释权外，在行使后和发布实施前须报国务院备案。

⑦地区性地方税收的立法权应只限于省级立法机关或经省级立法机关授权同级政府，不能层层下放。所立税法可在全省（自治区、直辖市）范围内施行，也可只在部分地区施行。

**2. 税收执法**

（1）税收执法权的划分。现行税制下税收执法管理权限的划分大致如下。

①按税种划分中央和地方的收入。将维护国家权益、实施宏观调控所必需的税种划为中央税；将同国民经济发展直接相关的主要税种划为中央与地方共享税；将适合地方征管的税种划为地方税，并充实地方税税种，增加地方税收收入。同时根据按收入归属划分税收管理权限的

原则：对中央税，其税收管理权由国务院及其税务主管部门（财政部和国家税务总局）行使，由中央税务机构负责征收；对地方税，其管理权由地方人民政府及其税务主管部门行使，由地方税务机构负责征收；对中央与地方共享税，原则上由中央税务机构负责征收，共享税中地方分享的部分，由中央税务机构直接划入地方金库。

②地方自行立法的地区性税种。其管理权由省级人民政府及其税务主管部门行使。省级人民政府可以根据本地区经济发展的实际情况，自行决定继续征收或者停止征收屠宰税和筵席税。

③属于地方税收管理的权限，在省级及其以下的地区如何划分，由省级人民代表大会或省级人民政府决定。

④除少数民族自治地区和经济特区外，各地均不得擅自停征全国性的地方税种。

⑤经全国人大及其常委会和国务院的批准，民族自治地方可以拥有某些特殊的税收管理权，如全国性地方税种某些税目税率的调整权以及一般地方税收管理权以外的其他一些管理权等。

⑥经全国人大及其常委会和国务院的批准，经济特区也可以在享有一般地方税收管理权之外，拥有一些特殊的税收管理权。

（2）税务机构设置和税收征管范围划分。

①税务机构设置。中央政府设立国家税务局（正部级），省及省以下税务机关分为国家税务局和地方税务局两个系统。

国家税务总局对国家税务局系统实行垂直管理，协同省级人民政府对省级地方税务局实行双重领导。国家税务局系统包括省、自治区、直辖市国家税务局，地区、地级市、自治州、盟国家税务局，县、县级市、旗国家税务局、征收分局、税务所。地方税务局系统包括省、自治区、直辖市地方税务局，地区、地级市、自治州、盟地方税务局，县、县级市、旗地方税务局、征收分局、税务所。

②税收征收管理范围划分。国家税务局负责征收和管理的项目有增值税，消费税，车辆购置税，铁道部门、各银行总行、各保险总公司集中缴纳的营业税、所得税、城市维护建设税，中央企业缴纳的所得税，中央与地方所属企业、事业单位组成的联营企业、股份制企业缴纳的所得税，地方银行、非银行金融企业缴纳的所得税，海洋石油企业缴纳的所得税、资源税，外商投资企业和外国企业所得税，证券交易税，个人所得税中对储蓄存款利息所得征收的部分，中央税的滞纳金、补税、罚款。

地方税务局系统负责征收和管理的项目有营业税，城市维护建设税，地方国有企业、集体企业、私营企业缴纳的所得税，城镇土地使用税，耕地占用税，土地增值税，房产税，城市房产税，车船使用税，车船牌照使用税，印花税，契税，屠宰税，地方税的滞纳金、补税、罚款。

（3）中央政府与地方政府税收收入划分。

①中央政府固定收入包括：消费税、车辆购置税、关税、海关代征的进口环节增值税等。

②地方政府固定收入包括：城镇土地使用税、耕地占用税、土地增值税、房产税、城市房地产税、车船使用税、车船牌照使用税、契税、屠宰税、筵席税、农业税、牧业税等。

③中央政府与地方政府共享的税收收入包括：增值税，中央政府分享75%，地方政府分享25%。

④特殊税收收入的划分。营业税，其中铁道部、各银行总行、各保险总公司集中缴纳的部分归中央政府，其余部分归地方政府；企业所得税，铁道部及各银行总行和海洋石油企业缴纳

的部分归中央政府，其余部分中央政府与地方政府按比例分享；资源税，海洋石油企业缴纳的部分归中央政府，其余部分归地方政府；城市维护建设税，铁道部、各银行总行、各保险总公司集中缴纳的部分归中央政府，其余部分归地方政府；印花税，证券交易印花税收入的94%归中央政府，其余6%和其他印花税收入归地方政府。

## 本章小结

本章主要介绍了有关税收和税法的基础知识。

税收是国家凭借其政治权力，强制、无偿地参与国民收入分配取得财政收入的一种手段。税收的依据是国家政治权力，具有强制性、无偿性和固定性的特征，以及财政、经济和管理的职能。

税法是国家制定的用以调节征税主体与纳税人之间在税收征纳方面的权利和义务关系的法律规范的总称。税法的基本原则包括税收法定原则、税收公平原则和税收效率原则。税收法律关系是由税收法律关系的主体内容和客体内容构成的。税法要素主要包括总则、纳税义务人、征税对象、税目、税率、纳税环节、纳税期限、纳税地点、减税免税、罚则、附则等项目。税法按照基本内容和效力的不同，可分为税收基本法和税收普通法；按照功能作用的不同，可分为税收实体法和税收程序法；按照征收对象的不同，可分为对流转额课税的税法，对所得额课税的税法，对财产、行为课税的税法，对自然资源课税的税法。

税收立法是国家立法机关或其授权机关根据一定的立法程序，制定税收法律规范的一系列活动，包括制定、修改和废止税收法律等环节。遵循公平性与效率性、法定性与灵活性、稳定性与连续性、民主性与可行性的原则。

## 基础与提高

### 一、单项选择题

1. 税收的主体有（　　）。

A. 国家和政府　　　　B. 企业单位

C. 个人　　　　D. 税务机关

2. 根据不同的标准可以对税法进行不同的分类。对税法所作的下列分类中，以税法功能作用的不同作为分类标准的是（　　）。

A. 税收法律、税收行政法规、税收规章

B. 税收实体法和税收程序法

C. 税收基本法和税收普通法

D. 税收一般法和税收特别法

3. 下列税收法律中，属于税收程序法的是（　　）。

A. 中华人民共和国企业所得税法

B. 中华人民共和国税收征收管理法

C. 中华人民共和国增值税暂行条例实施细则

D. 中华人民共和国房产税暂行条例

4. 下列各项中，表述正确的是（　　）。

A. 税目是区分不同税种的主要标志

B. 税率是衡量税负轻重的重要标志

C. 纳税人就是履行纳税义务的法人和自然人

D. 征税对象就是税收法律关系中征纳双方权利义务所指的物品

5.《中华人民共和国营业税暂行条例》的法律级次属于（　　）。

A. 财政部制定的部门规章

B. 全国人大授权国务院立法

C. 国务院制定的税收行政法规

D. 全国人大制定的税收法律

6. 在国家财政收入中，比重最大的是（　　）。

A. 政府规费收入　　B. 税收

C. 国债收入　　D. 国有资产经营收入

## 二 多项选择题

1. 税收体现了其与（　　）的关系。

A. 国家　　B. 经济

C. 财政　　D. 法律

2. 纳税义务人的义务主要有（　　）。

A. 办理税务登记　　B. 进行纳税申报

C. 接受税务检查　　D. 申请复议和提起诉讼

3. 下列各项中，可以成为税收法律关系主体的有（　　）。

A. 税务部门　　B. 在我国境内有所得的外国企业

C. 海关部门　　D. 在我国境内有所得的外籍个人

4. 税收管理方面的法律即税收程序法包括（　　）。

A. 发票管理法　　B. 税务争议法

C. 税收管理法　　D. 纳税程序法

5. 我国现行征收管理税收的机构有（　　）。

A. 海关　　B. 地方税务局

C. 国家税务总局　　D. 财政部门

6. 中央政府与地方政府共享的收入包括（　　）。

A. 国内增值税　　B. 国内消费税

C. 企业所得税　　D. 印花税

7. 下列税种全部属于中央政府固定收入的有（　　）。

A. 消费税　　B. 增值税

C. 车辆购置税　　D. 资源税

8. 我国现行税法体系主要包括（　　）。

A. 税收实体法　　B. 税收征管法

C. 税收行政法　　D. 税收民法

## 三 简答题

1. 如何理解税收的含义？税收的职能有哪些？

2. 税法的基本原则是什么?
3. 税法的构成要素有哪些?
4. 税法有哪些分类方式?
5. 如何理解我国现行的税法体系?

## 案例分析

### 自行申报纳税是对公民自觉履行法律义务的考验

国家税务总局发布规定，所有年收入超过 12 万元的个人，都要到税务部门自行办理纳税申报。2007 年 4 月 2 日，首次年所得 12 万元以上个人所得税自行纳税申报工作落下了帷幕。据统计，全国各地税务机关共受理自行纳税申报人数 162 万多人，申报年所得总额 5 150 亿元，已缴税额 791 亿元，补缴税额 19 亿元，人均申报年所得额 316 227 元，人均缴税额 49 733 元，这一数额与税务机关按建档情况估计的应申报人数 170 万人左右比较接近。当然，由于个人收入管理的相关配套制度和措施不健全，税务机关建档管理未能覆盖到所有纳税人，加之个人收入的多元化、隐性化，现金交易量大，还有相当一部分人的收入信息税务机关是不掌握的。所以，估计有一部分应申报的纳税人未自行申报，申报量还有差距。由此，税收在市场经济条件下的监督作用显得尤为重要。只有强化税收的监督职能，坚持依法纳税，才能使市场经济正常、健康发展。

**思考与分析:**

1. 结合社会现状，思考如何在市场经济条件下加强税收的监督职能。
2. 如何健全个人收入管理的相关配套制度，使市场经济正常、健康发展?

# 第2章 增值税法

**学习目标**

理解增值税的含义及特点；明确增值税的征税范围；能进行增值税应纳税额的计算；掌握增值税的纳税义务发生时间、纳税期限、纳税地点及纳税申报方法。

**案例导入**

**量化计算对购房者的影响**

长城证券最近发布了一份分析报告，以量化的方式计算了普通住宅开发商在各个毛利率额度下土地增值税对净利润的影响程度。报告指出，对于毛利率超过40%的开发企业来说，土地增值税对净利润的影响将超过17.4%。报告称，“通过计算……按照相关的实施细则，普通住宅毛利率在40%以上的项目才需缴纳土地增值税，毛利率低于40%的项目是免税的”；“毛利率为40%的项目被严格征收土地增值税后对净利润的影响是17.4%，毛利率越高的项目征税的影响越大”。

从2006年前三季度房地产上市企业的利润表可以看到，大部分上市公司的毛利率在30%～40%，部分企业如深长城超过了50%；对于非上市公司来说，平均利润不会低于40%的平均值，而很多企业的毛利率水平应该更高。这意味着对于大部分开发商来说，他们将至少面临17.4%的利润损失。

**思考：**

土地增值税全面清算，利润“跳水”是否会转嫁给买房者？

## 2.1 增值税概述

### 2.1.1 增值税的含义

增值税是指对从事销售货物或者加工、修理修配劳务，以及进口货物的单位和个人取得的增值额为计税依据征收的一种流转税。“增值额”是指纳税人在生产、经营或劳务服务活动中所创造的新增价值，即纳税人在一定时期内销售货物或提供劳务服务所取得的收入大于其购进货物或取得劳务服务时所支付金额的差额。

《中华人民共和国增值税暂行条例》自 2009 年 1 月 1 日起施行。修订后的《中华人民共和国增值税暂行条例》允许抵扣购进固定资产的进项税额，从而实现了增值税由生产型向消费型的转换。

《财政部、国家税务总局关于全国实施增值税转型改革若干问题的通知》规定：自 2009 年 1 月 1 日起，增值税一般纳税人购进（包括接受捐赠、实物投资，下同）或者自制（包括改扩建、安装，下同）固定资产发生的进项税额（以下简称固定资产进项税额），可根据《中华人民共和国增值税暂行条例》和《中华人民共和国增值税暂行条例实施细则》的有关规定，凭增值税专用发票、海关进口增值税专用缴款书和运输费用结算单据从销项税额中抵扣，其进项税额应当记入“应缴税金——应缴增值税（进项税额）”账户。

## 2.1.2　增值税的类型

根据对固定资产的处理方式不同，增值税的类型有三种，区分的标志是扣除项目中对外购固定资产的处理方式不同。

**1. 生产型增值税**

生产型增值税是指在征收增值税时，不考虑生产经营过程中固定资产磨损的那部分转移价值的价值，只能扣除属于非固定资产的那部分生产资料的税款，不允许扣除固定资产的价值或已纳税款。从全社会来看，课税的依据包括消费资料和生产资料两类，其课征的范围与国民生产总值相一致，故称为生产型增值税。

**2. 收入型增值税**

收入型增值税是指计算增值税时，对于外购固定资产价值中所含的增值税款，可以按照磨损程度相应地给予扣除。即价款中只允许扣除当期计入产品价值的折旧部分，作为课税基数的法定增值额相当于当期工资、利息、租金和利润等各增值项目之和。

这种类型的增值税，与下面讲到的消费型增值税类似，也允许对生产用的固定资产进行扣除，只是扣除的时间和方法不同。

**3. 消费型增值税**

消费型增值税是指在征收增值税时，允许将购置的用于生产的固定资产的价值或已纳税款一次性全部扣除，即纳税企业用于生产的全部外购生产资料都不在课税之列。从全社会来看，增值税的征税对象只相当于消费资料部分，故称消费型增值税。

实行增值税的各国多属于该类型，其目的在于彻底消除重复课税、鼓励投资。

## 2.1.3　增值税的特点

增值税是刚性的流转税，是对流转额中的增值额征税，这与其他流转税种相比有不同的特点。我国增值税的特点主要表现在以下几个方面。

**1. 税不重征**

税不重征是增值税最本质的特点。增值税是只对增值额征收的一种税，也就是按照货物和劳务销售收入额中新创造而未征过税的那部分销售额征税。因此，增值税能有效地排除传统流转税重复征税和税负不平等的弊端，解决了由于生产流通环节多少的不同而造成的税负不同的矛盾。

**2. 价外征税**

增值税是按照销售额计算的，并向购买者收取的一种价外税。计税依据的销售额是不含增值税的销售额，同时对于生产经营应税货物及劳务而购进货物所支付的增值额，凭发票上注明的税款予以抵扣。增值税实际上是由纳税人向购买者收取，并计算抵扣以后再上交国家的。从整个生产流通过程来看，税款实际上是逐个环节向下转移的，纳税人并不是负税人，真正的税收负担人是消费者。

**3. 道道征税**

从横向上看，增值税就各个生产流通环节道道征税，是一种多环节连续性课征的税种。它的征收范围可以从生产、批发到最后进入消费的环节，每经过一道环节就征一道税，因此从生产经营的全过程来看，具有道道征税的特点。

**4. 公平税负**

根据增值税的计税原理，增值税不重复征税，在整个流通环节，只要增值额相同，税负是相等的，符合税收的中性原则，避免了对经济产生扭曲影响。增值税对各个行业和各种经济成分采取一视同仁政策，促进公平竞争，可充分发挥市场对资源优化配置的引导作用。

### 2.1.4 增值税的征税范围

**1. 一般规定**

增值税征税范围包括货物的生产、批发、零售和进口四个环节。加工和修理修配也属于增值税的征税范围。凡在上述四环节中销售货物、提供加工和修理修配劳务的，都要按规定缴纳增值税。增值税征税范围的具体内容包括以下几点。

(1) 销售货物。“货物”是指有形动产，包括电力、热力和气体在内。销售货物是指有偿转让货物的所有权。

(2) 提供加工和修理修配劳务。“加工”是指受托加工货物，加工后货物的所有权仍属于委托者，即通常所说的委托加工业务。“委托加工业务”是指由委托方提供原料及主要材料，受托方按照委托方的要求制造货物并收取加工费的业务。“修理修配”是指受托方对损伤和丧失功能的货物进行修复，使其恢复原状和功能的业务。这里所说的“提供加工和修理修配劳务”，都是指有偿提供加工和修理修配劳务。

(3) 进口货物。“进口货物”是指申报进入我国海关境内的货物。只要是报关进口的应税货物，均属于增值税征税范围，在进口环节缴纳增值税。

**2. 对视同销售货物行为的征税规定**

单位或个体工商户的下列行为，视同销售货物，征收增值税。

(1) 将货物交付给他人代销。

(2) 销售代销货物。

(3) 设有两个以上机构并实行统一核算的纳税人，将货物从一个机构移送到其他机构用于销售，但相关机构设在同一县（市）的除外。

(4) 将自产或委托加工的货物用于非增值税应税项目（以下简称非应税项目）。

(5) 将自产、委托加工或购买的货物作为投资，提供给其他单位或个体工商户。

(6) 将自产、委托加工或购买的货物分配给股东或投资者。

（7）将自产或委托加工的货物用于集体福利或个人消费。

（8）将自产、委托加工或购买的货物无偿赠送给他人。

### 3. 对混合销售行为和兼营非应税劳务的征税规定

（1）对混合销售行为的征税规定。混合销售行为的特点是：销售货物与提供非应税劳务由同一纳税人实现，价款是同时从一个购买方取得的。从事货物的生产、批发或零售的企业、企业性单位及个体工商户的混合销售行为，均视为销售货物，应依法缴纳增值税；其他单位和个体工商户的混合销售行为，视为销售非应税劳务，不缴纳增值税。

纳税人发生销售自产货物同时提供建筑业劳务的行为，应分别核算自产货物的销售额和建筑业劳务营业额，其自产货物的销售额缴纳增值税，建筑业劳务营业额不缴纳增值税。未分别核算的，由主管税务机关核定其自产货物的销售额。

对以从事非增值税应税劳务为主并兼营货物销售的单位和个人，其混合销售行为应视为销售非应税劳务，不征收增值税。但如果其设立单独的机构经营货物销售并单独核算，则该单独机构应视为从事货物的生产、批发或零售的企业、企业性单位，其发生的混合销售行为应当征收增值税。

纳税人的销售行为是否属于混合销售行为，由县级以上国家税务局确定。

（2）对兼营非应税劳务的征税规定。所谓兼营非应税劳务，是指纳税人的经营范围既包括销售货物和应税劳务，又包括提供非应税劳务。例如，某建筑装饰材料商店，一方面批发、零售货物，另一方面又对外承揽属于应纳营业税的安装、装饰业务。增值税实施细则规定：纳税人兼营非应税项目的，应分别核算货物或者应税劳务和非应税项目的销售额；未分别核算的，由主管税务机关核定其销售额。

纳税人兼营免税、减税项目的，应当分别核算免税、减税项目的销售额；未分别核算销售额的，不得免税、减税。

### 4. 增值税的具体征税范围

增值税的具体征税范围如下。

（1）货物期货（包括商品期货和贵金属期货），在期货的实物交割环节纳税。

（2）银行销售金银的业务。

（3）典当业销售的死当物品，寄售商店代销的寄售物品（包括居民个人寄售的物品在内）。

（4）集邮商品（包括邮票、小型张、小本票、明信片、首日封、邮折、集邮簿、邮盘、邮票目录、护邮袋、贴片及其他集邮商品）的生产、调拨，以及邮政部门以外的其他单位与个人销售集邮商品，应征收增值税。

（5）邮政部门发行报刊，征收营业税；其他单位和个人发行报刊，征收增值税。

（6）执法部门和单位查处的属于一般商业部门经营的商品，具备拍卖条件的，由执法部门或单位商同级财政部门同意后，公开拍卖。其拍卖收入作为罚没收入由执法部门和单位如数上缴财政，不予征税。对经营单位购入拍卖物品再销售的，应照章征收增值税。

国家指定销售单位将罚没物品纳入正常销售渠道销售的，应照章征收增值税。

（7）电力公司向发电企业收取的过网费，应当征收增值税，不征收营业税。

（8）对从事公用事业的纳税人收取的一次性费用是否征收增值税的问题。

对从事热力、电力、燃气、自来水等公用事业的增值税纳税人收取的一次性费用，凡与货物的销售数量有直接关系的，征收增值税；凡与货物的销售数量无直接关系的，不征收增值税。

(9) 纳税人代行政部门收取的费用是否征收增值税的问题。

纳税人代有关行政管理部门收取的费用，凡同时符合以下条件的，不属于价外费用，不征收增值税：①经国务院、国务院有关部门或省级人民政府批准；②开具经财政部门批准使用的行政事业收费专用票据；③所收款项全额上缴财政或虽不上缴财政但由政府部门监管，专款专用。

(10) 代办保险费、车辆购置税、牌照费征税的问题。

纳税人销售货物的同时代办保险而向购买方收取的保险费，以及从事汽车销售的纳税人向购买方收取的代购买方缴纳的车辆购置税、牌照费，不作为价外费用征收增值税。

(11) 关于计算机软件产品征收增值税的有关问题：①纳税人销售软件产品并随同销售一并收取的软件安装费、维护费、培训费等收入，应按照增值税混合销售的有关规定征收增值税，并可享受软件产品增值税即征即退政策。对软件产品交付使用后，按期或按次收取的维护、技术服务费、培训费等不征收增值税。②纳税人受托开发软件产品，著作权属于受托方的，征收增值税；著作权属于委托方或属于双方共同拥有的，不征收增值税。

**5. 不征收增值税的货物和收入**

(1) 因转让著作所有权而发生的销售电影母片、录像带母带、录音磁带母带的业务，不征收增值税。

(2) 供应或开采未经加工的天然水（如水库供应农业灌溉用水，工厂自采地下水用于生产），不征收增值税。

(3) 对国家管理部门行使其管理职能，发放的执照、牌照和有关证书等取得的工本费收入，不征收增值税。

(4) 对体育彩票的发行收入不征收增值税。

(5) 邮政部门、集邮公司销售集邮商品，应当征收营业税，不征收增值税。

(6) 对增值税纳税人收取的会员费收入不征收增值税。

## 2.1.5　增值税的纳税义务人

**1. 纳税义务的基本规定**

凡在中华人民共和国境内销售货物或者提供加工、修理修配劳务以及进口货物的单位和个人，为增值税的纳税义务人。在中华人民共和国境内（以下简称境内）销售货物或者提供加工、修理修配劳务，是指销售货物的起运地或者所在地在境内，提供的应税劳务发生在境内。

(1) 承租人和承包人。把企业租赁或承包给他人经营的，以租赁人或承包人为纳税人。

(2) 进口货物的收货人或办理报关手续的单位和个人。对报关进口的货物，以进口货物的收货人或办理报关手续的单位和个人为进口货物的纳税人。对代理进口货物，以海关开具的完税凭证上的纳税人为增值税纳税人。也就是说对报关进口货物，凡是海关的完税凭证开具给委托方的，对代理方不征收增值税；凡是海关的完税凭证开具给代理方的，对代理方应按规定征收增值税。

(3) 扣缴义务人。境外的单位或个人在境内销售货物或提供应税劳务而境内未设有经营机构的，其应纳税款以代理人为扣缴义务人；没有代理人的，以购买者为扣缴义务人。

**2. 小规模纳税人和一般纳税人的认定**

(1) 小规模纳税人的认定。凡符合下列条件的视为小规模纳税人：①从事货物生产或者提供应税劳务的纳税人，以及以从事货物生产或者提供应税劳务为主，并兼营货物批发或者零售的纳税人，年应征增值税销售额（以下简称应税销售额）在 50 万元以下（含本数）的。②除上述第①项规定以外的纳税人，年应税销售额在 80 万元以下（含本数）的。③年应税销售额超过小规模纳税人标准的其他个人按小规模纳税人纳税；非企业性单位、不经常发生应税行为的企业可选择按小规模纳税人纳税。

（2）一般纳税人的认定。

①纳税人总、分支机构实行统一核算，其总机构年应税销售额超过小规模企业标准，但分支机构是商业企业以外的其他企业，年应税销售额未超过小规模企业标准的，其分支机构可申请办理一般纳税人认定手续。在办理认定手续时，需提供总机构所在地主管税务机关批准其总机构为一般纳税人的证明（总机构申请认定表的影印件），但商贸企业除外。

②下列纳税人不属于一般纳税人：年应税销售额未超过小规模纳税人标准的企业（以下简称为小规模企业）；个人（除个人经营者以外的其他个人）；非企业性单位；不经常发生增值税应税行为的企业。

### 2.1.6 增值税税率和征收率

**1. 增值税税率**

（1）基本税率。增值税一般纳税人销售或者进口货物，提供加工、修理修配劳务，按税率为 17％的基本税率计征增值税。

（2）低税率。增值税一般纳税人销售或者进口下列货物，按低税率计征增值税，低税率为 13％。①粮食、食用植物油、鲜奶；②暖气、冷气、热水、煤气、石油液化气、天然气、沼气、居民用煤炭制品、自来水（不含自来水生产厂）；③图书、报纸、杂志；④饲料、化肥、农药、农机（不包括农机零部件）、农膜；⑤盐（符合国标的食用盐）；⑥音像制品和电子出版物；⑦国务院规定的其他货物；⑧农业产品。

（3）零税率。一般纳税人出口货物，其税率为零，但国务院另有规定的除外，如计划外出口的原油、援外出口货物等。

**2. 增值税征收率**

增值税征收率主要适用于小规模纳税人。由于小规模纳税人的经营规模小且会计核算不健全，不能准确计算销项税、进项税及应纳税额，所以实行按销售额与征收率计算应纳税额的简易办法。

值得指出的是，若纳税人兼营不同税率的货物或应税劳务，应分别核算不同税率货物或应税劳务的销售额，否则一律从高适用税率。小规模纳税人销售货物或者提供应税劳务适用 3％的征收率。

## 2.2 增值税应纳税额的计算

### 2.2.1 一般纳税人应纳税额的计算

一般纳税人销售货物或提供应税劳务，其应纳增值税税额为当期销项税额抵扣当期进项税额后的余额。应纳税额的计算公式为：

应纳税额＝当期销项税额－当期进项税额

销项税额是销售方计算出来的整体税负，而不是销售方最终的应纳增值税税额。正确计算销项税额，需要先核算作为增值税计税依据的销售额。

### 1. 销项税额

销项税额是指纳税人销售货物或者应税劳务，按照销售额或应税劳务收入和税率计算并向购买方收取的增值税额。其计算公式如下：

销项税额＝当期销售额×适用税率

或　　销项税额＝组成计税价格×税率

（1）销售额。销售额为纳税人销售货物或提供应税劳务向购买方收取的全部价款和价外费用。具体地说，应税销售额包括以下内容：

1）销售货物或应税劳务取自于购买方的全部价款。

2）向购买方收取的各种价外费用。具体包括：手续费、补贴、基金、集资费、返还利润、奖励费、违约金（延期付款利息）、包装费、包装物租金、储备费、优质费、运输装卸费、代收款项、代垫款项及其他各种性质的价外收费。上述价外费用无论其会计制度如何核算，均应并入销售额计税。

但上述价外费用不包括以下费用：①向购买方收取的销项税额。因为增值税属于价外税，其税款不应包含在销售货物的价款之内。②受托加工应征消费税的货物，而由受托方向委托方代收代缴的消费税。因为代收代缴消费税只是受托方履行法定义务的一种行为，税金虽然构成委托加工货物售价的一部分，但它同受托方的加工业务及其收取的应税加工费没有内在关联。③同时符合以下两个条件的代垫运费：承运部门的运费发票开具给购货方，并且由纳税人将该项发票转交给购货方的。在这种情况下，纳税人仅仅是为购货人代办运输业务，而未从中收取额外费用。

纳税人销售货物和提供应税劳务时向购买方收取的各种价外费用均要并入计税销售额计算征税，目的是为了防止纳税人以各种名目的收费减少计税销售额逃避纳税。纳税人向购买方收取的价外费用和包装物押金，应视为含税收入。在并入销售额征税时，应将其换算为不含税收入再并入销售额征税。

3）消费税税金。由于消费税属于价内税，所以，凡征收消费税的货物在计征增值税额时，其应税销售额应包括消费税税金。

（2）特殊销售方式下销售额的确认。

①以折扣方式销售货物。折扣销售是指销售方在销售货物或应税劳务时，因购买方需求量大等原因，而给予的价格方面的优惠。纳税人采取折扣方式销售货物，如果销售额和折扣额在同一张发票上分别注明，可以按折扣后的销售额征收增值税；如果将折扣额另开发票，不论其在财务上如何处理，均不得从销售额中减除折扣额。原因有：一是税法中所指的折扣销售有别于销售折扣。销售折扣通常是为了鼓励购货方及时偿还货款而给予的折扣优待，发生在销货之后，而折扣销售则是与实现销售同时发生的。销售折扣不得从销售额中减除。二是销售折扣与销售折让是不同的，销售折扣通常是指由于货物的品种或质量等原因引起销售额的减少，即销货方给予购货方未予退货状况下的价格折让。销售折让可以从销售额中减除。三是折扣销售仅限于货物价格的折扣，如果销货方将自产、委托加工和购买的货物用于实物折扣，则该实物款额不得从货物销售额中减除，应按“视同销售货物”计征增值税。

税法中对纳税人采取折扣方式销售货物销售额的核定，之所以强调销售额与折扣额必须在同一张发票上注明，主要是从保证增值税征收管理的需要即征税、扣税相一致来考虑的。如果允许对销售额开一张销货发票，对折扣额再开一张退款红字发票，就可能造成销货方按减除折扣额后的销售额计算销项税额，而购货方却按未减除折扣额的销售额及其进项税额进行抵扣的问题，显然会造成增值税计算征收上的混乱。

②以旧换新方式销售货物。以旧换新销售是指纳税人在销售过程中，折价收回同类旧货物，并以折价款部分冲减货物价款的一种销售方式。纳税人采取以旧换新方式销售货物的（金银首饰除外），应按新货物的同期销售价格确定销售额。

③还本销售方式销售货物。所谓还本销售，是指销货方将货物出售之后，按约定的时间，一次或分次将购货款部分或全部退还给购货方，退还的货款即为还本支出。纳税人采取还本销售货物的，不得从销售额中减除还本支出。

④采取以物易物方式销售货物。以物易物是一种较为特殊的购销活动，以物易物双方都应作购销处理，以各自发出的货物核算销售额并计算销项税额，以各自收到的货物核算购货额及进项税额。在以物易物活动中，双方应各自开具合法的票据，必须计算销项税额，但如果收到货物不能取得相应的增值税专用发票或者其他合法票据，则不得抵扣进项税额。

⑤销售自己使用过的固定资产的征免规定。小规模纳税人销售自己使用过的固定资产的征免规定如下：小规模纳税人（含个体工商户，不包括其他个人）销售自己使用过的固定资产，应按2%的征收率征收增值税。小规模纳税人销售自己使用过的除固定资产以外的物品，应按3%的征收率征收增值税。

⑥包装物押金计税问题。纳税人为销售货物而出租出借包装物收取的押金，单独记账且时间在一年内，又未过期的，不并入销售额征税；但对逾期未收回不再退还的包装物押金，应按所包装货物的适用税率计算纳税。这里要注意两点：一是“逾期”的界定，“逾期”是指按照合同约定实际逾期或者以一年（12个月）为期限。二是押金属于含税收入，应先将其换算为不含税销售额再并入销售额征税。另外，包装物押金与包装物租金不能混淆，包装物租金属于价外费用，在收取时应并入销售额征税。

对销售除啤酒、黄酒以外的其他酒类产品收取的包装物押金，无论是否返还以及会计上如何核算，均应并入销售额征税。

**2. 进项税额**

进项税额是与销项税额相对应的另一个概念。在开具增值税专用发票的情况下，它们之间的对应关系是销售方收取的销项税额，就是购买方支付的进项税额。对于任何一个一般纳税人而言，由于其在经营活动中，既会发生销售货物或提供应税劳务，又会发生购进货物或接受应税劳务，所以，每一个一般纳税人都会有收取的销项税额和支付的进项税额。增值税的核心就是用纳税人收取的销项税额抵扣其支付的进项税额，其余额为纳税人实际缴纳的增值税额。

（1）准予从销项税额中抵扣的进项税额。准予从销项税额中抵扣的进项税额的具体内容如下。

1）从销售方取得的增值税专用发票上注明的增值税额。

2）从海关取得的海关进口增值税专用缴款书上注明的增值税额。

取得对方的增值税专用发票或海关完税凭证上已注明规定税率或征收率计算的增值税税额，要注意其增值税专用发票及海关完税凭证的合法性，对于不符合规定的扣税凭证，一律不准抵扣。

增值税一般纳税人取得所有需抵扣增值税进项税额的海关完税凭证，应根据相关海关完税凭证逐票填写《海关完税凭证抵扣清单》，在进行增值税纳税申报时随同纳税申报表一并报送。增值税一般纳税人当期未取得海关完税凭证可不向主管税务机关报送《海关完税凭证抵扣清单》。

3）购进免税农产品进项税额的确定与抵扣。

购进农产品，按照农产品收购发票或者销售发票上注明的农产品买价和13%的扣除率计算进项税额。

①“扣除率”为13%。

②收购烟叶准予抵扣的进项税额＝（收购金额＋烟叶税）×13%。其中，收购金额＝收购价款×（1＋10%）。

4）运输费用进项税额的确定与抵扣。增值税一般纳税人外购或销售货物（固定资产除外）所支付的运输费用（代垫运费除外），根据运费结算单据（普通发票）所列运费金额，以7%的扣除率计算进项税额准予扣除。

这里所称的准予抵扣的货物运费金额，是指运输费用结算单据上注明的运输费用（包括铁路临管线及铁路专线运输费用）、建设基金，不包括装卸费、保险费等其他杂费；准予抵扣的运费结算单据（普通发票），是指国有铁路、民用航空、公路和水上运输单位开具的发票，以及从事货物运输的非国有运输单位开具的套印全国统一发票监制章的发票。

增值税一般纳税人取得税务机关认定为自开票纳税人的联运单位和物流单位开具的货物运输业发票，准予计算抵扣进项税额。准予抵扣的货物运费金额是指自开票纳税人和代开票单位为代开票纳税人开具的货运发票上注明的运费、建设基金和现行规定允许抵扣的其他货物运费；装卸费、保险费和其他杂费不予抵扣。货运发票应分别注明运费和杂费，对未分别注明而是合并注明为运杂费的不予抵扣。

一般纳税人购进或销售货物（东北以外地区固定资产除外）通过铁路运输，并取得铁路部门开具的运输发票，如果铁路部门开具的铁路运输发票托运人或收货人名称与其不一致，但铁路运输发票托运人栏或备注栏注有该纳税人名称的（手写无效），该运输发票可以作为进项税额抵扣凭证，允许计算抵扣进项税额。

一般纳税人取得的国际货物运输代理业务发票和国际货物运输发票，不得计算抵扣进项税额。国际货物运输代理业务是国际货运代理企业作为委托方和承运单位的中介人，受托办理国际货物运输和相关事宜并收取中介报酬的业务。增值税一般纳税人支付的国际货物运输代理费用，不得作为运输费用抵扣进项税额。

一般纳税人取得的汇总开具的运输发票，凡附有运输企业开具并加盖财务专用章或发票专用章的运输清单，允许计算抵扣进项税额。

一般纳税人取得的项目填写不齐全的运输发票（附有运输清单的汇总开具的运输发票除外）不得计算抵扣进项税额。

5）企业购置增值税防伪税控系统专用设备和通用设备，可凭购货所取得的专用发票所注明的税额从增值税销项税额中抵扣。其中，专用设备包括税控金税卡、税控IC卡和读卡器；通用设备包括用于防伪税控系统开具专用发票的计算机和打印机。增值税一般纳税人用于采集增值税专用发票抵扣联信息的扫描器具和计算机，属于防伪税控通用设备。对纳税人购置上述设备取得的增值税专用发票所注明的增值税税额，计入当期增值税进项税额。

6）增值税一般纳税人购进税控收款机所支付的增值税额（以购进税控收款机取得的增值税专用发票上注明的增值税额为准），准予在企业当期销项税额中抵扣。需要强调的是，纳税人购进的税控收款机不论是否达到固定资产标准，其取得的增值税专用发票上注明的增值税额均可以从当期销项税额中抵扣；但如果购进税控收款机时未取得增值税专用发票，则不得抵扣进项税额。

（2）不得从销项税额中抵扣的进项税额。

①用于非增值税应税项目、免征增值税项目、集体福利或者个人消费的购进货物或者应税劳务。

②非正常损失的购进货物及相关的应税劳务。

③非正常损失的在产品、产成品所耗用的购进货物或者应税劳务。

④国务院财政、税务主管部门规定的纳税人自用消费品。

⑤上述第①～④项规定的货物的运输费用和销售免税货物的运输费用。

⑥未按照规定取得并保存增值税扣税凭证，或者取得的增值税扣税凭证不符合法律、行政法规或者国务院税务主管部门有关规定的。

**3. 应注意的问题**

(1) 计算应纳税额的时限界定。进项税额是纳税人购进货物或者接受应税劳务所支付或负担的增值税额。进项税额的大小，直接影响纳税人的应纳税额的多少，而进项税额抵扣时限，则影响纳税人不同纳税期应纳税额。关于进项税额的抵扣时限，总的原则是：进项税额的抵扣不得提前。税法对不同扣税凭证的抵扣时限作了详细的规定。

①防伪税控系统开具的增值税专用发票进项税额的抵扣时限。增值税一般纳税人申请抵扣的防伪税控系统开具的增值税专用发票，必须自该发票开具之日起 90 天内到税务机关认证，否则不予抵扣进项税额。

增值税纳税人认证通过的防伪税控系统开具的增值税专用发票，应在认证通过的当月按照增值税有关规定核算当期进项税额并申报抵扣，否则不予抵扣进项税额。

增值税一般纳税人取得由税务机关代开的专用发票后，应以专用发票上填写的税额，即按发票注明的销售额和征收率计算的应纳税额为抵扣的进项税额。

②海关完税凭证进项税额的抵扣时限。增值税一般纳税人取得的海关的增值税交款书，应当在开具之日起 90 天后的第一个纳税申报期结束以前向主管税务机关申报抵扣，逾期不予抵扣进项税额。

③运费发票进项税额的抵扣时限。增值税一般纳税人取得的运费发票，应当在开票之日起 90 天内向主管税务机关申报抵扣，超过 90 天的不予抵扣。在办理运费进项税额抵扣时，应附抵扣发票清单。

(2) 扣减当期销项税额的规定。纳税人在销售货物时，因货物质量、规格等原因而发生销货退回或销售折让，由于销货退回或折让不仅涉及销货价款或折让价款的退回，还涉及增值税的退回，所以，销货方应对当期销项税额进行调整。

一般纳税人因销货退回和折让而退还给购买方的增值税额，应从发生销货退回或折让当期的销项税额中扣减。纳税人销售货物或者应税劳务，开具增值税专用发票后，发生销售货物退回或者折让、开票有误等情形，可按国务院税务主管部门的规定开具红字增值税专用发票。不按规定开具红字增值税专用发票的，红字增值税专用发票上注明的增值税额不得从销项税额中扣减。

(3) 扣减当期进项税额的规定。

①进货退出或折让的税务处理。纳税人在购进货物时，因货物质量、规格等原因而发生进货退回或折让，由于进货退回或折让不仅涉及货款或折让价款的收回，还涉及增值税的收回，所以，购货方应对当期进项税额进行调整。一般纳税人因进货退回和折让而从销货方收回的增值税额，应从发生进货退回或折让当期的进项税额中扣减。如不按规定扣减，造成进项税额虚增，不纳或少纳增值税的，属于偷税行为，按偷税予以处罚。

②已经抵扣进项税额的购进货物发生用途改变的税务处理。由于增值税采用“购进扣税

法”，当期购进的货物或应税劳务如果未确定用于非经营性项目，其进项税额会在当期销项税额中予以抵扣。但已经抵扣进项税额的购进货物或应税劳务如果事后改变用途，如用于非应税项目、免税项目、职工福利或个人消费，购进货物发生非正常损失，在产品或产成品发生非常损失，根据税法规定，应将购进货物或应税劳务的进项税额从当期的进项税额中扣减。

(4) 进项税额不足抵扣的税务处理。纳税人在计算应纳税额时，如果当期销项税额小于当期进项税额不足抵扣的部分，可以结转下期继续抵扣。

(5) 一般纳税人注销时存货及留抵税额的处理。一般纳税人注销或被取消一般纳税人资格，转为小规模纳税人时，其存货不作进项税额转出处理，其留抵税额也不予退税。

(6) 纳税人既欠缴增值税，又有增值税留抵税额问题的税务处理。为了加强增值税管理，及时追缴欠税，解决增值税一般纳税人既欠缴增值税又有增值税留抵税额的问题。税法规定，对纳税人因销项税额小于进项税额而产生期末留抵税额的，应以期末留抵税额抵减增值税欠税。

(7) 不得抵扣增值税进项税额的计算划分。纳税人兼营免税项目或者非应税劳务而无法划分不得抵扣的进项税额的，按下列公式计算不得抵扣的进项税额：

无法划分的不得抵扣进项税额＝当月无法划分的全部进项税额×当月免税项目销售额与非应税劳务营业额合计÷当月全部销售额与营业额合计

年度终了，纳税人应对按月计算无法划分的不得抵扣进项税额进行年度清算并调整。

(8) 已抵扣进项税额的扣减。已抵扣进项税额的购进货物或应税劳务，发生上述(1)、(2)、(3)、(4)项所列情况的，应将该项购进货物或应税劳务的进项税额从当期发生的进项税额中扣减。无法准确确定该项进项税额的，按当期实际成本计算应扣减的进项税额，计算公式为：

实际成本＝进价＋运费＋保险费＋其他有关费用

应扣减的进项税额＝实际成本×征税时该货物或应税劳务适用的税率

**【例 2-1】** 某公司为增值税一般纳税人，2010 年 5 月初，外购货物一批，支付增值税进项税额 17 000 元。5 月下旬，因管理不善，造成月初购进的该批货物的 1/5 被盗。计算 5 月份该批货物可抵扣的进项税额。

**【解析】** 非正常损失购进货物的进项税额不得从当期销项税额中抵扣。纳税人因管理不善造成货物被盗，属于非正常损失，其进项税额不能从销项税额中抵扣。该公司 5 月份该批货物可抵扣的进项税额＝17 000×（1－1/5）＝13 600（元）。

**【例 2-2】** 某商场为增值税一般纳税人，与其供货企业达成协议，按销售量挂钩进行平销返利。2008 年 8 月向供货方购进商品取得税控专用发票，注明价款 120 万元、进项税额 20.4 万元并通过主管税务机关认证，当月按平价全部销售，月末供货方向该商场支付返利 4.8 万元。

**【解析】** 根据税法规定：对商业企业向供货方收取的与商品销售量、销售额挂钩的各种返还收入，均应按照平销返利行为的有关规定冲减当期增值税进项税金。该公司 8 月份可以冲减的进项税金＝20.4－4.8÷（1＋17%）×17%＝19.7（万元）。

## 2.2.2 增值税小规模纳税人应纳税额的计算

小规模纳税人销售货物或提供应税劳务，其应纳税额的计算公式为：

应纳税额＝销售额×征收率

式中，销售额是销售货物或提供应税劳务向购买方收取的全部价款和价外费用，但不包括按3%的征收率收取的增值税税额。

由于小规模纳税人销售货物自行开具的发票是普通发票，发票上列示的是含税销售额，所以，在计税时需要将其换算为不含税销售额。换算公式为：

不含税销售额＝含税销售额÷（1＋征收率）

小规模纳税人因销售货物退回或者折让退还给购买方的销售额，应从发生销售货物退回或者折让当期的销售额中扣减。

**1. 主管税务机关为小规模纳税人代开发票应纳税额计算**

小规模纳税人销售货物或提供应税劳务，可以申请由主管税务机关代开发票。主管税务机关为小规模纳税人（包括小规模纳税人中的企业、企业性单位及其他小规模纳税人，下同）代开专用发票，应在专用发票“单价”栏和“金额”栏分别填写不含增值税税额的单价和销售额，其应纳税额按销售额依照征收率计算。

主管税务机关为小规模纳税人代开专用发票后，发生退票的，可比照增值税一般纳税人开具专用发票后作废或开具红字发票的有关规定处理。由销售方到税务机关办理，对于重新开票的，应同时进行新开票税额与原开票税额的清算，多退少补；对无须重新开票的，退还其已征的税款或抵顶下期正常申报税款。

**2. 小规模纳税人购进税控收款机的进项税额抵扣**

增值税小规模纳税人购置税控收款机，经主管税务机关审核批准后，可凭购进税控收款机取得的增值税专用发票，按照发票上注明的增值税额，抵免当期应纳增值税；或者按照购进税控收款机取得的普通发票上注明的价款，依下列公式计算可抵免的税额：

可抵免的税额＝价款÷（1＋17%）×17%

当期应纳税额不足抵免的，未抵免的部分可在下期继续抵免。

### 2.2.3 进口货物应纳税额的计算

确定一项货物是否属于进口货物，要看其是否有报关手续。只要是报关进境的应税货物，不论其用途如何，是自行采购用于贸易，还是自用；不论是购进，还是国外捐赠，均应按照规定缴纳进口环节的增值税。

进口货物增值税税率与增值税一般纳税人在国内销售同类货物的税率相同。

（1）纳税人销售或者进口货物，税率为17%。

（2）纳税人销售或者进口下列货物，税率为13%。

①粮食、食用植物油；

②自来水、暖气、冷气、热水、煤气、石油液化气、天然气、沼气、居民用煤炭制品；

③图书、报纸、杂志；

④饲料、化肥、农药、农机、农膜。

**1. 组成计税价格的确定**

进口货物增值税的组成计税价格中包括已纳关税税额，如果进口货物属于消费税应税消费品，那么其组成计税价格还要包括进口环节已纳消费税税额。

一般贸易项下进口货物的关税将以海关审定的成交价格为基础的到岸价格作为完税价格。成交价格是一般贸易项下进口货物的买方为购买该项货物向卖方实际支付或应当支付的价格；

到岸价格货价是由加上货物运抵我国关境内输入地点起卸前的包装费、运费、保险费和其他劳务费等费用构成的一种价格。

组成计税价格的计算公式是：

组成计税价格＝关税完税价格＋关税＋消费税

或　　组成计税价格＝（关税完税价格＋关税）÷（1－消费税税率）

**2. 进口货物应纳税额的确定**

纳税人进口货物，按照组成计税价格和适用的税率计算应纳税额，不得抵扣任何税额，即在计算进口环节的应纳增值税税额时，不得抵扣发生在我国境外的各种税金。

进口货物应纳税额的计算公式是：

应纳税额＝组成计税价格×税率

进口货物在海关缴纳的增值税，符合抵扣范围的，凭借海关完税凭证，可以从当期销项税额中抵扣。

### 2.2.4 出口货物退（免）税

出口货物退（免）税是指在国际贸易中货物输出国对输出境外的货物免征其在本国境内消费时应缴纳的税金或退还其按本国税法规定已缴纳的税金（增值税、消费税）。这是国际贸易中通常采用的，并为各国所接受的一种税收措施，目的在于鼓励各国出口货物进行公平竞争。

我国的出口货物退（免）税是指对增值税出口货物实行零税率，对消费税出口货物免税。所谓实行零税率，即不但对出口环节免征增值税，而且还退还以前环节已纳的税款。这就是通常所说的“出口退税”，“出口退税”应遵循“征多少、退多少”、“未征不退和彻底退税”的原则。

**1. 出口货物退（免）税的范围**

1994年，国家税务总局依据《增值税暂行条例》和《消费税暂行条例》的规定，制定实施了《出口货物退（免）税管理办法》。具体规定了出口货物退（免）税的范围，我国的出口货物税收政策分为以下三种形式：一是免税并退税；二是只免不退税；三是不免也不退税。

（1）出口免税并退税。出口免税是指对货物在出口销售环节不征增值税、消费税，这是把货物出口环节与出口前的销售环节都同样视为一个征税环节；出口退税是指对货物在出口前实际承担的税收负担，按规定的退税率计算后予以退还。

（2）出口免税不退税。出口不退税是指适用这个政策的出口货物由于在前一道生产、销售环节或进口环节是免税的，所以，出口时该货物的价格中本身就不含税，也无须退税。

（3）出口不免税也不退税。出口不免税是指对国家限制或禁止出口的某些货物的出口环节视同内销环节照常征税；出口不退税是指对这些货物出口不退还出口前其所负担的税款。适用这项政策的主要是国家限制或禁止出口的货物，如天然牛黄、麝香、白银等。

下列企业出口满足上述形式的货物，除另有规定的外，给予免税并退税。

①生产企业自营出口或委托外贸企业代理出口的自产货物。

②有出口经营权的外贸企业收购后直接出口或委托其他外贸企业代理出口的货物。

**2. 出口货物的退税率**

出口货物的退税率，是出口货物的实际退税额与退税计税依据的比例。现行出口货物的增值税退税率有 17%、15%、14%、13%、11%、9%、8%、6%、5%九档，出口应税货物的退（免）税政策如有变化，执行新调整后的税目税率。

**3. 免、抵、退税的计算方法**

生产企业自营或委托外贸企业代理出口自产货物，除另有规定外，增值税一律实行免、抵、退税管理办法。增值税小规模纳税人出口自产货物继续实行免征增值税办法。生产企业出口自产的属于应征消费税的产品，实行免征消费税办法。

实行免、抵、退税管理办法的“免”税，是指对生产企业出口的自产货物，免征本企业生产销售环节增值税；“抵”税，是指生产企业出口自产货物所耗用的原材料、零部件、燃料、动力等所含应予退还的进项税额，抵顶内销货物的应纳税额；“退”税，是指生产企业出口的自产货物在当月内应抵顶的进项税额大于应纳税额时，对未抵顶完的部分予以退税。

（1）当期应纳税额的计算公式为：

当期应纳税额＝当期内销货物的销项税额－（当期进项税额－当期免抵退税不得免征和抵扣税额）－上期留抵税额

其中，当期免抵退税不得免征和抵扣税额＝出口货物离岸价×外汇人民币牌价×（出口货物征税率－出口货物退税率）－免抵退税不得免征和抵扣税额抵减额

出口货物离岸价（FOB）以出口发票计算的离岸价为准。

免抵退税不得免征和抵扣税额抵减额＝免税购进原材料价格×（出口货物征税率－出口货物退税率）

免税购进原材料包括从国内购进免税原材料和进料加工免税进口料件，其中进料加工免税进口料件的价格为组成计税价格。

进料加工免税进口料件的组成计税价格＝货物到岸价＋海关实征关税和消费税

如果当期没有免税购进原材料价格，则前述公式中的免抵退税不得免征和抵扣税额抵减额，免抵退税额抵减额也就不用计算了。

（2）免抵退税额的计算公式为：

免抵退税额＝出口货物离岸价×外汇人民币牌价×出口货物退税率－免抵退税额抵减额

其中，免抵退税额抵减额＝免税购进原材料价格×出口货物退税率

（3）当期应退税额和免抵税额的计算公式为：

①如当期期末留抵税额≤当期免抵退税额，则：

当期应退税额＝当期期末留抵税额

当期免抵税额＝当期免抵退税额－当期应退税额

②如当期期末留抵税额＞当期免抵退税额，则：

当期应退税额＝当期免抵退税额

当期免抵税额＝0

当期期末留抵税额根据当期《增值税纳税申报表》中的“期末留抵税额”确定。

**4. 先征后退的计算方法**

（1）外贸企业以及实行外贸企业财务制度的工贸企业收购货物出口，其出口销售环节的增值税免征；其收购货物的成本部分，由于外贸企业在支付收购货款的同时也支付了生产经营该类商品的企业已纳的增值税款，所以，在货物出口后按收购成本与退税税率计算退税退还给外贸企业，征、退税之差计入企业成本。

外贸企业出口货物增值税的计算应依据购进出口货物增值税专用发票上所注明的进项金额和退税税率计算。其计算公式为：

应退税额＝外贸收购不含增值税购进金额×退税税率

（2）外贸企业收购小规模纳税人出口货物增值税的退税规定如下。

①凡从小规模纳税人购进持普通发票特准退税的抽纱、工艺品等 12 类出口货物，同样实行销售出口货物的收入免税并退还出口货物进项税额的办法，农产品按 5％的退税率计算退税，其他出口货物按其实际征收率 3％计算退税。由于小规模纳税人使用的是普通发票，其销售额和应纳税额没有单独计价，但小规模纳税人应纳的增值税也是价外计征的，所以，必须将合并定价的销售额先换算成不含税价格，然后据以计算出口货物退税，其计算公式为：

应退税额＝普通发票所列（含增值税）销售金额÷（1＋征收率）×从小规模纳税人购进出口货物退税率

对出口企业购进小规模纳税人特准的 12 类货物出口，提供的普通发票应符合《中华人民共和国发票管理办法》的有关使用规定，否则不予办理退税。

②凡从小规模纳税人购进由税务机关代开的增值税专用发票的出口货物，按以下公式计算退税：

应退税额＝增值税专用发票注明的金额×从小规模纳税人购进出口货物退税率

除农产品为 5％外，上述出口货物的退税率均为 6％。

（3）外贸企业委托生产企业加工出口货物的退税规定如下。

外贸企业委托生产企业加工收回后报关出口的货物，按购进国内原辅材料的增值税专用发票上注明的进项金额，依原辅材料的退税税率计算原辅材料应退税额。支付的加工费，凭受托方开具货物的退税税率，计算加工费的应退税额。

## 2.3 增值税征收管理

### 2.3.1 纳税义务发生时间

为了保证国家财政收入的及时取得，《增值税暂行条例》明确规定了增值税纳税义务的发生时间。具体确定方式如下。

（1）采取直接收款方式销售货物，不论货物是否发出，均为收到销售款或取得索取货款凭证的当天。

（2）采取托收承付和委托银行收款方式销售货物，为发出货物并办妥托收手续的当天。

（3）采取赊销和分期收款结算方式销售货物的，为销售合同规定的收款日期的当天。

（4）采取预收货款结算方式的，为货物发出的当天。

（5）委托其他纳税人代销货物的，为收到代销单位销售的代销清单的当天。

（6）销售应税劳务的，为提供劳务同时收到销售额或取得索取销售额凭据的当天。

（7）纳税人在视同销售行为中，除了将货物交付他人代销和销售代销货物两种情形外，其余各项视同销售行为的纳税义务发生时间，为货物移送的当天。

（8）进口货物的，为报关进口的当天。

### 2.3.2 纳税期限

根据税法规定，增值税的纳税期限分别为 1 日、3 日、5 日、10 日、15 日、1 个月或者 1 个季度。具体的纳税期限由纳税人主管的税务机关核定；不能按固定纳税期限纳税的，可以按次纳税。

纳税人以 1 个月或者 1 个季度为 1 个纳税期的，自期满之日起 15 日内申报纳税；以 1 日、3 日、5 日、10 日或者 15 日为 1 个纳税期的，自期满之日起 5 日内预缴税款，于次月 1 日起 15 日内申报纳税并结清上月应纳税款。

纳税人进口货物，应当自海关填发海关进口增值税专用缴款书之日起 15 日内缴纳税款。

纳税人出口货物适用退（免）税规定的，应当向海关办理出口手续，凭出口报关单等有关凭证，在规定的出口退（免）税申报期内按月向主管税务机关申报办理该项出口货物的退（免）税。具体办法由国务院财政、税务主管部门制定。

出口货物办理退税后发生退货或者退关的，纳税人应当依法补缴已退的税款。纳税人出口货物的税率为零时，可以按月向税务机关申报办理该项货物的退税。

### 2.3.3 纳税地点

为保证纳税人按申报纳税，根据企业跨地区经营和搞活商品流通的特点及不同情况，税法还具体规定了以下增值税的纳税地点。

**1. 固定业户增值税纳税地点**

（1）固定业户应当向其机构所在地的主管税务机关申报纳税。总机构和分支机构不在同一县（市）的，应当分别向各自所在地主管税务机关申报纳税。经国务院财政、税务主管部门或者其授权的财政、税务机关批准，可以由总机构汇总向总机构所在地的主管税务机关申报纳税。

（2）固定业户到外县（市）销售货物或者应税劳务，应当向其机构所在地的主管税务机关申请开具外出经营活动税收管理证明，并向其机构所在地的主管税务机关申报纳税；未开具证明的，应当向销售地或者劳务发生地的主管税务机关申报纳税；未向销售地或者劳务发生地的主管税务机关申报纳税的，由其机构所在地的主管税务机关补征税款。

**2. 非固定业户增值税纳税地点**

非固定业户销售货物或者应税劳务，应当向销售地或者劳务发生地的主管税务机关申报纳税；未向销售地或者劳务发生地的主管税务机关申报纳税的，由其机构所在地或者居住地的主管税务机关补征税款。

**3. 进口货物增值税纳税地点**

进口货物，应当向报关地海关申报纳税。

**4. 扣缴义务增值税纳税地点**

扣缴义务人应当向其机构所在地或者居住地的主管税务机关申报缴纳其扣缴的税款。

### 2.3.4 纳税起征点

纳税人销售额未达到国务院财政、税务主管部门规定的起征点的，免征增值税；达到或超过起征点的，依照本条例规定就其销售金额计算缴纳增值税数额。增值税起征点的适用范围限于个人。增值税起征点的幅度规定如下：

（1）销售货物的，为月销售额 2 000～5 000 元。

（2）销售应税劳务的，为月销售额 1 500～3 000 元。

（3）按次纳税的，为每次（日）销售额 150～200 元。

上述所称销售额，是指小规模纳税人的销售额。

省、自治区、直辖市财政厅（局）和国家税务局应在规定的幅度内，根据实际情况确定本地区适用的起征点，并报财政部、国家税务总局备案。

## 2.3.5 纳税申报办法

### 1. 一般纳税人

增值税一般纳税人按税法规定的纳税期限、纳税地点向主管税务机关进行纳税申报时，需提供以下申报资料：①《增值税纳税申报表》；②《发票领用存月报表》；③《增值税（专用/普通）发票使用明细表》；④《增值税（专用发票/收购凭证/运输发票）抵扣明细表》；⑤附报资料。纳税申报表格式见表 2-1。

一般纳税人要按照《税收征收管理法实施细则》的规定保管附报资料、账簿、会计凭证、报表、完税凭证及其他有关纳税资料，应当保存 10 年，但是法律、行政法规另有规定的除外。

### 2. 小规模纳税人的纳税申报办法

小规模纳税人无论当月是否有销售收入，均应按要求向当地主管税务机关报送《增值税纳税申报表》和相关的会计报表，办税员需按规定的填表要求正确填写。

**表 2-1 增值税纳税申报表**

（适用于增值税一般纳税人）

根据《中华人民共和国增值税暂行条例》第二十二条和第二十三条的规定制定本表。纳税人不论有无销售额，均应按主管税务机关核定的纳税期限按期填报本表，并于次月一日起十日内，向当地税务机关申报。

税款所属时间：自　　年　月　日至　　年　月　日　填表日期：　　年　月　日　　金额单位：元（列至角分）

<table>
<tr><td colspan="2">纳税人识别号</td><td colspan="3"></td><td colspan="2">所属行业：</td></tr>
<tr><td colspan="2">纳税人名称</td><td>（公章）　法定代表人姓名</td><td colspan="2">注册地址</td><td colspan="2">营业地址</td></tr>
<tr><td colspan="2">开户银行及账号</td><td colspan="3">企业登记注册类型</td><td colspan="2">电话号码</td></tr>
<tr><td colspan="2" rowspan="2">项　目</td><td rowspan="2">栏　次</td><td colspan="2">一般货物及劳务</td><td colspan="2">即征即退货物及劳物</td></tr>
<tr><td>本月数</td><td>本年累计</td><td>本月数</td><td>本年累计</td></tr>
<tr><td rowspan="10">销售额</td><td>（一）按适用税率征税货物及劳务销售额</td><td>1</td><td></td><td></td><td></td><td></td></tr>
<tr><td>其中：应税货物销售额</td><td>2</td><td></td><td></td><td></td><td></td></tr>
<tr><td>应税劳务销售额</td><td>3</td><td></td><td></td><td></td><td></td></tr>
<tr><td>纳税检查调整的销售额</td><td>4</td><td></td><td></td><td></td><td></td></tr>
<tr><td>（二）按简易征收办法征税货物销售额</td><td>5</td><td></td><td></td><td></td><td></td></tr>
<tr><td>其中：纳税检查调整的销售额</td><td>6</td><td></td><td></td><td></td><td></td></tr>
<tr><td>（三）免、抵、退办法出口货物销售额</td><td>7</td><td></td><td></td><td></td><td></td></tr>
<tr><td>（四）免税货物及劳务销售额</td><td>8</td><td></td><td></td><td></td><td></td></tr>
<tr><td>其中：免税货物销售额</td><td>9</td><td></td><td></td><td></td><td></td></tr>
<tr><td>免税劳务销售额</td><td>10</td><td></td><td></td><td></td><td></td></tr>
</table>

续表

| | | | | | | |
|---|---|---|---|---|---|---|
| 税款计算 | 销项税额 | 11 | | | | |
| | 进项税额 | 12 | | | | |
| | 上期留抵税额 | 13 | | | | |
| | 进项税额传出 | 14 | | | | |
| | 免、抵、退货物应退税额 | 15 | | | | |
| | 按适用税率计算的纳税检查应补缴税额 | 16 | | | | |
| | 应抵扣税额合计 | 17＝12＋13－14－15＋16 | | | | |
| | 实际抵扣税额 | 18（如 17＜11，则为 17，否则为 11） | | | | |
| | 应纳税额 | 19＝11－18 | | | | |
| | 期末留抵税额 | 20＝17－18 | | | | |
| | 按简易征收办法计算的应纳税额 | 21 | | | | |
| | 按简易征收办法计算的纳税检查应补缴税额 | 22 | | | | |
| | 应纳税额减征额 | 23 | | | | |
| | 应纳税额合计 | 24＝19＋21－23 | | | | |
| 税款缴纳 | 期初未缴税额（多缴为负数） | 25 | | | | |
| | 实收出口开具专用缴款书退税额 | 26 | | | | |
| | 本期已缴税额 | 27＝28＋29＋30＋31 | | | | |
| | ①分次预缴税额 | 28 | | | | |
| | ②出口开具专用缴款书预缴税额 | 29 | | | | |
| | ③本期缴纳上期应纳税额 | 30 | | | | |
| | ④本期缴纳欠缴税额 | 31 | | | | |
| | 期末未缴税额（多缴为负数） | 32＝24＋25＋26－27 | | | | |
| | 其中：欠缴税额（≥0） | 33＝25＋26－27 | | | | |
| | 本期应补（退）税额 | 34＝24－28－29 | | | | |
| | 即征即退实际退税额 | 35 | | | | |
| | 期补未缴查补税额 | 36 | | | | |
| | 本期入库查补税额 | 37 | | | | |
| | 期末未缴查补税额 | 38＝16＋22＋36－37 | | | | |
| 授权声明 | 如果你已委托代理人申报，请填写下列资料：为代理一切税务事宜，现授权　　　　（地址）　　为本纳税人的代理申报人，任何与本申报表有关的往来文件，都可寄予此人。　授权人签字： | 申报人声明 | 此纳税申报表是根据《中华人民共和国增值税暂行条例》的规定填报的，我相信它是真实的、可靠的、完整的。　声明人签字： | | | |

以下由税务机关填写：

收到日期：　　　　　　　　　　接收人：　　　　　　　　　　主管税务机关盖章：

## 2.4 增值税专用发票管理

增值税专用发票是增值税一般纳税人进行纳税核算的最重要的凭证，只限于一般纳税人领购使用，小规模纳税人及非增值税纳税人不得领购使用。

### 2.4.1 专用发票领购使用范围

一般纳税人凭《发票领购簿》、IC卡和经办人身份证明领购专用发票。一般纳税人有下列情形之一的，不得领购开具专用发票。

(1) 会计核算不健全，不能向税务机关准确提供增值税销项税额、进项税额、应纳税额数据及其他有关增值税税务资料的。

(2) 有税收征收管理法规定的税收违法行为，拒不接受税务机关处理的。

(3) 有以下行为之一，经税务机关责令限期改正而仍未改正的：①虚开增值税专用发票；②私自印制专用发票；③向个人或税务机关以外的单位买取专用发票；④借用他人专用发票；⑤未按规定开具专用发票；⑥未按规定保管专用发票和发票设备；⑦未按规定申请办理防伪税控系统变更发生；⑧未按规定接受税务机关检查。

(4) 销售的货物全部属于免税项目者。

有上列情形的，如已领购使用专用发票，税务机关应暂扣其结存的专用发票和IC卡。

### 2.4.2 专用发票开具范围

一般纳税人销售货物（包括视同销售货物在内）、应税劳务，根据增值税细则规定应当征收增值税的应税劳务（以下简称销售应税项目），必须向购买方开具专用发票，但下列情况不得开具增值税专用发票。

(1) 向消费者销售应税项目。

(2) 销售免税项目。

(3) 销售报关出口的货物、在境外销售应税劳务。

(4) 将货物用于非应税项目。

(5) 将货物用于集体福利或个人消费。

(6) 提供非应税劳务（应当征收增值税的除外）、转让无形资产或销售不动产。

(7) 向小规模纳税人销售应税项目，可以不开具专用发票。

(8) 商业零售业中的烟、酒、食品、服装、鞋帽（不包括劳保专用部分）、化妆品等消费品不得开具专用发票。

(9) 对生产经营机器、机车、汽车、轮船、锅炉等大型机械、电子设备的工商企业，凡直接销售给使用单位的，应开具普通发票，如购货方索取增值税专用发票，销售方可开具增值税专用发票。

### 2.4.3 专用发票联次与开票限额

专用发票由基本联次或者基本联次附加其他联次构成，基本联次为三联：发票联、抵扣联和记账联。

最高开票限额由一般纳税人申请，税务机关依法审批。最高开票限额为10万元及其以下的，由区县级税务机关审批；最高开票限额为100万元的，由地市级税务机关审批；最高开票限额为1 000万元及以上的，由省级税务机关审批。

### 2.4.4 专用发票开具时限

(1) 采取用预收货款、托收承付、委托银行收款结算方式的，为货物发出的当天。

(2) 采用交款提货结算方式的，为收到货款的当天。

(3) 采用赊销、分期收款结算方式的，为合同约定的收款日期的当天。

(4) 将货物交付他人代销的，为收到代销清单的当天。

(5) 设有两个以上机构并实行统一核算的纳税人，将货物从一个机构移送其他机构用于销售，按规定应当征收增值税的，为货物移送的当天。

(6) 将货物作为投资提供给其他单位或个体经营者、分配给股东，为货物移送的当天。

一般纳税人凡开具了增值税专用发票，其销售额未按规定记入销售账户核算的，一律按偷税论处。

### 2.4.5 专用发票开具要求

(1) 项目齐全，与实际交易相符。

(2) 字迹清楚，不得压线、错格。

(3) 发票联和抵扣联加盖账务专用章或者发票专用章。

(4) 按照增值税纳税义务的发生时间开具。

## 本章小结

本章主要介绍了增值税法基础知识、应纳税额的计算、纳税征收管理和增值税专用发票管理等内容。

增值税的征收范围包括三个方面：在境内销售货物、提供加工修理修配劳务和进口货物。将纳税人划分为一般纳税人和小规模纳税人。一般纳税人实行凭发票注明税款抵扣办法，小规模纳税人实行简易征收办法。

增值税税率有17%、13%和零税率；征收率为3%。增值税优惠形式包括起征点、免税、即征即退、先征后返以及出口退（免）税等。对一般纳税人的生产企业出口货物，实行“免、抵、退”税管理办法；对小规模纳税人出口货物实行免税办法；对外贸企业出口货物，实行按增值税专用发票注明的进价金额和退税率计算退税办法。

为了保证国家财政收入的及时取得，应明确规定增值税纳税义务的发生时间。根据企业跨地区经营和搞活商品流通的特点及不同情况，税法还具体规定了增值税的纳税地点。

## 基础与提高

### 一 单项选择题

1. 下列选项中，不属于增值税特点的是（　　）。

A. 实行价外税

B. 统一实现规范化的购进扣税法

C. 实现价内税

D. 对不同经营规模的纳税人采取不同的计税方法

2. 根据增值税法律制度的规定，下列各项中，不属于增值税征税范围的是(　　)。

A. 销售电力　　B. 销售热力

C. 销售天然气　　D. 销售房地产

3. 按税法规定，下列行为应征收增值税的是(　　)。

A. 邮政部门的报刊发行费

B. 银行经营融资业务收取的租赁费

C. 生产企业销售货物时收取的优质服务费

D. 招待所预订火车票的手续费

4. 下列各项中，既是增值税法定税率，又是增值税进项税额扣除率的是(　　)。

A. 7%　　B. 10%　　C. 13%　　D. 17%

5. 某卷烟厂2009年6月收购烟叶生产卷烟，收购凭证上注明价款50万元，并向烟叶生产者支付了价外补贴。该卷烟厂6月份收购烟叶可抵扣的进项税额为（　　）。

A. 6.5万元　　B. 7.15万元

C. 8.58万元　　D. 8.86万元

6. 某公司（一般纳税人）销售一定数量的石油液化气，销售额（含税）为人民币4 520元，则该公司计算增值税的销项税额为（　　）。

A. 768.4元　　B. 587.6元

C. 520元　　D. 657.2元

7. 某生产企业属增值税小规模纳税人，2008年6月对部分资产盘点后进行处理：销售边角废料，由税务机关代开增值税专用发票，取得不含税收入8万元；销售使用过的小汽车1辆，取得含税收入5.2万元（原值为4万元）。该企业上述业务应缴纳增值税(　　)。

A. 0.42万元　　B. 0.48万元

C. 0.54万元　　D. 0.58万元

8. 某企业为增值税一般纳税人。2009年1月进口一批化妆品，关税完税价格为40万元。已知：化妆品关税税率为20%，消费税税率为30%。该企业进口化妆品应纳进口增值税税额为（　　）万元。

A. 2.06　　B. 6.80

C. 8.16　　D. 11.66

## 二 多项选择题

1. 下列行为中，应该缴纳增值税的是（　　）。
   A. 销售货物　　B. 提供加工、修理修配劳务
   C. 进口货物　　D. 转让无形资产
2. 依据增值税的有关规定，不能认定为增值税一般纳税人的有（　　）。
   A. 从事货物生产业务的小规模企业
   B. 从事货物零售业务的小规模企业
   C. 个人
   D. 不经常发生应税行为的企业
3. 下列关于软件产品的税务处理中，正确的有（　　）。
   A. 纳税人转让计算机软件著作权取得的收入应征收增值税
   B. 纳税人随同软件产品销售一并收取的维护费应征收增值税
   C. 软件产品交付使用后，纳税人按期收取的维护费收入应征收营业税
   D. 纳税人受托开发软件产品且著作权属于受托方的，其收入应征收增值税
4. 下列外购货物能够抵扣进项税额的包括（　　）。
   A. 用于免税项目　　B. 用于集体福利
   C. 用于无偿赠送　　D. 用于对外投资
5. 根据增值税法律制度的规定，下列各项业务的处理方法中，不正确的有（　　）。
   A. 纳税人销售货物或提供应税劳务，采用价税合并定价收取的，以不含增值税的销售额为计税销售额
   B. 纳税人以价格折扣方式销售货物，不论折扣额是否在同一张发票上注明，均以扣除折扣额以后的销售额为计税销售额
   C. 纳税人采取以旧换新方式销售货物，以扣除旧货物折价款以后的销售额为计税销售额
   D. 纳税人采取以物易物方式销售货物，购销双方均应作购销处理，以各自发出的货物核算计税销售额并计算销项税额，以各自收到的货物核算购货额并计算进项税额
6. 下列选项中，属于增值税税率的有（　　）。
   A. 4%　　B. 13%
   C. 17%　　D. 零税率
7. 下列符合增值税纳税地点规定的有（　　）。
   A. 进口货物应当由进口人或其代理人向报关地海关申报纳税
   B. 固定业户应向机构所在地主管税务机关申报纳税
   C. 非固定业户销售货物应向销售地主管税务机关申报纳税
   D. 非固定业户到外市县销售货物应向机构所在地主管税务机关申报纳税

## 三 简答题

1. 增值税的特点主要体现在哪几个方面？
2. 增值税的具体增值范围有哪些？
3. 如何计算增值税的应纳税额？
4. 我国出口货物税收政策有哪几种形式？
5. 增值税起征点的幅度是如何规定的？

6. 一般纳税人进行纳税申报时应提供哪些资料?

### ㊃ 计算分析题

1. 某生产企业为增值税一般纳税人，适用增值税税率为17%，2010年5月份发生有关生产经营业务如下。

(1) 销售甲产品给某大商场，开具增值税专用发票，取得不含税销售额90万元；另外，开具普通发票，取得销售甲产品的送货运输费收入2.34万元。

(2) 销售乙产品，开具普通发票，取得含税销售额17万元。

(3) 将试制的一批应税新产品用于本企业基建工程，成本价为30万元，成本利润率为10%，该新产品无同类产品市场销售价格。

(4) 销售使用过的进口摩托车3辆，开具普通发票，每辆取得含税销售额1.04万元；该摩托车原值每辆0.8万元。

(5) 购进货物取得增值税专用发票，注明支付的货款50万元、进项税额8.5万元；另外支付购货的运输费用4万元，取得运输公司开具的普通发票。

(6) 向农业生产者购进免税农产品一批，支付收购价40万元，支付给运输单位运费2万元，并取得相关的合法票据。本月下旬将购进农产品的30%用于本企业职工福利（以上相关票据均符合税法的相关规定）。

计算该企业5月份应缴纳的增值税税额。

2. 某自营出口生产企业是增值税一般纳税人，出口货物的征税税率为17%，退税税率为13%。2010年5月经营业务为：购原材料一批，取得的增值税专用发票注明的价款210万元，外购货物准予抵扣进项税额68万元通过认证。当月进料加工免税进口料件的组成计税价格100万元。上期末留抵税款17万元。本月内销货物不含税销售额200万元。收款234万元存入银行。本月出口货物销售额折合人民币300万元。

计算该企业当期的免、抵、退税额。

## 技能实训

**一、实训项目**

增值税计算。

**二、实训方式**

1. 阅读实训材料及实训分析后进行思考，分小组讨论自己对增值税计算的认识。

2. 各小组讨论结束后，每位同学把讨论结果整理成书面材料上交。

3. 教师评分后总结。

**三、实训材料**

某轿车生产企业为增值税一般纳税人，2006年11月份和12月份的生产经营情况如下。

(1) 11月从国内购进汽车配件，取得防伪税控系统开具的增值税专用发票，注明金额280万元、增值税税额47.6万元，取得的货运发票上注明运费10万元，建设基金2万元。

(2) 11月在国内销售发动机10台给一小规模纳税人，取得收入28.08万元；出口发动机80台，取得销售额200万元。

(3) 12月进口原材料一批，支付国外买价120万元，包装材料8万元，到达我国海关以前的运输装卸费3万元、保险费13万元，从海关运往企业所在地支付运输费7万元。

(4) 12月进口两台机械设备，支付给国外的买价60万元，相关税金3万元，支付到达我国海关以前的装卸费、运输费6万元，保险费2万元，从海关运往企业所在地支付运输费4万元。

(5) 12月从国内购进钢材，取得防伪税控系统开具的增值税专用发票，注明金额300万元、增值税税额51万元，另支付购货运输费用12万元、装卸费用3万元；当月将30%用于企业基建工程。

(6) 12月从废旧物资回收经营单位购入报废汽车部件，取得废旧物资回收经营单位开具的税务机关监制的普通发票，注明金额90万元，另支付运输费、装卸费共计6万元。

(7) 12月1日将A型小轿车130辆赊销给境内某代理商，约定12月15日付款，15日企业开具增值税专用发票，注明金额2 340万元、增值税税额397.8万元，代理商30日将货款和延期付款的违约金8万元支付给企业。

(8) 12月销售A型小轿车10辆给本企业有突出贡献的业务人员，以成本价核算取得销售金额80万元。

(9) 12月企业新设计生产B型小轿车2辆，每辆成本价12万元，为了检测其性能，将其移送企业下设的汽车维修厂进行碰撞实验，企业和维修厂位于同一市区，市场上无B型小轿车销售价格。

其他相关资料：①该企业进口原材料和机械设备的关税税率为10%；②生产销售的小轿车适用消费税率12%；③B型小轿车成本利润率8%；④城市维护建设税税率7%；⑤教育费附加征收率3%；⑥退税率13%；⑦相关票据在有效期内均通过主管税务机关认证。

## 四、实训分析

(1) 计算企业11月应退的增值税。

(2) 计算企业11月留抵的增值税。

(3) 计算企业12月进口原材料应缴纳的关税。

(4) 计算企业12月进口原材料应缴纳的增值税。

(5) 计算企业12月进口机械设备应缴纳的关税。

(6) 计算企业12月进口机械设备应缴纳的增值税。

(7) 计算企业12月国内购进原材料和运费可抵扣的进项税额。

(8) 计算企业12月购入报废汽车部件可抵扣的进项税额。

(9) 计算企业12月销售A型小轿车的销项税额。

(10) 计算企业12月B型小轿车的销项税额。

(11) 计算企业12月应缴纳的增值税。

## 案例分析

### 纳税人土地增值税清算分析

根据《关于房地产开发企业土地增值税清算管理有关问题的通知》(国税发[2006]187号)规定，从2007年2月1日起，税务机关对符合条件的纳税人开展土地增值税清算工作。

一、在计算土地增值税扣除项目金额时，将印花税作为“与转让房地产有关的税金”进行扣除，造成了印花税的重复扣除。根据《关于土地增值税一些具体问题规定的通知》(财税[1995]48号)规定，房地产企业转让房地产缴纳的印花税应列入企业的管理费用进行扣除，不再记入“与转让房地产有关的税金”中扣除。

二、将利息支出一律计入扣除项目。根据《土地增值税暂行条例实施细则》的规定，利息支出要视情况确定，分在规定范围内据实扣除和在10%以内计算扣除两种情况。凡能够按转让房地产项目计算分摊并提供金融机构证明的，允许据实扣除，但最高不能超过按商业银行同类同期贷款利率计算的金额。凡不能按转让房地产项目计算分摊利息支出或不能提供金融机构证明的，利息支出不得单独计算，而应并入房地产开发费用中一并计算扣除。在这种情况下，房地产开发费用按取得土地使用权所支付的金额和房地产开发成本之和的10%以内计算扣除，具体比例由省、自治区、直辖市人民政府规定。

三、将评估费用一律计入扣除项目。《财政部、国家税务总局关于土地增值税一些具体问题规定的通知》规定纳税人转让旧房及建筑时因计算纳税的需要而对房地产进行评估，其支付的评估费用允许在计算增值额时予以扣除，对条例第九条规定的纳税人隐瞒、虚报房地产成交价格等情形而按房地产评估价格计算征收土地增值税所发生的评估费用，不允许在计算土地增值税时扣除，视纳税人是否隐瞒、虚报房地产成交价格等情形而决定是否予以扣除。

四、将代收费用一律计入扣除项目予以扣除，在加计20%扣除时，未从计算的基数中剔除。根据《财政部、国家税务总局关于土地增值税一些具体问题规定的通知》的规定，对于县级以上人民政府要求房地产开发企业在售房时代收的各项费用，可以根据代收费用是否计入房价和是否作为转让收入，确定是否扣除。如果代收费用是计入房价中向购买方一并收取的，可作为转让房地产所取得的收入计税；相应地，在计算扣除项目金额时，代收费用可以扣除，但不允许作为加计20%扣除的基数。如果代收费用未计入房价中，而是在房价之外单独收取，可以不作为转让房地产的收入。相应地，在计算增值额时，代收费用不允许在收入中扣除。首先，确定要求代收费用的主体是否是县级以上人民政府；其次，视情形决定是否作为扣除项目，且一律不得作为加计20%扣除计算的基数。

五、对外捐赠是一种无偿行为，在计算土地增值税时，一律不计收入，不申报缴纳土地增值税。《土地增值税暂行条例实施细则》第二条规定：“条例第二条所称的转让国有土地使用权、地上的建筑物及其附着物并取得收入，是指以出售或者其他方式有偿转让房地产的行为。不包括以继承、赠与方式无偿转让房地产的行为。”

六、进行房地产的交换时，交换双方都不确认收入，不缴纳土地增值税。根据《中华人民共和国土地增值税暂行条例》的规定，纳税人转让房地产所取得的收入，包括货币收入、实物收入和其他收入。通过房地产交换，交换双方都取得房产这一实物形态的收入，应属于土地增值税的征税范围。值得注意的是，根据《财政部、国家税务总局关于土地增值税一些具体问题规定的通知》的规定，对个人之间互换自有居住用房地产的，经当地税务机关核实，可以免征土地增值税。交换双方都应作为一种实物收入，申报缴纳土地增值税。

资料来源：中国会计网

**思考与分析：**

在土地增值税清算工作中容易出现哪些失误？

# 第3章 消费税法

## 学习目标

理解消费税的含义及特点；明确消费税的计税规定；能进行消费税应纳税额的计算；掌握消费税的纳税义务发生时间、期限、地点及申报要求。

## 案例导入

**消费税同比增收 5 664 万元**

截至2010年10月底，包头市消费税共计完成16 804万元，同比增收5 664万元，增长50.84%。

据了解，包头市的消费税收入主要来自制酒业、烟草制品批发业，1～10月份酒类产品入库消费税6 330万元，同比增收202万元，增长3.3%。卷烟消费税入库9 676万元，同比增收5 322万元，增长122.23%。

据介绍，今年消费税增长的主要原因是受政策因素的影响，2009年5月1日，国家对卷烟消费税税率进行了调整，除将甲、乙类卷烟和雪茄烟税率由原来的45%、30%、25%调整为56%、36%、36%以外，还在卷烟批发环节增加一道从价税，按销售额5%的税率进行征收。2009年8月，国家税务总局又制定出台了《白酒消费税最低计税价格核定管理办法》。根据这一办法，白酒生产企业销售给销售单位的白酒，生产企业消费税计税价格低于销售单位对外销售价格70%以下的，消费税最低计税价格由税务机关核定。

资料来源：内蒙古晨报

思考：

1. 本案例体现了消费税的什么特点？
2. 国家对卷烟消费税税率的调整有何利弊？

## 3.1 消费税概述

### 3.1.1 消费税的含义

消费税法是指国家制定的调整消费税征收与缴纳权利义务关系的法律规范，是对消费品和特定的消费行为按消费流转额征收的一种商品税。现行消费税的基本规范是 1993 年 12 月 13 日国务院颁布，2008 年 11 月 5 日国务院第 34 次常务会议修订的《中华人民共和国消费税暂行条例》。

消费税是在对货物普遍征收增值税的基础上，选择少数消费品再征收一道消费税，征税的目的主要是为了调节产品结构，引导消费方向，保证国家财政收入。消费税属于流转税，也是价内税。

现行消费税有 14 个税目，有的税目还划分为若干个子目。具体征税范围如下。

（1）烟，包括卷烟（出口卷烟、白包卷烟、手工卷烟和未经国务院批准纳入计划的企业及个人生产的卷烟）、雪茄烟和烟丝。

（2）酒及酒精，酒类包括白酒、黄酒、啤酒和其他酒，酒精包括各种工业酒精、医用酒精和食用酒精。对饮食业、商业、娱乐业举办啤酒屋（啤酒坊）利用啤酒生产设备生产的啤酒，应当征收消费税。

（3）鞭炮、焰火，包括各种鞭炮、焰火，体育比赛用的发令纸和鞭炮药引线不属于征税范围。

（4）化妆品，包括各类美容、修饰类化妆品、高档护肤类化妆品和成套化妆品。

（5）贵重首饰及珠宝玉石，包括凡是以金、银、白金、宝石、珍珠、钻石、翡翠、珊瑚、玛瑙等贵重稀有物质以及其他金属、人造宝石等制作的各种纯金银首饰及镶嵌首饰和经采掘、打磨、加工的各种珠宝玉石。

金银首饰包括金、银、金基合金、银基合金以及金银镶嵌首饰，在零售环节征税；出国人员免税商店销售的金银首饰属于征收消费税的范围。

（6）高尔夫球及球具，指从事高尔夫球运动所需的各种专用装备，包括高尔夫球、高尔夫球杆及高尔夫球包（袋）等。高尔夫球杆的杆头、杆身和握把属于本税目的征收范围。

（7）高档手表，指销售价格（不含增值税）每只在 1 万元（含）以上的各类手表。

（8）游艇。

（9）木制一次性筷子，又称卫生筷子。本税目征收范围包括各种规格的木制一次性筷子。未经打磨、倒角的木制一次性筷子属于本税目征税范围。

（10）实木地板，指以木材为原料加工而成的块状或条状的地面装饰材料。本税目征收范围包括各类规格的实木地板、实木指接地板、实木复合地板及用于装饰墙壁、天棚的侧端面为榫、槽的实木装饰板。未经涂饰的素板属于本税目征税范围。

（11）成品油，包括汽油、柴油、石脑油、溶剂油、航空煤油、润滑油、燃料油 7 个子目。

（12）汽车轮胎，指用于各种汽车、挂车、专用车和其他机动车上的内、外轮胎。

（13）摩托车，包括汽缸容量在 250 毫升（含）以下的和汽缸容量在 250 毫升以上的两种。

（14）小汽车。

### 3.1.2 消费税的特点

消费税是具有“刚性”的流转税，但只是对特殊消费品的销售额和销售数量进行征税，这与其他流转税尤其是增值税相比，有其不同的特点。

#### 1. 可选性

消费税并不是对所有消费品都进行征税，而是选择一些特定的消费品征税。我国 1994 年实行的税制中，消费税主要包括特殊消费品、奢侈品、高能耗消费品、不可再生的资源消费品和税基宽广、消费普遍、不影响人民群众的生活水平，但又具有一定财政意义的普通消费品，共计 11 个税目。为适应我国目前的产业结构、消费水平和消费结构以及节能环保等方面的要求，从 2006 年 4 月 1 日起，消费税的征收范围进行了有增有减的调整。调整后的消费税税目共计 14 个，如前所述。需要说明的是，选到的要征税，没有选到的则不征消费税。即在对货物普遍征收增值税的基础上，选择少数消费品再征收一道消费税。

**2. 纳税环节的单一性**

消费税主要在生产者出厂销售或从国外进口应税消费品时进行征税，一般在其他环节（如流通、消费等环节）不再征税，这就是通常所说的一次课征制。用外购已税消费品继续生产应税消费品销售的，采取扣除已纳（代收）税额办法避免重复课征消费税。但需要注意的是：

（1）金银首饰由生产销售环节征收改为零售环节征收。

（2）钻石及钻石饰品由生产、进口环节改为零售环节征收，在以后的批发、零售等环节中不再征收消费税。

**3. 征收方法具有多样性**

为了适应不同应税消费品的情况，消费税在征收方法上各有不同，有些产品采取从价定率的方法征收，有些产品则采取从量定额的方法征收。在具体操作上，对一部分价格差异大，且便于按价格核算的应税消费品，依消费品或消费行为的价格实行从价定率征收；对一部分价格差异较小，品种、规格比较单一的大宗应税消费品，依消费品的数量实行从量定额征收。由于两种方法各有其优缺点，所以，目前对有些产品在实行从价定率征收的同时，还对其实行从量定额征收。

**4. 适用税率的差别性**

从理论与实践上说，消费税实行差别税率，可以更好地发挥其独特的调节功能。因此，我国消费税根据不同消费品的种类、档次、结构、功能或消费品某一成分的含量，以及市场供求状况和消费品价格水平等情况，制定了高低不同的比例税率和定额税率，以体现国家的特定调节政策。

**5. 税收调节具有特殊性**

消费税属于国家运用税收杠杆对某些消费品或消费行为特殊调节的税种。这一特殊性表现在两个方面：一是不同的征税项目税负差异较大，对需要限制或控制消费的消费品规定较高的税率，体现特殊的调节目的；二是消费税往往同有关税种配合实行加重或双重调节，一般采取增值税和消费税双重调节的方法，对某些特殊调节的消费品或消费行为在征收增值税的同时，再征收一道消费税，形成一种特殊的对消费品双层次调节的税收调节体系。

**6. 税收负担的转嫁性**

增值税实行价外计税，而消费税是一种价内税，即消费税款含在应税消费品价格之中。因此，消费税无论在哪个环节征收，消费品中所含的消费税款最终都是由购买应税消费品者所担，生产销售应税消费品的企业和个人虽是纳税人，但其所缴纳的税款最终还是转嫁到了消费者身上。

### 3.1.3 消费税的税率

消费税的税率有三种形式：比例税率、定额税率、复合税率（即比例税率与定额税率相结合的计税形式）。对一些供求基本平衡、价格差异不大、计量单位规范的消费品，选择计税简便的定额税率，如黄酒、啤酒、成品油等；对一些供求矛盾突出、价格差异较大、计量单位不规范的消费品，选择税价联动的比例税率，如化妆品、贵重首饰及珠宝玉石、高尔夫球及球具、高档手表、游艇、小汽车等；对国家重点调节的消费品，采取复合税率计税，如卷烟、白酒等。具体内容见表3-1。

纳税人兼营不同税率的应当缴纳消费税的消费品，应当分别核算不同税率应税消费品的销售额、销售数量；未分别核算销售额、销售数量，或者将不同税率的应税消费品组成成套消费品销售的，从高适用税率。

**表3-1 消费税税目、税率（税额）表**

| 税　目 | 税　率 |
|---|---|
| 一、烟 | |
| 1. 卷烟 | |
| （1）甲类卷烟 | 45%加0.003元/支 |
| （2）乙类卷烟 | 30%加0.003元/支 |
| 2. 雪茄烟 | 25% |
| 3. 烟丝 | 30% |
| 二、酒及酒精 | |
| 1. 白酒 | 20%加0.5元/500克（或500毫升） |
| 2. 黄酒 | 240元/吨 |
| 3. 啤酒 | |
| （1）甲类啤酒 | 250元/吨 |
| （2）乙类啤酒 | 220元/吨 |
| 4. 其他酒 | 10% |
| 5. 酒精 | 5% |
| 三、化妆品 | 30% |
| 四、贵重首饰及珠宝玉石 | |
| 1. 金银首饰、铂金首饰和钻石及钻石饰品 | 5% |
| 2. 其他贵重首饰和珠宝玉石 | 10% |
| 五、鞭炮、焰火 | 15% |
| 六、成品油 | |
| 1. 汽油 | |
| （1）含铅汽油 | 1.00元/升 |
| （2）无铅汽油 | 1.40元/升 |
| 2. 柴油 | 0.80元/升 |

续表

| 税 目 | 税 率 |
|---|---|
| 3. 航空煤油 | 0.80元/升 |
| 4. 石脑油 | 1.00元/升 |
| 5. 溶剂油 | 1.00元/升 |
| 6. 润滑油 | 1.00元/升 |
| 7. 燃料油 | 0.80元/升 |
| 七、汽车轮胎 | 3% |
| 八、摩托车 | |
| 1. 汽缸容量（排气量，下同）在250毫升（含250毫升）以下的 | 3% |
| 2. 汽缸容量在250毫升以上的 | 10% |
| 九、小汽车 | |
| 1. 乘用车 | |
| （1）汽缸容量（排气量，下同）在1.0升（含1.0升）以下的 | 1% |
| （2）汽缸容量在1.0升以上至1.5升（含1.5升）的 | 3% |
| （3）汽缸容量在1.5升以上至2.0升（含2.0升）的 | 5% |
| （4）汽缸容量在2.0升以上至2.5升（含2.5升）的 | 9% |
| （5）汽缸容量在2.5升以上至3.0升（含3.0升）的 | 12% |
| （6）汽缸容量在3.0升以上至4.0升（含4.0升）的 | 25% |
| （7）汽缸容量在4.0升以上的 | 40% |
| 2. 中轻型商用客车 | 5% |
| 十、高尔夫球及球具 | 10% |
| 十一、高档手表 | 20% |
| 十二、游艇 | 10% |
| 十三、木制一次性筷子 | 5% |
| 十四、实木地板 | 5% |

注：1. 卷烟采用复合税率：比例税率为每标准条（200支）调拨价格在50元（含50元）以上，税率为45%；每标准条调拨价格在50元以下，税率为30%；进口卷烟、白包卷烟、手工卷烟、没有同类卷烟价格的、计划外以及个人生产的卷烟，税率为45%。

2. 酒类：第一，白酒采用复合税率，除税目税率表中的比例税率外，同时使用定额税率为0.5元/斤；第二，啤酒的税额为：每吨啤酒出厂价（含包装物及押金）在3 000元（含3 000元，不含增值税）以上，单位税额为250元/吨；每吨啤酒出厂价在3 000元以下，单位税额为220元/吨；娱乐业、饮食业自制啤酒，单位税额为250元/吨。

3. 金银首饰、钻石及钻石饰品消费税减按5%的税率征收。

4. 纳税人经营多种应税消费品销售业务的兼营行为，应该分别核算不同税率应税消费品的销售额和销售数量，按消费税税目税率表分别适用不同的消费税税率计算应纳税额。纳税人将适用不同税率的应税消费品组成成套消费品销售的，从高适用税率。

2009年6月财政部、国家税务总局对烟产品消费税政策作了重大调整，除烟产品生产环节的消费税政策有了较大改变，调整了计税价格，提高了消费税税率外，卷烟批发环节还加征了一道从价税，税率为5%。我国大幅提高烟产品税负体现了控烟与增收双重意图。

政策调整后，甲类香烟的消费税从价税率由原来的 45%调整至 56%，乙类香烟由 30%调整至 36%，雪茄烟由 25%调整至 36%。与此同时，对原来的甲、乙类香烟划分标准也进行了调整，原来 50 元的分界线上浮至 70 元，即每标准条（200 支）调拨价格在 70 元（不含增值税）以上（含 70 元）的卷烟为甲类卷烟，低于此价格的为乙类卷烟。

为了确保将此次烟产品消费税调整落实到位，国家税务总局重新核定了生产环节纳税人各牌号规格卷烟消费税最低计税价格，并连续下发了两个文件，明确了新政下具体的征管方式和要求。国家税务总局要求各地税务部门，向烟产品生产企业和卷烟批发单位派出驻厂组，深入企业了解生产经营情况，进行纳税辅导，核实消费税计税依据，加强消费税征收管理，确保消费税税款及时入库。

### 3.1.4　消费税的纳税环节

**1. 生产环节纳税**

纳税人生产的应税消费品，于纳税人销售时纳税。纳税人自产自用的应税消费品，用于连续生产应税消费品的不纳税；用于其他方面的，于移送使用时纳税。

将纳税环节确定在生产环节，主要有以下原因：一是可以大大减少纳税人数量，降低征管费用，加强源头控制和减少税款流失的风险；二是可以保证税款及时上缴国库；三是把纳税环节提前并实行价内税形式，增加了税负的隐蔽性，这样可以在一定程度上避免不必要的社会震动。

**2. 委托加工环节纳税**

委托加工的应税消费品，除受托方为个人外，由受托方在向委托方交货时代收代缴税款。委托加工的应税消费品，委托方用于连续生产应税消费品的，所纳税款准予按规定抵扣。

委托加工的应税消费品直接出售的，不再缴纳消费税。委托个人加工的应税消费品，由委托方收回后缴纳消费税。

**3. 进口环节纳税**

进口的应税消费品，于报关进口时纳税。

**4. 零售环节纳税**

金银首饰消费税由在生产销售环节征收改为在零售环节征收。

## 3.2　消费税应纳税额的计算

### 3.2.1　销售额的确定

**1. 一般规定**

消费税的计税销售额包括纳税人销售应税消费品向购买方收取的全部价款和价外费用。价外费用是指价外向购买方收取的手续费、补贴、基金、集资费、返还利润、奖励费、违约金、滞纳金、延期付款利息、赔偿金、代收款项、代垫款项、包装费、包装物租金、储备费、优质费、运输装卸费以及其他各种性质的价外费用。但下列项目不包括在内：

(1) 同时符合以下条件的代垫运输费用：①承运部门的运输费用发票开具给购买方的；②纳税人将该项发票转交给购买方的。

(2) 同时符合以下条件代为收取的政府性基金或者行政事业性收费：①由国务院或者财政部批准设立的政府性基金，由国务院或者省级人民政府及其财政、价格主管部门批准设立的行政事业性收费；②收取时开具省级以上财政部门印制的财政票据；③所收款项全额上缴财政。

**2. 包装物计税的规定**

应税消费品连同包装物销售的，无论包装物是否单独计价以及在会计上如何核算，均应并入应税消费品的销售额中缴纳消费税。如果包装物不作价随同产品销售，而是收取押金，则此项押金不应并入应税消费品的销售额中征税。对因逾期未收回的包装物不再退还的或者已收取的时间超过 12 个月的押金，应并入应税消费品的销售额，按照应税消费品的适用税率缴纳消费税。对既作价随同应税消费品销售，又另外收取押金的包装物的押金，凡纳税人在规定的期限内没有退还的，均应并入应税消费品的销售额，按照应税消费品的适用税率缴纳消费税。

**3. 含增值税计税销售额的换算**

应税消费品的计税销售额不包括应向购货方收取的增值税税款。如果纳税人应税消费品的销售额中未扣除增值税税款或者因不得开具增值税专用发票而发生价款和增值税税款合并收取的，在计算消费税应纳税额时，应当换算为不含增值税税款的销售额。其换算公式为：

应税消费品的销售额＝含增值税的销售额÷（1＋增值税税率或者征收率）

消费税纳税人同时又是增值税一般纳税人的，适用 17％的增值税税率；消费税纳税人同时又是增值税小规模纳税人的，适用 3％的征收率。

## 3.2.2 消费税应纳税额的确定

**1. 消费税应纳税额的计算公式**

(1) 采用从价定率计算方法。实行从价定率办法征税的应税消费品，计税依据为应税消费品的销售额，其计算公式为：

实行从价定率办法计算的应纳税额＝销售额×比例税率

(2) 采用从量定额计算方法。从量定额通常按每单位应税消费品的重量、容积或数量为计税依据，并按每单位应税消费品规定固定税额，这种固定税额即为定额税率。其基本计算公式为：

实行从量定额办法计算的应纳税额＝销售数量×定额税率

我国消费税对黄酒、啤酒、汽油、柴油等实行定额税率，采用从量定额的办法征税，其计税依据是纳税人销售应税消费品的数量。

在实际销售过程中，一些纳税人往往混用不同的计量单位，为了规范纳税，《消费税暂行条例实施细则》中具体规定了它们的换算标准：

白酒　　1 斤＝500 毫升　　啤酒　　1 吨＝988 升

| | | | |
|---|---|---|---|
| 黄酒 | 1 吨＝962 升 | 汽油 | 1 吨＝1 388 升 |
| 柴油 | 1 吨＝1 176 升 | 石脑油 | 1 吨＝1 385 升 |
| 溶剂油 | 1 吨＝1 282 升 | 润滑油 | 1 吨＝1 126 升 |
| 燃料油 | 1 吨＝1 015 升 | 航空煤油 | 1 吨＝1 246 升 |

（3）采用复合计征计算方法。现行消费税的征税范围中，只有卷烟和白酒采用从价定率与从量定额复合的计税方法。其应纳税额计算公式为：

复合计税的应税消费品应纳税额＝销售数量×定额税率＋销售额×比例税率

**2. 自产自用应税消费品应纳税额的计算**

自产自用应税消费品按照同类消费品的销售价格为计税依据，没有同类应税消费品销售价格的，按组成计税价格为计税依据。

（1）自产自用应税消费品是指纳税义务人生产应税消费品后，不是用于直接对外销售，而是用于连续生产应税消费品或用于其他方面。自产自用应税消费品的消费税规定为：

①用于连续生产应税消费品。纳税义务人自产自用应税消费品的中间产品不缴纳消费税，体现税不重征的原则。如：生产企业将自产石脑油用于本企业连续生产汽油等应税消费品的，不缴纳消费税。

②用于其他方面。纳税义务人自产自用应税消费品，凡用于其他方面，包括：用于生产非应税消费品、在建工程、管理部门、非生产机构、提供劳务以及馈赠、赞助、集资、广告、样品、职工福利、奖励等方面视同销售的，在移送使用时缴纳消费税。生产企业将自产石脑油用于连续生产乙烯等非应税消费品或其他方面的，于移送使用时缴纳消费税。

（2）同类消费品的销售价格，是指纳税人或者代收代缴义务人当月销售的同类消费品的销售价格，如果当月同类消费品各期销售价格高低不同，应按销售数量加权平均计算。但销售的应税消费品有下列情况之一的，不得列入加权平均计算：

①销售价格明显偏低且无正当理由的。

②无销售价格的。如果当月无销售或者当月未完结，应按照同类消费品上月或者最近月份的销售价格计算纳税。

（3）组成计税价格的计算公式为：

组成计税价格＝（成本＋利润）÷（1－比例税率）

其中，成本是指应税消费品的生产成本；利润是指根据应税消费品的全国平均成本利润率计算的利润。应税消费品全国平均成本利润率由国家税务总局确定，具体数据见表 3-2。对烟、酒征收消费税采用混合计算方法的，因为从量计征以应税消费品的数量为计税依据，与应税消费品的价格高低没有关系，所以计算应税消费品组成计税价格时，不考虑从量计征的消费税税额。

**表 3-2　全国平均成本利润率表**

| 项　目 | 成本利润率/% | 项　目 | 成本利润率/% |
|---|---|---|---|
| （1）甲类卷烟 | 10 | （5）粮食白酒 | 10 |
| （2）乙类卷烟 | 5 | （6）薯类白酒 | 5 |
| （3）雪茄烟 | 5 | （7）其他酒 | 5 |
| （4）烟丝 | 5 | （8）酒精 | 5 |

续表

| 项 目 | 成本利润率/% | 项 目 | 成本利润率/% |
| --- | --- | --- | --- |
| (9) 化妆品 | 5 | (15) 高档手表 | 20 |
| (10) 鞭炮、焰火 | 5 | (16) 游艇 | 10 |
| (11) 贵重首饰及珠宝玉石 | 6 | (17) 木制一次性筷子 | 5 |
| (12) 汽车轮胎 | 5 | (18) 实木地板 | 5 |
| (13) 摩托车 | 6 | (19) 乘用车 | 8 |
| (14) 高尔夫球及球具 | 10 | (20) 中轻型商用车 | 5 |

自产自用应税消费品的核定计税价格不适用于从量计税的应税消费品，从量计税时，应按计税移送使用数量直接计税。

**3. 委托加工应税消费品应纳税额的计算**

委托加工应税消费品按照受托方同类应税消费品的销售价格为计税依据，没有同类应税消费品销售价格的，按照组成计税价格为计税依据。委托加工应税消费品由受托方代收代缴消费税（受托方为个体经营者的除外）。

(1) 委托加工的确认。委托加工是指由委托方提供原料和主要材料，受托方只代垫辅助材料，按照委托方的要求进行加工并收取加工费的行为。货物的所有权始终归委托方所有。

对于由受托方提供原料和主要材料生产的应税消费品，或者受托方先将原材料卖给委托方、然后再接受加工的应税消费品以及由受托方以委托方名义购进原材料生产的应税消费品，不论财务上是否作为销售处理，都不得作为委托加工应税消费品，而应当按照销售自制应税消费品缴纳消费税。

(2) 代收代缴消费税。委托加工应税消费品应由受托方代收代缴消费税，但是纳税人委托个体经营者加工应税消费品，一律由委托方收回后在委托方所在地缴纳消费税。对于受托方没有按规定代收代缴消费税税款的，并不能因此免除委托方补缴税款的责任，此外，对受托方要根据《税收征管法》的规定处以应代收代缴税款50%以上3倍以下的罚款。委托方对于没有代收代缴消费税税款的应税消费品补征税款的计税依据是：收回的应税消费品直接销售的，按销售额计税；收回的应税消费品尚未销售或不能直接销售的（用于连续生产的等），按组成计税价格计税。委托方收回已代收代缴消费税的应税消费品后直接出售的不再缴纳消费税。

(3) 组成计税价格的计算。委托加工应税消费品，按照受托方同类应税消费品的销售价格计算。同类消费品的销售价格是指受托方当月销售的同类应税消费品的销售价格，如果当月销售的同类应税消费品的销售价格高低不同，应按销售数量加权平均计算。但纳税义务人销售的应税消费品销售价格明显偏低又无正当理由以及无销售价格的，不得列入加权平均计算，应当按照同类应税消费品上月或最近月份的销售价格计算；没有同类应税消费品销售价格的，按照组成计税价格计算。组成计税价格计算的公式为：

组成计税价格＝（材料成本＋加工费）÷（1－比例税率）

其中，材料成本是指委托方所提供加工材料的实际成本。委托加工应税消费品的纳税义务人必须在加工合同上如实注明材料成本，否则，税务机关有权对其核定计税材料成本。加工费是指受托方受托加工应税消费品向委托方收取的全部费用（包括代垫辅助材料成本，但不包括增值税税金）。

（4）委托方收回应税消费品已纳消费税的扣除。委托方收回已代收代缴消费税的应税消费品后，连续生产应税消费品的，按照生产领用数量的应税消费品已纳税额进行税额扣除。扣除范围如下。

①以委托加工收回的烟丝生产的卷烟。

②以委托加工收回的鞭炮、焰火为原料生产的鞭炮、焰火。

③以委托加工收回的化妆品为原料生产的化妆品。

④以委托加工收回的珠宝玉石为原料生产的贵重首饰和珠宝玉石。

⑤以委托加工收回的已税杆头、杆身和握把为原料生产的高尔夫球杆。

⑥以委托加工收回的已税木制一次性筷子为原料生产的木制一次性筷子。

⑦以委托加工收回的已税实木地板为原料生产的实木地板。

⑧以委托加工收回的已税石脑油为原料生产的应税消费品。

⑨以委托加工收回的已税润滑油为原料生产的润滑油。

⑩以委托加工收回的汽车轮胎为原料生产的汽车轮胎。

⑪以委托加工收回的摩托车为原料生产的摩托车。委托方收回应税消费品已纳消费税的扣除范围不包括汽油、柴油和小汽车。

委托方收回应税消费品已纳消费税扣除的计算公式为：

准予扣除的已纳消费税＝期初库存委托加工应税消费品已纳税额＋本期收回委托加工应税消费品已纳税额－期末库存委托加工应税消费品已纳税额

纳税人用委托加工收回的已税珠宝玉石生产的金银首饰改在零售环节征收消费税，一律不允许扣除已纳消费税税额。

#### 4. 进口应税消费品应纳税额的计算

（1）进口应税消费品的处理。进口应税消费品在报关进口时缴纳消费税，其消费税由海关代征。进口的应税消费品由进口人或其代理人自海关填发税收缴款书的次日起 15 日内，向报关地海关申报纳税。进口环节的消费税除国务院另有规定外，一律不得给予减税或免税。

（2）进口应税消费品应纳税额的计算公式。纳税人进口应税消费品，按组成的计税价格和适用税率计算应纳税额，其计算公式为：

①实行从价定率计税的应税消费品。

组成计税价格＝（关税完税价格＋关税）÷（1－消费税比例税率）

应纳税额＝组成计税价格×消费税税率

公式中，关税完税价格是指海关核定的关税完税价格。

②实行从量定额计税的应税消费品。

应纳税额＝应税消费品数量×消费税单位税额

③实行从价定率和从量定额混合征收办法计税的应税消费品。

应纳税额＝组成计税价格×消费税税率＋应税消费品数量×消费税单位税额

（3）纳税义务发生的时间。纳税人进口应税消费品，应当自海关填发税款缴纳书的次日起 15 日内缴纳消费税税款。

# 3.3 出口应税消费品退（免）税

## 3.3.1 出口应税消费品的退税率

消费税的退税率即消费税的征税率，消费税征多少退多少，能够实现彻底的退税。

兼营不同税目的或不同税率的应税消费品出口的，应分别核算销售额或销售数量，未分别核算的，从高适用征税率，但从低适用退税率。

## 3.3.2 出口应税消费品的退（免）税政策

**1. 出口免税并退税**

有出口经营权的外贸企业购进应税消费品直接出口，以及外贸企业受其他外贸企业委托代理出口应税消费品适用出口免税并退税政策。外贸企业只有受其他外贸企业委托，代理出口应税消费品才可办理退税，外贸企业受其他企业（主要是非生产性的商贸企业）委托，代理出口应税消费品不予退（免）税。

**2. 出口免税但不退税**

有出口经营权的生产性企业自营出口或生产企业委托外贸企业代理出口自产的应税消费品，依据其实际出口数量免征消费税，不予办理退还消费税。

免征消费税是指对生产性企业按其实际出口数量免征生产环节的消费税。不予办理退还消费税，是因为已免征生产环节的消费税，该应税消费品出口时，已不含有消费税，所以也无须再办理退还消费税了。

**3. 出口不免税也不退税**

除生产企业、外贸企业外的其他企业，适用出口不免税也不退税政策。具体是指一般商贸企业，这类企业委托外贸企业代理出口应税消费品一律不予退（免）税。

## 3.3.3 出口应税消费品退税的计算

外贸企业从生产企业购进货物直接出口或从其他外贸企业委托代理出口应税消费品的应退税额，分以下两种情况处理：

(1) 属于从价定率计征消费税的应税消费品，应依照外贸企业从生产企业购进货物时征收消费税的价格（不包括增值税）计算应退税额，其计算公式为：

$$应退税额=出口货物的工厂销售额\times适用税率$$

(2) 属于从量定额计征消费税的应税消费品，应依货物购进和报关出口的数量计算应退税额，其计算公式为：

$$应退税额=出口数量\times单位税额$$

## 3.3.4 出口退（免）税的管理

出口的应税消费品办理退税后，发生退关或者国外退货进口时予以免税，报关出口者必须及时向其所在地主管税务机关申报补缴已退的消费税税款。纳税人直接出口的应税消费品办理免税后，发生退关或国外退货，进口时已予以免税的，经所在地主管税务机关批准，可暂不办理补税，待其转为国内销售时，再向其主管税务机关申请补缴消费税。

## 3.4 消费税征收管理

### 3.4.1 纳税义务发生时间

（1）纳税人销售应税消费品的，按不同的销售结算方式分类，其纳税义务发生时间分别为：

①采取赊销和分期付款结算方式的，为书面合同规定的收款日期的当天；书面合同没有规定收款日期或者无书面合同的，为发出应税消费品的当天。

②采取预收货款结算方式的，为发出应税消费品的当天。

③采取托收承付和委托银行收款方式的，为发出应税消费品并办妥托收手续的当天。

④采取其他结算方式的，为收讫销售款或者取得索取销售款凭据的当天。

（2）纳税人自产自用应税消费品的，为移送使用的当天。

（3）纳税人委托加工应税消费品的，为纳税人提货的当天。

（4）纳税人进口应税消费品的，为报关进口的当天。

### 3.4.2 消费税纳税期限

（1）消费税的纳税期限分别为1日、3日、5日、10日、15日、1个月或者1个季度。纳税人的具体纳税期限，由主管税务机关根据纳税人应纳税额的大小分别核定。不能按照固定期限纳税的，可以按次纳税。

（2）纳税人自期满之日起15日内申报纳税。

（3）进口应税消费品，应当自海关填发海关进口消费税专用缴款书之日起15日内缴纳税款。

### 3.4.3 消费税纳税地点

（1）纳税人销售的应税消费品和自产自用的应税消费品，应当向纳税人核算地主管税务机关申报纳税。纳税人到外县（市）销售或者委托外县（市）代销自产应税消费品的，向机构所在地或者居住地主管税务机关申报纳税。

（2）委托加工的应税消费品，除受托方为个人外，由受托方向机构所在地或者居住地的主管税务机关解缴消费税税款。委托个人加工的应税消费品，由委托方向其机构所在地或者居住地主管税务机关申报纳税。

（3）进口的应税消费品，应当向报关地海关申报纳税。

（4）纳税人的总机构与分支机构不在同一县（市）的，应当分别向各自机构所在地的主管税务机关申报纳税；经财政部、国家税务总局或者其授权的财政、税务机关批准，可以由总机构汇总向总机构所在地的主管税务机关申报纳税。

### 3.4.4 消费税的纳税申报

消费税纳税人应按有关规定及时办理纳税申报，并应如实填写“消费税纳税申报表”。其申报表的内容及格式见表3-3。

**表 3-3 消费税纳税申报表**

填表日期： 年 月 日

纳 税 编 码：

纳税人识别号：

纳税人名称： 地 址：

税款所属期： 年 月 日至 年 月 日 联系电话：

<table>
<tr><td rowspan="2">应税消费品名称</td><td rowspan="2">适用税目</td><td rowspan="2">应税销售额（数量）</td><td rowspan="2">适用税率（单位税额）</td><td colspan="4">当期准予扣除外购应税消费品买价（数量）</td><td rowspan="2">外购应税消费品适用税率（数量）</td></tr>
<tr><td>合 计</td><td>期初库存外购应税消费品买价（数量）</td><td>当期购进外购应税消费品买价（数量）</td><td>期末库存外购应税消费品买价（数量）</td></tr>
<tr><td>1</td><td>2</td><td>3</td><td>4</td><td>5＝6＋7－8</td><td>6</td><td>7</td><td>8</td><td>9</td></tr>
<tr><td></td><td></td><td></td><td></td><td></td><td></td><td></td><td></td><td></td></tr>
<tr><td></td><td></td><td></td><td></td><td></td><td></td><td></td><td></td><td></td></tr>
<tr><td>合计</td><td></td><td></td><td></td><td></td><td></td><td></td><td></td><td></td></tr>
</table>

<table>
<tr><td colspan="2">应纳消费税</td><td rowspan="2">当期准予扣除外购应税消费品已纳税款</td><td colspan="4">当期准予扣除委托加工应税消费品已纳税款</td></tr>
<tr><td>本期</td><td>累计</td><td>合计</td><td>期初库存委托加工应税消费品已纳税款</td><td>当期收回委托加工应税消费品已纳税款</td><td>期末库存委托加工应税消费品已纳税款</td></tr>
<tr><td>15＝3×4－10 或<br>3×4－11 或<br>3×4－10－11</td><td>16</td><td>10＝5×9 或<br>10＝5×9×<br>（1－征减幅度）</td><td>11＝12＋13－14</td><td>12</td><td>13</td><td>14</td></tr>
<tr><td></td><td></td><td></td><td></td><td></td><td></td><td></td></tr>
</table>

<table>
<tr><td colspan="2">已纳消费税</td><td colspan="4">本期应补（退）税金额</td></tr>
<tr><td>本期</td><td>累计</td><td>合计</td><td>上期结算税 额</td><td>补交本年度欠税</td><td>补交以前年度欠税</td></tr>
<tr><td>17</td><td>18</td><td>19＝15－26－27</td><td>20</td><td>21</td><td>22</td></tr>
<tr><td></td><td></td><td></td><td></td><td></td><td></td></tr>
</table>

<table>
<tr><td rowspan="2">截至上年底累计欠税额</td><td colspan="2">本年度新增欠税额</td><td rowspan="2">减免税额</td><td rowspan="2">预缴税额</td><td rowspan="2">多缴税额</td></tr>
<tr><td>本期</td><td>累计</td></tr>
<tr><td>23</td><td>24</td><td>25</td><td>26＝3×4×征减幅度</td><td>27</td><td>28</td></tr>
</table>

<table>
<tr><td colspan="2">如纳税人填报，由纳税人填写以下各栏</td><td colspan="3">如委托代理人填报，由代理人填写以下各栏</td><td>备注</td></tr>
<tr><td rowspan="3">会计主管：<br><br>（签章）</td><td rowspan="3">纳税人：<br><br>（公章）</td><td>代理人名称</td><td colspan="2" rowspan="2">代理人<br><br>（公章）</td><td rowspan="3"></td></tr>
<tr><td>代理人地址</td></tr>
<tr><td>经 办 人</td><td>电话</td><td></td></tr>
<tr><td colspan="6">以 下 由 税 务 机 关 填 写</td></tr>
<tr><td>收到申报日期</td><td colspan="2"></td><td>接收人</td><td colspan="2"></td></tr>
</table>

注：本表一式三份，区（分）局、计征局、纳税人各一份。

消费税由税务机关征收；进口的应税消费品的消费税由海关代征；个人携带或邮寄入境的应税消费品的消费税，连同关税一并由海关计征，具体办法由国务院关税税则委员会会同有关部门制定。

## 本章小结

本章介绍了消费税法基础知识、应纳税额的计算、纳税征收管理等内容。

消费税是对消费品或消费行为征收的一种税，是世界各国普遍征收的一种税。我国在对全部商品征收增值税的基础上，再对少数特定消费品征收消费税。消费税属于流转税，也是价内税。

我国1994年实行的税制中，消费税主要包括特殊消费品、奢侈品、高能耗费品、不可再生的资源消费品和税基宽广、消费普遍、不影响人民群众的生活水平，但又具有一定财政意义的普通消费品，共计11个税目。为适应我国目前的产业结构、消费水平和消费结构以及节能环保等方面的要求，从2006年4月1日起，消费税的征收范围进行了有增有减的调整，调整后的消费税税目共计14个，分别是：烟，酒及酒精，化妆品，贵重首饰及珠宝玉石，鞭炮、焰火，成品油，汽车轮胎，摩托车，小汽车，高尔夫球及球具，高档手表，游艇，木制一次性筷子，实木地板。

消费税对不同税目实行有差别的定额税率和比例税率，分别在生产、进口、移送委托和零售环节缴纳。消费税的税率有三种形式：比例税率、定额税率和复合税率。

消费税纳税环节为：生产环节→委托加工环节→进口环节→零售环节。

消费税从价定率应纳税额为销售额乘以税率，从量定额应纳税额为销售量乘以单位税额，复合计税应纳税额为从价定率应纳消费税额加从量定额应纳消费税额。

消费税对出口货物分不同情况进行退税、出口免税和出口正常纳税。

消费税纳税义务时间一般为收讫销售额、取得索取销售款凭据或报关进口的当天。消费税纳税地点一般为纳税人的核算地。

## 基础与提高

### 一 单项选择题

1. 下列各项中，应同时征收增值税和消费税的是（　　）。

A. 批发环节销售的卷烟

B. 零售环节销售的金基合金首饰

C. 生产环节销售的普通护肤护发品

D. 进口环节取得外国政府捐赠的小汽车

2. 下列经营业务中，不应征收消费税的是（　　）。

A. 大型超市零售的卷烟

B. 日化厂将自产化妆品用于广告样品

C. 汽车厂将自产小客车用于投资

D. 日化厂将化妆品用于捐赠

3. 下列应税消费品中，适用税率为30%的是（　　）。

A. 粮食白酒　　　　B. 珠宝玉石

C. 烟丝　　　　D. 雪茄烟

4. 某啤酒厂销售A型啤酒20吨给副食品公司，开具税控专用发票收取价款58 000元，收取包装物押金3 000元；销售B型啤酒10吨给宾馆，开具普通发票收取价款32 760元，收取包装物押金1 500元。该啤酒厂应缴纳的消费税是（　　）元。

A. 5 000　　B. 6 600　　C. 7 200　　D. 7 500

5. 下列外购商品中已缴纳的消费税，可以从本企业应纳消费税额中扣除的是（　　）。

A. 从工业企业购进已税汽车轮胎生产的小汽车

B. 从工业企业购进已税酒精为原料生产的勾兑白酒

C. 从工业企业购进已税溶剂油为原料生产的溶剂油

D. 从工业企业购进已税高尔夫球杆握把为原料生产的高尔夫球杆

6. 2009年3月，某卷烟厂从甲企业购进烟丝，取得增值税专用发票，注明价款50万元；所购烟丝的60%用于生产A牌卷烟（甲类卷烟）；本月销售A牌卷烟80箱（标准箱），取得不含税销售额400万元。已知：甲类卷烟消费税税率为56%加150元/标准箱、烟丝消费税税率为30%。当月该卷烟厂应纳消费税税额为（　　）万元。

A. 210.20　　　　B. 216.20

C. 224　　　　D. 225.20

7. 消费税纳税义务发生时间说法正确的是（　　）。

A. 预收货款结算方式下发出应税消费品的当天

B. 赊销方式下收到货款的当天

C. 预收货款结算方式下收到货款的当天

D. 分期收款结算方式下的实际收款日期

8. 下列各项中，符合消费税法有关应按当期生产领用数量计算准予扣除外购的应税消费品已纳消费税税款规定的是（　　）。

A. 外购已税白酒生产的药酒

B. 外购已税化妆品生产的化妆品

C. 外购已税白酒生产的巧克力

D. 外购已税珠宝玉石生产的金银镶嵌首饰

## 二 多项选择题

1. 下列纳税人自产自用的应税消费品中，（　　）要缴纳消费税。

A. 用于职工福利　　　　B. 用于在建工程

C. 用于广告宣传　　　　D. 用于生产非应税消费品

2. 根据消费税法律制度的规定，下列各项中，属于消费税征税范围的消费品有（　　）。

A. 高档手表　　　　B. 木制一次性筷子

C. 实木地板　　　　　　　　　D. 高档西服

3. 下列各项可以不纳消费税的是(　　)。

A. 委托加工的应税消费品（受托方已代收代缴消费税），委托方收回后直接销售的

B. 委托加工应税消费品，受托方没有代收代缴消费税

C. 自产自用的应税消费品，用于生产非应税消费品的

D. 外购应税消费品用于连续加工生产应税消费品

4. 应交消费税的产品的销售数量确定的原则是(　　)。

A. 销售应税消费品的，为应税消费品的销售数量

B. 自产自用应税消费品的，为应税消费品的移送使用数量

C. 出口的应税消费品，为出口报关的数量

D. 委托加工应税消费品的，为纳税人收回的应税消费品数量

5. 下列各项中，符合应税消费品销售数量规定的有（　　）。

A. 生产销售应税消费品的，为应税消费品的销售数量

B. 自产自用应税消费品的，为应税消费品的生产数量

C. 委托加工应税消费品的，为纳税人收回的应税消费品数量

D. 进口应税消费品的，为海关核定的应税消费品进口征税数量

6. 某商场委托某工业加工企业加工消费税应税货物一批，该加工企业将加工好的应税货物交付商场时未代收代缴消费税。后经查出，主管税务机关对该项行为的税务处理方法有（　　）。

A. 加工企业应按规定补税　　　　B. 商场应按规定补税

C. 对加工企业应给予处罚　　　　D. 对商场应给予处罚

7. 下列各项中，符合消费税纳税地点规定的有（　　）。

A. 进口应税消费品的，由进口人或其代理人向报关地海关申报纳税

B. 纳税人总机构与分支机构不在同一县的，分支机构应回总机构申报纳税

C. 委托加工应税消费品的，由委托方向受托方所在地主管税务机关申报纳税

D. 纳税人到外县销售自产应税消费品的，应回纳税人核算地或所在地申报纳税

8. 下列消费品中，采用复合计税方法计算消费税的有（　　）。

A. 烟丝　　　B. 卷烟　　　C. 白酒　　　D. 酒精

## 三 简答题

1. 如何理解消费税的特点?

2. 现行消费税具体征税范围是怎样规定的?

3. 消费税税率有哪几种形式?

4. 消费税纳税应经历哪几个环节?

5. 如何计算消费税应纳税额?

6. 消费税的纳税期限是怎样规定的?

## 四 计算分析题

1. 某卷烟厂用外购已税烟丝生产卷烟，2010年5月销售卷烟4 000箱（每大箱5万支），销售额为6 000万元（不含增值税），当月初库存外购烟丝账面余额为

4 000万元，当月购进烟丝价款15 000万元，月末库存外购烟丝2 000万元，计算该卷烟厂当月销售卷烟应纳消费税税额。

2. 甲化妆品公司为增值税一般纳税人，主要从事化妆品的生产、进口和销售业务，2007年11月发生以下经济业务：

(1) 从国外进口一批化妆品，海关核定的关税完税价格为112万元，公司按规定向海关缴纳了关税、消费税和进口环节增值税，并取得了相关完税凭证。

(2) 向公司员工发放一批新研发的化妆品作为职工福利，该批化妆品不含增值税的销售价格为75万元。

(3) 委托乙公司加工一批化妆品，提供的材料成本为86万元，支付乙公司加工费5万元，当月收回该批委托加工的化妆品，乙公司没有同类消费品销售价格。

已知：化妆品适用的消费税税率为30%，关税税率为25%。

要求：

(1) 计算该公司当月进口环节应缴纳的消费税税额。

(2) 计算该公司当月作为职工福利发放的化妆品应缴纳的消费税税额。

(3) 计算乙公司受托加工的化妆品在交货时应代收代缴的消费税税额。

## 技能实训

**一、实训项目**

进行消费税计算。

**二、实训方式**

1. 阅读实训材料及实训分析后进行思考，分成小组讨论计算应缴纳的消费税。

2. 各小组讨论结束后，每位同学把讨论结果整理成书面材料上交。

3. 教师评分后总结。

**三、实训材料**

某首饰商城为增值税一般纳税人，2010年5月发生以下业务：

(1) 零售金银首饰与镀金首饰组成的套装礼盒，取得收入29.25万元，其中金银首饰收入20万元，镀金首饰收入9.25万元。

(2) 采取“以旧换新”方式向消费者销售金项链2 000条，新项链每条零售价0.25万元，旧项链每条作价0.22万元，每条项链取得差价款0.03万元。

(3) 为个人定制加工金银首饰，商城提供原料含税金额30.42万元，取得个人支付的含税加工费收入4.68万元（商城无同类首饰价格）。

(4) 用300条银基项链抵偿债务，该批项链账面成本为39万元，零售价70.2万元。

(5) 外购金银首饰一批，取得的普通发票上注明的价款400万元；外购镀金首饰一批，取得经税务机关认可的增值税专用发票，注明价款50万元、增值税8.5万元。

**四、实训分析**

已知：金银首饰零售环节消费税税率为5%，求：

1. 销售成套礼盒应缴纳的消费税。

2.“以旧换新”销售金项链应缴纳的消费税。
3. 定制加工金银首饰应缴纳的消费税。
4. 用银基项链抵偿债务应缴纳的消费税。
5. 商城5月份应缴纳的增值税。

## 案例分析

### WTO体制下中国消费税法的改革

目前，世界上开征消费税的一百多个国家，大多数都是WTO成员方。中国加入WTO后，国内税法与国际税收法律制度和实践的接轨、履行WTO会员国的相关义务也是对我们的挑战。

**一、按照WTO关于法律透明度原则和税收法定原则完善消费税立法**

WTO关于法律透明度原则要求各成员国政府公开相关贸易税收法律信息，共同构建公平、自由、开放的国际竞争市场体系。WTO关于税收法定原则要求各成员国的征税机关必须严格按照法律规定征税，无权变动法定的课税要素和法定程序，没有法律依据无权开征、停征、减免、退补。这对我国的税法建设无疑提出了更高的要求。

我国现行税法立法层次低，透明度差。具体表现为税收执法过程中，依据的除了有全国人大制定的法律外，还有国务院法规，税务总局、财政部规章以及税务系统内部的答复、通知等甚至是红头文件，规定、通知等（这还不包括省级地方政府在权限范围内颁布的一些地方性文件），以致纳税人难以知晓。据中国美国商会、台商协会的调查，中国的法规体系缺乏透明、税收变动过多、各地政策差异、投诉无门、对话不易。总之，税收立法层次低下，特别是属于后一类的大量规范性文件和内部规定的存在，使赋税征收法律五花八门，导致无法可依、缺乏透明度、稳定性和可预见性，影响了法律的公正性、公平性和威严性，同时还给腐败提供了温床。

为此，应该借鉴美国的做法，加强税收立法的步伐，重视对税收法律体系中各个效力层次的立法建设，提高税收立法级次，使法律、法规、规章三个效力层次的规范性文件，保持一个合理的比例。当务之急，重点工作应放在：主要税种由国务院颁布的“暂行条例”上升为由全国人大及其常委批准通过的法律。同时，对地方政府制定的税收政策全面清理，防止地方违反国家统一税法制定地方税收政策。此外，为了保护环境和生态，实现可持续发展，造福祖孙后代，尽快立法，对污染、排污等损害生态环境的行为征税。

**二、按照国际标准适度调整消费税的课税范围，平衡消费税税收负担**

WTO税收负担，从法律角度看，是征税机关依法对纳税人课以赋税的程度，也是纳税人依法向国家纳税所承受的对国家的法定经济义务，是纳税人经济利益一种让渡或牺牲，牵动千家万户。税负的轻重，事关国计民生，历来被视为税收制度的一个核心内容，受到人们的格外关注。目前，我国消费税的课税范围不尽合理，不符合国际消费税的发展趋势。具体表现为：消费税征税范围出现“越位”和“缺位”现象。所谓“越位”，是指目前我国将某些生活必需品和少数生产资料也纳入了消费税的征收范围的现象。随着生活水平的提高，黄酒、啤酒、化妆品、护肤品等消费品已经不再是限制性的消费品而成为人民生活的必需品，对它们征税，不符合国际惯例。此外，对酒精和汽车轮胎等生产资料征收消费税，影响生产发展，违背了加速我国经济建设的方针政策。“缺位”是指我国目前未将高尔夫球、保龄球、跑马等高档消费娱乐纳入消费税课征范围的现象，不利于缩小贫富差距，减少了财政收入，不利国家经济的发展。

基于上述问题，我国应该扩大消费税收的课税范围，由现在的有限型过渡到中间型，税目最好由增加到 25 种左右。具体做法为：首先，可以选择诸如：保健食品、高档家用电器和电子产品、美术艺术制品、皮革制品等宽税基，消费普遍，课税后不会影响人民生活水平的奢侈品课征消费税。其次，对诸如卫生筷子等资源供给缺乏，不宜大量消费的产品课征消费税。再次，可以借鉴美国的有关经验，对高尔夫球、网球、跑马、狩猎、夜总会等少数高档娱乐消费品和高档消费娱乐课征消费税。最后，对酒精、公共汽车轮胎、矿山建筑车辆等生产资料以及黄酒、啤酒、化妆品、护肤护发等人们生活必需品停止征收消费税。

此外，为保护自然和生态环境，我国还应借鉴国际惯例，课征环境税。通过开征水污染、空气污染、垃圾污染等环境税可以筹集资金，进行环境治理。环境污染税收入，可以参照美国的做法，实行基金式管理，专款专用，专门用于环境治理。

总之，成功入世犹如一把双刃剑，我们既有机遇，又有挑战。借鉴美国等税收法律发达国家的有益经验，参照国际通行的做法，结合我国的实际情况，与时俱进，对我国的消费税进行合理适当的调整，使其既可以增加国家的财政收入又可以合理限制超前消费要求，实现共同富裕的目标。

**思考与分析：**

我国的消费税法体制为何要改革，如何改革？

# 第4章 营业税法

## 学习目标

理解营业税的含义及特点；了解营业税所包含的税目；能进行营业税应纳税额的计算；掌握营业税的纳税义务发生时间、地点、期限及申报要求；掌握国家的税收优惠政策。

## 案例导入

**发展夜经济河北娱乐业营业税税率下调至5%**

2010年9月2日，对河北省娱乐行业两万余纳税人来说是一个值得高兴的日子。这一天，河北省政府《关于加快发展城市夜经济的指导意见》（冀政〔2010〕103号）文件正式下发，该文件明确：自2010年10月1日起，全省设区市夜经济特色街内的娱乐业纳税人营业税税率统一下调至5%。河北省地税局同样为此感到欣慰——他们没有想到，向省政府提出下调税率的建议，这么快就有了结果。

“这真要感谢‘对标’。”河北省地税局流转税处处长张彦平告诉记者，从发现问题、调研分析到提出建议，“对标”活动功不可没。2010年年初，通过先后赴政策管理比较到位的北京、江苏等地调研发现，这些单位对难点问题和政策不够明确的问题，总能够及时进行调研，并适时在政策上予以明确。于是，他们在全省地税系统开展“全面对标，创先争优”的背景下，以先进单位为“标杆”，结合本地实际，以创新举措大力开展工作实践。8月31日，制定下发《关于营业税若干政策问题的公告》，对成本利润率确定、从事货运、保险、会议、航空运输销售代理业务营业额确定等政策问题，均予以明确，长期困扰基层税务机关和纳税人的难题最终得以有效解决。同时，为了进一步给全省城市夜经济发展创造宽松的税收环境，对位于各设区市夜经济特色街内的娱乐业纳税人营业税税率下调至5%的建议，得到省政府采纳，并以专门文件下发……

资料来源：燕赵都市网

**思考：**

是什么原因促使河北省的娱乐业营业税税率下调至5%？

# 4.1 营业税概述

## 4.1.1 营业税的含义

营业税法是指国家制定的调整营业税征收与缴纳权利义务关系的法律规范，是世界各国普遍征收的一个税种。营业税是对规定的提供商品或劳务的全部收入征收的一种税。在我国，是指对在我国境内提供应税劳务、转让无形资产或销售不动产的单位和个人，就其营业额征收的一种税。

新中国成立后，废止旧的营业税，于1950年公布《工商业税暂行条例》，其中规定，凡在中国境内的工商营利事业，均应按营业额于营业行为所在地缴纳营业税。1958—1984年，营业税不作为独立税种，而在试行的工商统一税及后来试行的工商税中设置若干税目征收。1984年恢复征收营业税。现行营业税的基本规范，是1993年12月13日中华人民共和国国务院发布，2008年11月5日国务院第34次常务会议修订通过的《中华人民共和国营业税暂行条例》。

## 4.1.2 营业税的特点

### 1. 征收面广，税源普遍

营业税的征收范围是交通运输业、建筑业、金融保险业、邮电通信业、文化体育业、娱乐业、服务业、转让无形资产和销售不动产，涉及国民经济中第三产业的广泛领域。第三产业直接关系着城乡人民群众的日常生活，因而营业税的征税范围具有广泛性和普遍性。随着第三产业的不断发展，营业税的收入也将逐步增长。

### 2. 按行业设计税目税率

营业税实行普遍征收，现行营业税征收范围为增值税征税范围之外的所有经营业务，税率设计的总体水平一般较低。但由于各种经营业务盈利水平不同，在税率设计中，一般实行同一行业同一税率，不同行业不同税率，以体现公平税负。此外，还根据情况按全额或差额征税，税负较为均衡合理。这与增值税、消费税按货物设置税目税率相比是不同的。

### 3. 税率低并设起征点

在营业税9个税目中，适用3%税率的有4个，适用5%税率的有4个，适用5%～20%税率的有娱乐业1个税目，与增值税和消费税相比，税率较低。另外，对于纳税人按期或按次纳税的，还分别规定了起征点，对计税金额没有达到起征点的不征收营业税。

### 4. 计算简便，便于征管

营业税的计税依据为各种应税劳务收入的营业额、转让无形资产的转让额、销售不动产的销售额（三者统称为营业额），税收收入不受成本、费用高低影响，收入比较稳定。营业税实行比例税率，其计征方法简便。

### 5. 征收管理简便易行

营业税对其征税范围设计的税目界限清楚，且税率档次少，征税对象和计税依据易于确定，计算方式简单明确。因此，实施起来简便易行，征纳双方易于接受。

### 4.1.3 营业税的纳税人与扣缴人

**1. 纳税义务人**

(1) 纳税义务人的一般规定。

①营业税境内外劳务判定原则由“劳务发生地”调整为“属人”和“收入来源地”相结合。提供或者接受劳务的单位和个人在境内的属于境内劳务。要注意把握以下三点。

一是境内单位和个人提供的全部劳务，无论其提供的劳务是否发生在境内都属于境内提供劳务。

二是接受劳务方在境内接受劳务均为境内提供劳务，无论其是否属于境内单位或者个人。

三是劳务提供方有来源于境内的收入都视为境内劳务，无论其是否在境内提供劳务。

②无形资产境内外行为判定原则为“受让方是否在境内”。所转让的无形资产（不含土地使用权）的接受单位或个人在境内以及所转让土地使用权的土地在境内的属于境内行为。对转让无形资产（不含土地使用权）的行为，如果受让方属于境内单位或者个人，则转让无形资产行为属于境内行为，反之属于境外行为；对土地使用权转让的行为，如果所转让的土地在境内，属于境内行为，反之属于境外行为。

上述应税劳务是指属于交通运输业、建筑业、金融保险业、邮电通信业、文化体育业、娱乐业、服务业税目征收范围的劳务。加工、修理修配劳务属于增值税的征税范围，不属于营业税的应税劳务。单位或个体经营者聘用的员工为本单位或雇主提供的劳务，也不属于营业税的应税劳务。

提供应税劳务、转让无形资产或者销售不动产是指有偿提供应税劳务、有偿转让无形资产或者有偿销售不动产的行为。有偿是指通过提供、转让或者销售行为取得货币、实物或其他经济利益。

(2) 纳税义务人的特殊规定。

①铁路运输的纳税义务人：中央铁路运营业务的纳税义务人为铁道部；合资铁路运营业务的纳税义务人为合资铁路公司；地方铁路运营业务的纳税义务人为地方铁路管理机构；基建临管线铁路运营业务的纳税义务人为基建临管线管理机构。

②单位以承包、承租、挂靠方式经营的，承包人、承租人、挂靠人（以下统称承包人）发生应税行为，承包人以发包人、出租人、被挂靠人（以下统称发包人）名义对外经营并由发包人承担相关法律责任的，以发包人为纳税人；否则以承包人为纳税人。

**2. 扣缴义务人**

(1) 中华人民共和国境外的单位或者个人在境内提供应税劳务、转让无形资产或者销售不动产，在境内未设有经营机构的，以其境内代理人为扣缴义务人；在境内没有代理人的，以受让方或者购买方为扣缴义务人。

(2) 国务院财政、税务主管部门规定的其他扣缴义务人。

### 4.1.4 营业税的税目和税率

营业税的税目按照行业、类别的不同分别设置，根据我国《营业税暂行条例》规定，现行的营业税共设置了9个税目。

**1. 交通运输业**

凡与运营业务有关的各项劳务活动，均属交通运输业的税目征收范围，包括：通用航空业务、航空地面服务，打捞、理货、港务局提供的引航、系解缆、停泊、移泊等劳务及引水员交通费、过闸费、货物港务费等。

对远洋运输企业从事程租业务、期租业务和航空运输企业从事湿租业务取得的收入，按交通运输业税目征收营业税。

程租业务是指远洋运输企业为租船人完成某一特定航次的运输任务并收取租赁费的业务。

期租业务是指远洋运输企业将配备有操作人员的船舶承租给他人使用一定期限，承租期内听候承租方调遣，不论是否经营，均按天向承租方收取租赁费，发生的固定费用（如人员工资、维修费用等）均由船东负担的业务。

湿租业务是指航空运输企业将配备有机组人员的飞机承租给他人使用一定期限，承租期内听候承租方调遣，不论是否经营，均按一定标准向承租方收取租赁费，发生的固定费用（如人员工资、维修费用等）均由承租方负担的业务。

另外，装卸搬运是指使用装卸搬运工具或人力、畜力将货物在运输工具之间、装卸现场之间或运输工具与装卸现场之间进行装卸和搬运的业务。尽管打捞不是运输业务，但与水路运输有着密切关系，所以打捞也可以比照水路运输的办法征税。

**2. 建筑业**

建筑业是指建筑安装工程作业等，包括建筑、安装、修缮、装饰和其他工程作业等内容。其他工程作业是指除建筑、安装、修缮、装饰工程作业以外的各种工程作业，如代办电信工程、水利工程、道路修建、疏浚、钻井（打井）、拆除建筑物、平整土地、搭脚手架、爆破等工程作业。管道煤气集资费（初装费）业务，用于管道煤气工程建设和技术改造。

**3. 金融保险业**

金融保险业是指经营金融、保险的业务。

（1）金融是指经营货币资金融通活动的业务，包括贷款、融资租赁、金融商品转让、金融经纪业务和其他金融业务。

（2）保险是指将通过契约形式集中起来的资金，用于补偿被保险人的经济利益的活动。

（3）我国境内外金融机构从事离岸银行业务，属于在我国境内提供应税劳务的征收营业税。离岸银行业务是指银行吸收非居民的资金，服务于非居民的金融活动，包括外汇存款、外汇贷款、咨询、签证业务以及国家外汇管理局批准的其他业务。

**4. 邮电通信业**

邮电业是指专门办理信息传递的业务，包括邮政、电信。

邮政是指传递实物信息的业务，包括传递函件或包件（含快递业务）、邮汇、报刊发行、邮务物品销售、邮政储蓄及其他邮政业务。

电信业是指利用各种电传设备传递信息的业务，包括电报、电传、电话、电话机安装、电信物品销售及其他电信业务。电信业务包括基础电信业务和增值电信业务。

**5. 文化体育业**

（1）文化业是指经营文化活动的业务，包括表演、播映、展览和培训活动，举办文学、艺术、科技讲座，讲演、报告会以及图书馆的图书和资料的借阅业务等。

(2) 体育业是指举办各种体育比赛和为体育比赛或体育活动提供场所的业务。

**6. 娱乐业**

娱乐业是指为娱乐活动提供场所和服务的业务，包括经营歌厅、舞厅、卡拉 OK 歌舞厅等娱乐场所为顾客进行娱乐活动提供服务的业务。娱乐场所为顾客提供的饮食服务及其他各种服务也按照娱乐业征税。

**7. 服务业**

(1) 服务业是指利用设备、工具、场所、信息或技能为社会提供服务的业务，包括代理业、旅店业、饮食业、旅游业、仓储业、租赁业、广告业及其他服务业。

(2) 对远洋运输企业从事光租业务和航空运输企业从事干租业务取得的收入，按“服务业”税目中的“租赁业”项目征收营业税。

光租业务是指远洋运输企业将船舶在约定的时间内出租给他人使用，不配备操作人员，不承担运输过程中发生的各种费用，只收取固定租赁费的业务。

干租业务是指航空运输企业将飞机在约定的时间内出租给他人使用，不配备机组人员，不承担运输过程中发生的各种费用，只收取固定租赁费的业务。

(3) 福利彩票机构发行销售福利彩票取得的收入不征收营业税。对福利彩票机构以外的代销单位销售福利彩票取得的手续费收入应按规定征收营业税。福利彩票机构包括福利彩票销售管理机构和电脑福利彩票投注站等。

(4) 对社保基金投资管理人、社保基金托管人从事社保基金管理活动取得的收入，依照税法的规定征收营业税。

(5) 双方签订承包、租赁合同，将企业或企业部分资产出包、租赁，出包、出租者向承包、承租方收取的承包费、租赁费按“服务业”税目征收营业税。出包方收取的承包费凡同时符合以下三个条件的，属于企业内部分配，不征收营业税。

①承包方以出包方名义对外经营的，由出包方承担相关法律责任。

②承包方的经营收支全部纳入出包方的财务会计核算的。

③出包方与承包方的利益分配是以出包方的利润为基础的。

(6) 单位和个人在旅游景点经营索道取得的收入按“服务业”税目中的“旅游业”项目征收营业税。

**8. 转让无形资产**

转让无形资产是指转让无形资产的所有权或使用权的行为，包括转让土地使用权、转让商标权、转让专利权、转让非专利技术、出租电影复制、转让著作权和转让商誉，也包括出租土地使用权。

对以无形资产投资入股，参与接受投资方的利润分配、共同承担投资风险的行为，不征收营业税。对在投资后转让其股权的行为也不征收营业税。

**9. 销售不动产**

销售不动产是指有偿转让不动产所有权的行为，包括销售建筑物或构筑物和销售其他土地附着物。在销售不动产时连同不动产所占土地的使用权一并转让的行为，比照销售不动产征收营业税。

对以不动产投资入股，参与接受投资方的利润分配、共同承担投资风险的行为，不征收营业税。对在投资后转让其股权的行为也不征收营业税。

单位、个人将不动产无偿赠与他人的，视同销售不动产征收营业税，对个人无偿赠送不动产的行为，免征收营业税。

营业税按照行业、类别的不同分别采用了不同的比例税率，表 4-1 反映不同税目的税率情况。

**表 4-1 营业税税目税率表**

| 税 目 | 税 率 |
|---|---|
| 一、交通运输业 | 3% |
| 二、建筑业 | 3% |
| 三、金融保险业 | 5% |
| 四、邮电通信业 | 3% |
| 五、文化体育业 | 3% |
| 六、娱乐业 | 5%～20% |
| 七、服务业 | 5% |
| 八、转让无形资产 | 5% |
| 九、销售不动产 | 5% |

### 4.1.5 几种特殊经营行为的税务处理

在实际经营活动中纳税义务人可以同时从事多项应税活动。例如，宾馆附设餐厅、娱乐厅、健身房等适用不同税率的应税项目；客运站兼营商店等适用不同税种的经济活动。正确处理不同经营活动的税收问题是维护税法严肃性的需要，也是保护纳税义务人合法权益的客观要求。

#### 1. 混合销售行为

如果一项销售行为既涉及应税劳务又涉及货物，则为混合销售行为。从事货物的生产、批发或者零售的企业、企业性单位及个体经营者的混合销售行为，视为销售货物，不征收营业税；其他单位和个人的混合销售行为，视为提供应税劳务，应当征收营业税。

纳税人的下列混合销售行为，应当分别核算应税劳务的营业额和货物的销售额，按其应税劳务的营业额缴纳营业税，货物销售额不缴纳营业税；未分别核算的，由主管税务机关核定其应税劳务的营业额。

（1）提供建筑业劳务的同时销售自产货物的行为。

（2）财政部、国家税务总局规定的其他情形。

纳税人的销售行为是否属于混合销售行为，由国家税务总局所属征收机关确定。

#### 2. 兼营应税劳务与货物或非应税劳务

纳税人兼营应税劳务与货物或非应税劳务的，应当分别核算应税行为的营业额和货物或非应税劳务的销售额。其应税劳务营业额缴纳营业税，货物或者非应税劳务销售额不缴纳营业税；未分别核算的，由主管税务机关核定其应税行为营业额。

纳税人兼营的应税劳务是否应当一并征收增值税，由国家税务总局所属征收机关确定。纳税人兼营免税、减税项目的，应当单独核算免税、减税项目的营业额；未单独核算营业额的，不得免税、减税。

**3. 兼营不同税目的应税行为**

纳税人兼营不同税目的应当缴纳营业税的劳务、转让无形资产或者销售不动产，应当分别核算不同税目的营业额、转让额、销售额（统称营业额）；未分别核算营业额的，从高适用税率。

**4. 营业税与增值税征税范围的划分**

营业税和增值税都是流转税。营业税主要对各种劳务征收，同时对销售不动产和转让无形资产也征收营业税。增值税主要对各种货物征收，同时对加工、修理修配劳务也征收增值税。两个税种的性质不同，各自征收的领域也不同。

（1）建筑业征税问题。销售自产货物提供增值税应税劳务并同时提供建筑业劳务的征税问题。纳税义务人以签订建设施工总包或分包合同（包括建筑、安装、装饰、修缮等工程总包或分包合同，下同）方式开展经营活动时，销售自产货物、提供增值税应税劳务并同时提供建筑业劳务（包括建筑、安装、装饰、修缮、其他工程作业，下同），同时符合以下两个条件的，对销售自产货物、提供增值税应税劳务取得的收入征收增值税，对提供建筑业劳务收入（不包括按规定应征增值税的自产货物和提供增值税应税劳务收入）征收营业税。

①具备建设行政部门批准的建筑业施工（安装）资质。

②签订建设工程施工总包或分包合同时单独注明建筑业劳务价款。

凡不同时符合以上两个条件的，对纳税义务人取得的全部收入征收增值税。

（2）邮电业征税问题。

①集邮商品的生产、调拨征收增值税。邮政部门（含集邮公司）销售集邮商品，应当征收营业税；邮政部门以外的其他单位与个人销售集邮商品，征收增值税。

②邮政部门发行报刊，征收营业税；其他单位和个人发行报刊，征收增值税。

③电信单位自己销售电信物品，并为客户提供有关的电信劳务服务的，征收营业税；对单纯销售电信物品不提供有关的电信劳务服务的，征收增值税。电信物品是指电信业务专用或通用的物品，如无线寻呼机、移动电话、电话机及其他电信器材。

（3）服务业征税问题。

1）代购代销的征税问题。代购代销货物本身的经营活动属于购销货物，在其经营过程中，货物实现了有偿转让，应属于增值税的征收范围。但代购代销通常都是受托方接受委托方的委托，为委托方提供一定的劳务，按一定的标准收取手续费（或劳务费），这就属于营业税征收的范围。

①代购货物。代购货物行为，凡同时具备以下条件的，不论企业的财务和会计账务如何处理，均应征收营业税：第一，受托方不垫付资金；第二，销货方将增值税专用发票开具给委托方，并由受托方将该项发票转交给委托方；第三，受托方按代购实际发生的销售额和增值税税额与委托方结算货款，并另外收取手续费。

②代销货物。掌握代销货物的关键，是受托方以委托方的名义，从事销售委托方的货物的活动，对代销货物发生的质量问题以及法律责任，都由委托方负责。营业税是指对受托方提供代销货物业务的劳务所取得的手续费征税。

2）其他与增值税的划分有关的问题。服务业税目中，许多经营行为属混合销售、兼营行为等。如果不明确掌握服务业的征收范围和混合销售、兼营行为的税务处理规定，在税收实际工作中，就必然会出现偏差。

# 4.2　营业税应纳税额的计算

## 4.2.1　计税依据

### 1. 计税依据的一般规定

营业税的计税依据是营业额。在一般情况下营业额为纳税义务人提供应税劳务、转让无形资产或者销售不动产向对方收取的全部价款和价外费用。其中，价外费用包括收取的手续费、补贴、基金、集资费、返还利润、奖励费、违约金、滞纳金、延期付款利息、赔偿金、代收款项、代垫款项、罚息及其他各种性质的价外费用，但不包括同时符合以下条件代为收取的政府性基金或者行政事业性收费。

(1) 由国务院或者财政部批准设立的政府性基金，由国务院或者省级人民政府及其财政、价格主管部门批准设立的行政事业性收费。

(2) 收取时开具省级以上财政部门印制的财政票据。

(3) 所收款项全额上缴财政。

营业额以人民币计算。纳税人以人民币以外的货币结算营业额的，应当折合成人民币计算。其营业额的人民币折合率可以选择营业额发生的当天或者当月1日的人民币汇率中间价。纳税人应当在事先确定采用何种折合率，确定后1年内不得变更。

### 2. 计税依据的具体规定

(1) 纳税人将承揽的运输业务分给其他单位或者个人的，以其取得的全部价款和价外费用扣除其支付给其他单位或者个人的运输费用后的余额为营业额。

(2) 纳税人从事旅游业务的，以其取得的全部价款和价外费用扣除替旅游者支付给其他单位或者个人的住宿费、餐费、交通费、旅游景点门票和支付给其他接团旅游企业的旅游费后的余额为营业额。

(3) 纳税人将建筑工程分包给其他单位的，以其取得的全部价款和价外费用扣除其支付给其他单位的分包款后的余额为营业额。

(4) 外汇、有价证券、期货等金融商品买卖业务，以卖出价减去买入价后的余额为营业额。

(5) 纳税人的营业额计算缴纳营业税后因发生退款减除营业额的，应当退还已缴纳营业税税款或者从纳税人以后的应缴纳营业税税额中减除。

(6) 纳税人发生应税行为，将价款与折扣额在同一张发票上注明的，以折扣后的价款为营业额；将折扣额另开发票的，不论其在财务上如何处理，均不得从营业额中扣除。

(7) 国务院财政、税务主管部门规定的其他情形。

上述扣除有关项目，取得的凭证不符合法律、行政法规或者国务院税务主管部门有关规定的，该项目金额不得扣除。符合国务院税务主管部门有关规定的凭证（合法有效凭证）是指：

(1) 支付给境内单位或者个人的款项，且该单位或者个人发生的行为属于营业税或者增值税征收范围的，以该单位或者个人开具的发票为合法有效凭证。

(2) 支付的行政事业性收费或者政府性基金，以开具的财政票据为合法有效凭证。

(3) 支付给境外单位或者个人的款项，以该单位或者个人的签收单据为合法有效凭证，税务机关对签收单据有疑义的，可以要求其提供境外公证机构的确认证明。

(4) 国家税务总局规定的其他合法有效凭证。

### 4.2.2 应纳税额的计算

纳税义务人提供应税劳务、转让无形资产或者销售不动产，按照营业额和规定的适用税率计算应纳税额。

计算公式为：

$$应纳税额=营业额\times税率$$

**1. 交通运输业营业税的计算**

交通运输业营业税的计税依据是纳税人从事交通运输业务取得的营业额，包括客运收入、装卸搬运收入、其他运输收入和运输票价中包含的保险费收入，以及随同票价、货运运价及向客户收取的各种交通建设基金等。其计税依据的特殊规定如下。

(1) 纳税人将承揽的运输业务分给其他单位或个人的，以其取得的全部价款和价外费用扣除其支付给其他单位或个人的运输费用后的余额为营业额。

(2) 运输企业从事联运业务，以实际取得的营业额为计税依据（扣除支付给以后承运者的运费、装卸费、换装费等费用后的余额）。联运业务是指两个以上运输企业完成旅客或货物从发送地点至到达地点所进行的运输业务，联运的特点是一次购买、一次收费、一票到底。

(3) 运输企业自中国境内运输旅客或货物出境，在境外改由其他运输企业承运旅客或货物的，以全程运费减去付给该承运企业的运费后的余额为计税营业额。

**【例 4-1】** 某运输公司 2010 年 5 月运营售票收入总额为 600 万元，从中支付联运业务的金额为 100 万元。计算该运输公司应缴纳的营业税税额。

**【解析】**

应纳税额=（售票收入总额－联运业务支出）×适用税率=（600－100）×3%=15（万元）

**2. 建筑业营业税的计算**

建筑业营业税的计税依据为承包建筑、修缮、安装、装饰和其他工程作业取得的营业收入，即建筑安装企业向建设单位收取的工程价款（即工程造价）和各种价外费用。其计税依据具体规定如下。

(1) 建筑业的总承包人将工程分包或者转包给他人，以工程的全部承包额减去付给分包人或者转包人的价款后的余额为营业额。

(2) 纳税人采用清包工形式提供的装饰劳务，按其向客户实际收取的人工费、管理费和辅助材料费等收入（不包括客户自行采购的材料价款和设备价款）确定计税营业额。清包工形式提供的装饰劳务是指工程所需的主要原材料和设备由客户自行采购，纳税人只向客户收取人工费、管理费和辅助材料费等费用的装饰劳务。

(3) 从事安装工程作业，凡所安装的设备的价值作为安装工程产值的，营业额包括设备的价款，否则不应包括。

(4) 纳税人自建自用的房屋，不征收营业税。如果纳税人（不包括个人自建自用住房销售）将自建的房屋对外销售，其自建行为应先按建筑业缴纳营业税，再按销售不动产缴纳营业税，其建筑业营业税的计税营业额由主管税务机关依法核定。计算公式为：

自建不动产出售的营业税＝建筑业的营业税＋销售不动产的营业税

其中，建筑业营业税的计算公式为：

组成的计税价格＝工程成本×（1＋成本利润率）÷（1－3%）

应纳税额＝组成计税价格×3%

销售不动产的营业税计算公式为：

应纳税额＝销售额×5%

**【例 4-2】** 某建筑工程总公司承包一段高速公路工程，工程预算价款 8 000 万元，其中一处立交桥工程分包给某桥涵建筑股份有限公司，价款 1 000 万元，该工程提前两个月完工并被评为全优工程，与建设单位结算价款并收到建设单位付给的全优工程奖及抢工费 800 万元。计算其应纳税额及代扣代缴税额。

**【解析】**

应纳税额＝（8 000－1 000＋800）×3%＝234（万元）

代扣代缴的营业税税额＝1 000×3%＝30（万元）

### 3. 金融保险业营业税的计算

金融保险业营业税的计税依据是贷款利息、融资租赁收益、金融商品转让收益，以及从事金融经纪业和其他金融业务的手续费收入；保险业的计税营业额是指保险机构经营保险业务所取得的保险收入。其计税依据的特殊规定如下。

(1) 一般贷款业务以贷款利息收入为营业额。对金融机构当期实际收到的结算罚款、罚息、加息等收入，应并入营业额中征收营业税。

(2) 金融机构的外汇、有价证券、期货买卖业务，以卖出价减去买入价后的余额为营业额。外汇、有价证券、期货买卖业务是指金融机构（包括银行和非银行金融机构）从事的外汇、有价证券、期货买卖业务。非金融机构和个人买卖外汇、有价证券或期货，不征收营业税。期货是指非货物期货，货物期货不征收营业税。

(3) 金融企业从事融资租赁业务：以纳税人向承租者收取的全部价款和价外费用（包括残值）减去出租方承担的出租货物的实际成本后的余额，以直线法折算出本期的营业额。计算公式为：

本期营业额＝（应收取的全部价款和价外费用－实际成本）×本期天数÷总天数

实际成本＝货物购入原价＋关税＋增值税＋消费税＋运输费＋
安装费＋保险费＋支付给境外的外汇借款利息

(4) 保险业实行分保险的，分保业务由初保人为分保人代扣代缴营业税。为了简化手续，税法规定在实际征收过程中，可对初保人按其向投保人收取的保费收入全额（即不扣除分保费支出）征税，对分保人取得的分保费收入不再征收营业税。

### 4. 邮电通信业营业税的计算

邮政业务的营业额是指提供传递函件或包件、邮汇、报刊发行、邮务物品销售、邮政储蓄、其他邮政业务的收入。

电信部门以集中受理方式为集团客户提供的跨省出租电路业务，由受理地区的电信部门以收取的全部价款减除分割给参与提供跨省电信业务的电信部门的价款后的差额为营业额；对参与提供跨省电信业务的电信部门以各自取得的全部价款为营业额。

**5. 文化体育业营业税的计算**

文化体育业的营业税是指纳税人经营文化业、体育业取得的全部收入，包括演出收入、播映收入、其他文化收入、经营游览场所收入和体育收入。但单位或个人进行演出，应以全部票价收入或包场收入减去付给提供演出场地的单位、演出公司或经纪人的费用后的余额为营业额。

广播电视有线数字付费频道业务应由直接向用户收取数字付费频道收费的单位按其向用户收取的收视费金额，向所在地主管税务机关缴纳营业税。对合作单位分得的收视费收入，不再征收营业税。

**6. 娱乐业营业税的计算**

娱乐业以向顾客收取的各项费用为营业额，包括门票费、台位费、点歌费、烟酒饮料收费及鲜花、小吃收费。

**【例 4-3】**　某卡拉 OK 歌舞厅某月门票收入为 60 万元，台位费收入为 30 万元，相关的烟酒和饮料费收入为 20 万元，适用的税率为 20%。计算该歌舞厅应缴纳的营业税税额。

**【解析】**

应纳税额＝营业额×适用税率＝（60＋30＋20）×20%＝22（万元）

**7. 服务业营业税的计算**

服务业的营业额是纳税人提供服务业劳务向对方收取的全部价款和价外费用。同时，为了避免某些项目重复征税，《营业税暂行条例实施细则》等文件对旅游业和广告业的营业额作了特别规定。

（1）纳税人从事代理业务，以向委托方收取的报酬为计税营业额。但广告代理业的计税营业额为代理者向委托方收取的报酬减去付给广告发布者的广告发布费用后的余额。

（2）物业管理企业代有关部门收取的水费、电费等，就其代理取得的手续费收入作为营业额。

（3）对广告业务征收营业税，是以广告业务收入作为营业额征税的。广告业务收入是指广告的设计、制作、刊登、广告性赞助收入等，应按全额征收营业税。对广告公司因经营的需要，而再委托其他企业加工制作的费用支出，不得扣除；接受广告公司委托加工制作企业所取得的收入，按规定的税种、税目缴纳税金。

（4）拍卖行为向委托方收取的手续费为计税营业额。

（5）福利彩票机构以外的代销单位，以销售福利彩票取得的手续费为计税营业额。

（6）旅游企业组织旅游团到中国境外旅游并在境外改由其他旅游企业接团的，以全程旅游费减去付给接团企业的旅游费后的余额为计税营业额。

（7）纳税人从事旅游业务的，以其取得的全部价款和价外费用扣除替旅游者支付给其他单位或者个人的住宿费、餐费、交通费、旅游景点门票和支付给其他接团旅游企业的旅游费后的余额为营业额。

（8）单位和个人在旅游景区兼有不同税目应税行为并采取“一票制”收费方式的，应当分别核算不同税目的营业额；未分别核算或核算不清的，从高适用税率。

**8. 转让无形资产营业税的计算**

转让无形资产营业税的计税依据是受让方支付给转让方的全部货币、实物和其他经济利益。转让方收取实物或其他经济利益时，由税务机关核定其货币价值，据以计算征收营业税。

**9. 销售不动产营业税的计算**

纳税人销售不动产的营业额为其销售不动产时从购买方取得的全部价款和价外费用（含货币、货物、其他经济利益）。

自 2010 年 1 月 1 日起，个人将购买不足 5 年的非普通住房对外销售的，全额征收营业税；个人将购买超过 5 年（含 5 年）的非普通住房或不足 5 年的普通住房对外销售的，按照其销售收入减去购买房屋的价款后的差额征收营业税；个人将购买超过 5 年（含 5 年）的普通住房对外销售的，免征营业税。

### 4.2.3 税收优惠

**1. 税法规定免征营业税的项目**

根据税法规定，下列项目免征营业税。

（1）托儿所、幼儿园、养老院、残疾人福利机构提供的育养服务、婚姻介绍、殡葬服务。

（2）残疾人员个人提供的劳务。

（3）医院、诊所和其他医疗机构提供的医疗服务。

（4）学校和其他教育机构提供的教育劳务，学生勤工俭学提供的劳务。

（5）农业机耕、排灌、病虫害防治、植物保护、农牧保险以及相关技术培训业务，家禽、牲畜、水生动物的配种和疾病防治。

（6）纪念馆、博物馆、文化馆、文物保护单位管理机构、美术馆、展览馆、书画院、图书馆举办文化活动的门票收入，宗教场所举办文化、宗教活动的门票收入。

（7）境内保险机构为出口货物提供的保险产品。

除前款规定外，营业税的免税、减税项目由国务院规定。任何地区、部门均不得自行规定免税、减税项目。

**2. 根据国家的其他规定，减征或免征营业税的项目**

根据国家的其他规定，下列项目减征或免征营业税。

（1）保险公司开办的一年期以上到期返还本利性人身保险业务的保费收入免征营业税。

（2）对单位和个人（包括外商投资企业、外商投资设立的研究开发中心、外国企业和外籍个人）从事技术转让、技术开发业务和与之相关的技术咨询、技术服务取得的收入，免征营业税。

（3）个人转让著作权，免征营业税。

（4）将土地使用权转让给农业生产者用于农业生产的，免征营业税。

（5）凡经中央及省级财政部门批准纳入预算管理或财政专户管理的行政事业性收费、基金，无论是由行政单位收取的，还是由事业单位收取的，均不征收营业税。

（6）立法机关、司法机关、行政机关的收费，同时具备下列条件的，不征收营业税：①国务院、省级人民政府或其所属财政、物价部门以正式文件允许收费，而且收费标准符合文件规定的；②所收费用由立法机关、司法机关、行政机关自己直接收取的。

（7）社会团体按财政部门或民政部门规定标准收取的会费，不征收营业税。

(8) 下岗职工从事社区居民服务业取得的营业收入，3 年内免征营业税。

(9) 对独立核算并有法人资格的高校后勤实体，经营学生公寓和教师公寓以及为高校教学提供后勤服务而获得的租金和服务性收入，免征营业税；但利用学生公寓或教师公寓等高校后勤服务设施向社会人员提供服务而获得的租金和其他各种服务性收入，应按现行规定计征营业税。

对以社会性投资建立的为高校学生提供住宿服务并按高教系统统一收费标准收取租金的学生公寓，其取得的租金收入，免征营业税；但利用学生公寓向社会人员提供住宿服务而取得的租金收入，应按现行规定计征营业税。

对设置在校园内的实行社会化管理和独立核算的食堂，向师生提供餐饮服务获得的收入，免征营业税；向社会提供餐饮服务获得的收入，应按现行规定计征营业税。

(10) 对住房公积金管理中心用住房公积金在指定的委托银行发放个人住房贷款取得的收入，免征营业税。

(11) 对按政府规定价格出租的公有住房和廉租住房暂免征收营业税；对个人按市场价格出租的居民住房，暂按 3%的税率征收营业税。

## 4.3　营业税征收管理

### 4.3.1　纳税义务发生时间

营业税纳税义务发生时间为纳税人提供应税劳务、转让无形资产或者销售不动产并收讫营业收入款项或者取得索取营业收入款项凭据的当天。“收讫营业收入款项”是指纳税人应税行为发生过程中或者完成后收取的款项。“取得索取营业收入款项凭据的当天”为书面合同确定的付款日期的当天；未签订书面合同或者书面合同未确定付款日期的，为应税行为完成的当天。具体规定如下。

(1) 纳税人转让土地使用权或者销售不动产，采取预收款方式的，其纳税义务发生时间为收到预收款的当天。

(2) 纳税人提供建筑业或者租赁业劳务，采取预收款方式的，其纳税义务发生时间为收到预收款的当天。

(3) 纳税人将不动产或者土地使用权无偿赠送其他单位或者个人的，其纳税义务发生时间为不动产所有权、土地使用权转移的当天。

(4) 纳税人发生自建行为的，其纳税义务发生时间为销售自建建筑物的纳税义务发生时间。

(5) 营业税扣缴义务发生时间为纳税人营业税纳税义务发生的当天。

(6) 贷款业务。金融企业发放的贷款逾期（含展期）90 天（含 90 天）尚未收回的，纳税义务发生时间为纳税义务人取得利息收入权利的当天。原有的应收未收贷款利息逾期 90 天以上的，该笔贷款新发生的应收未收利息，其纳税义务发生时间均为实际收到利息的当天。

### 4.3.2　纳税期限

(1) 营业税的纳税期限分别核定为 5 日、10 日、15 日、1 个月或者 1 个季度。纳税人的具体纳税期限，由主管税务机关根据纳税人应纳税额的大小分别核定；不能按照固定期限纳税的，可以按次纳税。

（2）纳税人以1个月或者1个季度为一个纳税期的，自期满之日起15日内申报纳税；以5日、10日或者15日为一个纳税期的，自期满之日起5日内预缴税款，于次月1日起15日内申报纳税并结清上月应纳税款。

（3）扣缴义务人解缴营业税税款的期限，比照前两款的规定执行。

（4）纳税人应当向应税劳务发生地、土地或者不动产所在地的主管税务机关申报纳税。而自应当申报纳税之月起超过6个月没有申报纳税的，由其机构所在地或者居住地的主管税务机关补征税款。

（5）银行、财务公司、信托投资公司、信用社、外国企业常驻代表机构的纳税期限为1个季度。

### 4.3.3　纳税地点

关于营业税的纳税地点原则上采取属地征收的方法，就是纳税义务人在经营行为发生地缴纳应纳税款。具体规定如下。

（1）纳税人提供应税劳务，应当向其机构所在地或者居住地的主管税务机关申报纳税。但是，纳税人提供的建筑业劳务以及国务院财政、税务主管部门规定的其他应税劳务，应当向应税劳务发生地的主管税务机关申报纳税。

（2）纳税人转让其无形资产，应当向其机构所在地或者居住地的主管税务机关申报纳税。但是，纳税人转让、出租土地使用权，应当向土地所在地的主管税务机关申报纳税。

（3）纳税人销售、出租不动产，应当向不动产所在地的主管税务机关申报纳税。

（4）扣缴义务人应当向其机构所在地或者居住地的主管税务机关申报缴纳其扣缴的营业税税款。

### 4.3.4　起征点

对于经营营业税应税项目的个人，营业额达到或超过起征点的应按照营业额即照章全额计算应纳税额，营业额低于起征点可以免于征收营业税。税法规定的起征点如下。

（1）按期纳税的，为月营业额1 000～5 000元。

（2）按次纳税的，为每次（日）营业额100元。

各省、自治区、直辖市财政厅（局）、税务局可以在上述规定的幅度范围之内，根据实际情况确定本地区适用的起征点，并报财政部、国家税务总局备案。

### 4.3.5　纳税申报

营业税纳税人应按税法规定的纳税期限、纳税地点及时申报缴纳税款、并填写《营业税纳税申报表》，见表4-2。其中交通运输业、娱乐业、服务业、建筑业（简称“四业”）营业税纳税人，除经税务机关核准实行简易申报方式外，均按《营业税纳税人纳税申报办法》规定进行纳税申报；邮电通信业、文化体育业、转让无形资产和销售不动产的营业税纳税人，仍按照各地的申报办法进行纳税申报；金融保险业营业税纳税人仍按《金融保险业营业税申报管理办法》进行纳税申报。

**表 4-2　营业税纳税申报表**

（适用于查账征收的营业税纳税人）

纳税人识别号：

纳税人名称（公章）：

税款所属时间：自　年　月　日至　年　月　日　填表日期：　年　月　日　　　　金额单位：元（列至角分）

| 税目 | 营业额 | | | | 税率（%） | 本期税款计算 | | | | | 税款缴纳 | | | | | | |
|---|---|---|---|---|---|---|---|---|---|---|---|---|---|---|---|---|---|
| | | | | | | | | | | | 本期已缴税额 | | | | 本期应缴税额计算 | | |
| | 应税收入 | 应税减除项目金额 | 应税营业额 | 免税收入 | | 小计 | 本期应纳税额 | 免（减）税额 | 期初欠缴税额 | 前期多缴税额 | 小计 | 已缴本期应纳税额 | 本期已被扣缴税额 | 本期已缴欠缴税额 | 小计 | 本期期末应缴税额 | 本期期末应缴欠缴税额 |
| 1 | 2 | 3 | 4=2−3 | 5 | 6 | 7=8+9 | 8=（4−5）×7 | 9=5×7 | 10 | 11 | 12=13+14+15 | 13 | 14 | 15 | 16=17+18 | 17=8−13−14 | 18=10−11−15 |
| 交通运输业 | | | | | | | | | | | | | | | | | |
| 建筑业 | | | | | | | | | | | | | | | | | |
| 邮电通信业 | | | | | | | | | | | | | | | | | |
| 服务业 | | | | | | | | | | | | | | | | | |
| | | | | | | | | | | | | | | | | | |
| 娱乐业 | | | | | | | | | | | | | | | | | |
| | | | | | | | | | | | | | | | | | |
| 金融保险业 | | | | | | | | | | | | | | | | | |
| 文化体育业 | | | | | | | | | | | | | | | | | |
| 销售不动产 | | | | | | | | | | | | | | | | | |

续表

| 税目 | 营业额 | | | | 税率（%） | 本期税款计算 | | | | | 税款缴纳 | | | | | | |
|---|---|---|---|---|---|---|---|---|---|---|---|---|---|---|---|---|---|
| | 应税收入 | 应税减除项目金额 | 应税营业额 | 免税收入 | | 小计 | 本期应纳税额 | 免（减）税额 | 期初欠缴税额 | 前期多缴税额 | 本期已缴税额 | | | | 本期应缴税额计算 | | |
| | | | | | | | | | | | 小计 | 已缴本期应纳税额 | 本期已被扣缴税额 | 本期已缴欠缴税额 | 小计 | 本期期末应缴税额 | 本期期末应缴欠缴税额 |
| 转让无形资产 | | | | | | | | | | | | | | | | | |
| | | | | | | | | | | | | | | | | | |
| | | | | | | | | | | | | | | | | | |
| | | | | | | | | | | | | | | | | | |
| | | | | | | | | | | | | | | | | | |
| 合计 | | | | | | | | | | | | | | | | | |
| 代扣代缴项目 | | | | | | | | | | | | | | | | | |
| 总计 | | | | | | | | | | | | | | | | | |

| 纳税人或代理人声明： | 如纳税人填报，由纳税人填写以下各栏： | | | | | | | |
|---|---|---|---|---|---|---|---|---|
| 此纳税申报表是根据国家税收法律的规定填报的，我确定它是真实的、可靠的、完整的。 | 办税人员（签章） | | 财务负责人（签章） | | 法定代表人（签章） | | 联系电话 | |
| | 如委托代理人填报，由代理人填写以下各栏： | | | | | | | |
| | 代理人名称 | | 经办人（签章） | | 联系电话 | | 代理人（公章） | |

以下由税务机关填写：

受理人：　年　月　日　　　　受理税务机关（签章）：

注：本表为 A3 横式一式三份，一份纳税人留存，一份主管税务机关留存，一份征收部门留存。

## 本章小结

本章介绍了营业税法基础知识、应纳税额的计算、纳税征收管理等内容。

营业税是对规定的销售商品或提供应税劳务的全部收入征收的一种税。在我国，是指对在我国境内提供应税劳务、转让无形资产或销售不动产的单位和个人，就其营业额征收的一种税。

营业税共设置了 9 个税目：交通运输业、建筑业、邮电通信业、文化体育业，税率为 3%，服务业、金融保险业、销售不动产、转让无形资产，税率为 5%，娱乐业执行 5%～20%的浮动税率。

在实际经营活动中纳税义务人可以同时从事多项应税活动。例如，宾馆附设餐厅、娱乐厅、健身房等适用不同税率的应税项目；客运站兼营商店等适用不同税种的经济活动。正确处理不同经营活动的税收问题是维护税法严肃性的需要，也是保护纳税义务人合法权益的客观要求。

营业税的计税依据是营业额，在一般情况下营业额为纳税义务人提供应税劳务、转让无形资产或者销售不动产向对方收取的全部价款和价外费用。

营业税的应纳税额计算为营业额乘以税率。营业额在一般情况下为提供应税劳务、转让无形资产和销售不动产的收入总额。但对于跨国境运输、建筑承包、转贷业务、买卖外汇、有价证券、分保险、演出、旅游、广告代理等特殊情况，可以收支差额为营业额。

## 基础与提高

### 一、单项选择题

1. 根据营业税法律制度的规定，下列金融业务中，应征收营业税的是（　　）。
   A. 金融机构往来业务
   B. 人民银行对金融机构的贷款业务
   C. 金融机构买卖金银业务
   D. 人民银行委托金融机构的贷款业务
2. 下列各项中，不属于现行营业税适用税率的是（　　）。
   A. 3%　　B. 5%
   C. 5%～20%　　D. 8%
3. 根据营业税法律制度，下列各项业务中，按“服务业”税目征税的是(　　)。
   A. 武术比赛　　B. 文学讲座
   C. 体育比赛　　D. 广告播映
4. 下列选项中，属于营业税免税项目的有(　　)。
   A. 文艺团体义演的门票收入
   B. 个人按市场价格出租住房的收入
   C. 外商设立的研究开发中心取得的技术转让收入

D. 某房地产公司销售普通住宅住房收入

5. 下列各项中，符合营业税计税依据规定的是（　　）。

A. 远洋运输企业从事程租业务以实际收取租赁费为计税依据

B. 纳税人从事无船承运业务应以其向委托人收取的全部价款和价外费用为计税依据

C. 远洋运输企业从事期租业务以实际收取租赁费扣除发生的固定费用的余额为计税依据

D. 运输企业从事联运业务以实际收取营业额扣除支付给其他企业款项后的余额为计税依据

6. 销售不动产，采用预收款方式的，其纳税义务发生时间为（　　）。

A. 销售不动产的当天　　B. 收到预收款的当天

C. 款项实际结清的当天　　D. 双方产权过户的当天

7. 不动产无偿赠与他人视同销售征收营业税，其纳税义务发生时间为(　　)。

A. 将不动产交付对方使用的当天

B. 不动产所有权转移的当天

C. 签订不动产赠与文书的当天

D. 承受不动产交纳契税的当天

8. 纳税人提供的应税劳务发生在外县（市），应依法向（　　）主管税务机关申报纳税。

A. 居住地　　B. 注册地

C. 机构所在地　　D. 劳务提供地

## 二 多项选择题

1. 下列各项中，应按规定征收营业税的有(　　)。

A. 在境内组织旅客出境旅游

B. 所转让的无形资产在境内使用

C. 销售坐落在境内的房屋

D. 境外保险机构以境内物品为标的提供的保险劳务

2. 下列营业项目，营业税的扣缴义务人是（　　）。

A. 委托金融机构发放贷款以受托发放贷款的金融机构为扣缴义务人

B. 企业从事长途货物运输业务，以货物接收单位为扣缴义务人

C. 建设安装业务实行分包或者转包的，以总承包人为扣缴义务人

D. 单位或者个人进行演出由他人售票的，以售票者为扣缴义务人

3. 某建筑公司自建一幢两层综合楼，下列处理方法正确的是(　　)。

A. 自用不纳营业税

B. 自用按建筑业纳营业税

C. 自建行为按建筑业纳营业税

D. 出售按销售不动产纳营业税

4. 下列各项中，属于免征营业税的项目有(　　)

A. 医院、诊所和其他医疗机构提供的医疗服务

B. 经地、市级人民政府或者同级政府的教育行政部门批准成立、国家承认其学员学历的各类学校所提供的教育服务

C. 托儿所、幼儿园、养老院、残疾人福利机构提供育养服务、婚姻介绍、殡葬服务

D. 纪念馆、博物馆、文化馆、美术馆、展览馆、书画院、图书馆、文物保护单位举办文化活动的门票收入

5. 下列关于营业税纳税地点的表述中，正确的有（　　）。

A. 纳税人提供建筑业劳务，应当向应税劳务发生地的主管税务机关申报纳税

B. 纳税人出租土地使用权，应当向土地所在地的主管税务机关申报纳税

C. 纳税人提供旅游服务，应当向应税劳务发生地的主管税务机关申报纳税

D. 纳税人提供金融服务，应当向其机构所在地或居住地的主管税务机关申报纳税

6. 下列各项中，（　　）应由纳税人向其机构所在地主管税务机关申报缴纳营业税。

A. 销售不动产　　B. 承包跨省工程

C. 经营运输业务　　D. 转让土地使用权

### 三 思考题

1. 如何理解营业税的特点?

2. 现行营业税有哪些税目?

3. 如何计算营业税应纳税额?

4. 营业税的优惠政策有哪些?

### 四 计算分析题

1. 某房地产开发公司将一建筑物销售给某钢铁厂，该建筑物的工程成本为600万元，销售价格双方商定为610万元，该企业缴纳了营业税30.5万元，税务机关在审查时发现价格偏低且无正当理由，应补缴营业税（该纳税义务人所在地税务机关确定的建筑业成本利润率为10%）。计算该房地产开发公司应补缴的营业税。

2. 位于县城的某建筑安装公司2009年8月发生了以下业务。

(1) 与机械厂签订建筑工程合同一份，为其承建厂房一栋，签订合同时预收工程价款800万元，月初开始施工至月底已完成全部工程的1/10。

(2) 与开发区签订安装工程合同一份，为其铺设通信线路，工程价款共计300万元，其中包含由开发区提供的光缆、电缆价值80万元，月末线路铺设完工，收回全部价款。

(3) 与地质勘探队签订合同一份，按照合同约定为其钻井作业提供泥浆工程劳务，取得劳务收入40万元。

(4) 以清包工形式为客户提供装修劳务，共收取人工费35万元、管理费5万元、辅助材料费10万元，客户自行采购的装修材料价款为80万元。

(5) 将自建的一栋住宅楼销售给职工，取得销售收入1 000万元、煤气管道初装费5万元，代收住房专项维修基金50万元；该住宅楼的建筑成本780万元，当地省级税务机关确定的建筑业的成本利润率为15%。

要求：根据上述资料，计算下列合计数。

(1) 公司8月份承建厂房工程应缴纳的营业税。

(2) 公司8月份铺设通信线路工程应缴纳的营业税。

(3) 公司8月份提供泥浆工程作业应缴纳的营业税。

(4) 公司8月份为客户提供装修劳务应缴纳的营业税。

(5) 公司8月份将自建住宅楼销售给职工应缴纳的营业税。

## 技能实训

**一、实训项目**

进行营业税计算。

**二、实训方式**

1. 个人阅读实训材料及实训分析后进行思考，可以分小组计算应缴纳的营业税。

2. 分小组讨论结束后，每位同学把讨论结果整理成书面材料上交。

3. 教师评分后总结。

**三、实训材料**

某市商业银行2009年第四季度发生以下经济业务。

(1) 取得一般贷款业务利息收入600万元，支付单位、个人存款利息100万元。

(2) 取得转贷款业务利息收入450万元，借款利息支出320万元。

(3) 取得转让公司债券收入1 100万元，债券的买入价为900万元。

(4) 取得金融服务手续费收入15万元。

(5) 吸收居民存款500万元。

**四、实训分析**

已知：金融业适用的营业税税额为5%，要求：

1. 分别说明该银行第四季度各项经济业务是否应缴纳营业税。

2. 计算该银行第四季度应缴纳的营业税税额。

## 案例分析

### 会展业可获差额征收营业税优惠

会展业作为深圳的支柱产业之一，在推进深圳经济发展方面做出了重要贡献，涌现出了高交会、文博会等一批专业性、国际性展会。为扶持深圳会展业的发展，市地税局2010年7月份对会展业营业税有关政策进行了调整，从2010年7月1日起（税款所属期），会展业务按“服务业—代理业”税目征收营业税，实行差额征收。调整后，会展业将享受到更加优惠的税收政策。

据了解，税法没有单独为会展业设置纳税课目，也没有特殊的优惠政策。全国各地都是按照服务业税目中的“租赁业”税目全额征收营业税。北京、广州、上海等地陆续出台政策，将会展业界定为代理行为，按照营业税服务业“代理业”税目征收营业税，其计税营业额为组办单位直接向参展商收取的全部价款和价外费用扣除代支付的场地租金、展位费、展台搭建费、广告费、交通费和食宿费后的余额。

深圳市地税局也适时对会展业营业税政策进行了调整。会展业营业税调整将会展业营业税税目从“租赁业”改为“代理业”，从全额征收改为差额征收，使该行业营业税税负由调整前的5.2%下降为调整后的1.5%，减负幅度达到70%以上。

资料来源：深圳特区报

**思考与分析：**

1. 深圳市地税局对会展业营业税政策进行调整对你有什么启示?
2. 通过会展业按差额征收营业税，谈谈你对税收优惠政策的看法?

# 第5章 关税法

## 学习目标

理解关税的含义及类型；征税对象和纳税义务人的确认；能进行关税完税价格和应纳税额的计算；熟悉进出口税税率、税收优惠和关税的征收管理。

## 案例导入

**受零关税刺激 中国—东盟博览会商品贸易额创新高**

受中国—东盟自贸区建成双方实施零关税等利好因素的影响，第七届中国—东盟博览会商品贸易的成交量再创新高，到2010年10月24日下午4时，累计交易总额达到17.12亿美元，比去年增长3.5%。

为期5天的中国—东盟博览会24日下午闭幕。中国—东盟博览会组委会副主任兼秘书长陈武在闭幕式新闻发布会上说，本届博览会，举行46场投资活动，共签订国际经济合作项目135个，总投资额达到66.9亿美元，比上届增长3%，其中中国与东盟签约的投资合作项目58个，总投资额26.63亿美元，分别占国际经济合作项目的43%和38%。

本届博览会贸易配对更有针对性。会期首次在朱槿花厅举办了三场大型贸易对接会，376家企业参与配对。其中，东盟各国采购团首次以这种集中采购方式与中国企业对接，在机械设备、电子电器、建材等行业达成一批采购意向。在电力设备采购对接会上，一批越南电力设备采购企业与中国电力设备参展企业进行了有效对接。

陈武说，本届博览会期间，先后举行了四场国家领导人会见、多场地方领导会见，举行了中越友谊手印墙揭幕仪式、印尼领导人与中国企业CEO见面会等丰富多彩的活动，通过一系列活动，增进了中国与东盟的了解。

他说，新加坡丰隆亚洲有限公司作为首个东盟企业担任博览会首席战略合作伙伴，进一步体现了中国和东盟国家通过博览会平台实现共办共赢的强烈愿望。

他透露，为了便于中外领导人活动安排及广大客商参展参会和洽谈业务，从第八届中国—东盟博览会起，将每年博览会开幕时间固定在10月份第三个星期的周五。

值得注意的是，本届博览会，除中国和东盟国家的采购团组外，法国、加拿大、德国、澳大利亚和日本等区域外国家和地区也组织了采购团组参会。联合国采购中心首次在会期举办联合国采购推介会，各国企业代表与联合国采购官员开展了洽淡采购活动。

资料来源：中国新闻网

**思考：**

查阅资料探讨我国近年来运用关税政策促进经济发展的积极作用。

# 5.1 关税概述

## 5.1.1 关税的含义

关税是海关依法对进出境货物、物品征收的一种税。对进出境货物征收的关税分为进口关税和出口关税。关税法是指国家制定的调整关税征收与缴纳权利义务关系的法律规范。现行关税法律规范以全国人民代表大会于2000年7月修正颁布的《中华人民共和国海关法》（以下简称《海关法》）为法律依据，国务院于1992年3月第二次修订发布的《中华人民共和国进出口关税条例》（以下简称《进出口条例》）以及由国务院关税税则委员会审定并报国务院批准、作为条例组成部分的《中华人民共和国海关进出口税则》和《中华人民共和国海关入境旅客行李物品和个人邮递物品征收进口税则》为基本法则，由负责关税政策制定和征收管理的主管部门，依据基本法规拟定的管理办法和实施细则为主要内容。

## 5.1.2 关税的类型

### 1. 按征收对象划分

(1) 进口关税，是指对国外输入本国的货物和物品征收的一种税。世界各国所征收的关税大多采用这种税，它是一种最主要的关税。国际关税谈判所指的关税，一般均指进口关税。

(2) 出口关税，是指对货物出境征收的一种税。征收出口关税会增加出口货物的成本，不利于本国货物在国际市场上的竞争，目前主要是一些发展中国家在继续征收出口关税，我国目前仅对少数货物征收出口关税。

(3) 过境关税，是指一国对于通过其关境或国境的外国商品征收的一种税。目前绝大多数国家都不征收过境关税，只有伊朗、委内瑞拉等少数国家仍在征收过境关税。

### 2. 按计征方式划分

(1) 从价关税，是指依照进出口货物的价格征收关税。从价之意，即从价关税是采用从价原则征收的，它是按价格的一定百分比征收。目前，许多资本主义国家都以商品的实际价格，即在某一时间和地点，在正常的贸易过程中，在自由竞争条件下，商品成交的价格作为完税的价格。

(2) 从量关税，是指以征税对象的计量单位（如重量、件数、长度、容积等）为计税标准，按每一个计量单位预先制定的税额计征的关税。

（3）混合关税亦称“复合关税”，是指对一种进口商品同时订出从价、从量两种税率，分别计算出税额，以两个税额之和作为该商品的应征税额的一种征收关税标准。

（4）选择关税，是指对同一种货物在税则中规定有从价、从量两种关税税率，在征税时选择其中征收税额较多的一种关税。另外，使用选择性关税时，海关可以选择其中一个有利的标准征税，一般是选择税额较多的一种，只有在优惠税率时才选择税额较低的一种。

（5）滑准关税亦称伸缩关税，是指对某种货物在税则中预先按该商品的价格规定几档关税税率，价格高的该项物品适用较低税率，价格低的该项物品适用较高税率。目前我国对进口棉花实行滑准关税。

**3. 按关税的差别划分**

（1）歧视关税。歧视关税通过提高关税税率，加重关税负担，作为保护和报复的手段，分为反补贴关税、反倾销关税和报复关税。其中：反补贴关税是出口国政府间接或直接给予出口产品津贴或补贴，进口国在进口该产品时就津贴或补贴部分征收的附加关税；反倾销关税是对于特别出口国的特定产品，进口国专门征收的一种附加关税；报复关税是因对方国家对本国货物、船舶或企业实行歧视性税收待遇，而当对方国货物、船舶或企业产品进口时加征的关税。

（2）特惠税又称为特定优惠关税，是指对从特定国家或地区进口的全部商品或部分商品，给予特别优惠的低关税或零关税待遇，其税率低于最惠国税率。但它不适用于从非优惠国家或地区进口的商品。特惠关税一般在签订有友好协定、贸易协定等国际协定或条约国家之间实施。任何第三国不得根据最惠国待遇条款要求享受这一优惠待遇。特惠税有的是互惠的，有的是非互惠的（单向的）。

### 5.1.3 关税的特点

关税作为独特的税种，除了具有一般税收的特点之外，还具有以下特点。

**1. 关境性**

关税的征税对象是进出境的货物和物品。这里所说的“境”是指关境或国境，在同一个关境内实行同一个关税税法和海关进出口税则，货物只有进出关境时才征收关税。也就是说，关税在进出国境（或关境）时统一征税，货物在进出境时征收关税后在境内自由流通，无论经过多少次流转环节都不再重复征税。

**2. 单一环节的价外税**

关税是单一环节的价外税。关税的完税价格中不包括关税，即在征收关税时，是以实际成交价格作为计税依据，关税不包括在内。但海关代为征收增值税、消费税时，其计税依据包括关税在内。

**3. 涉外性**

关税只对进出境货物征收，因此关税税则的制定、税率的分类及其高低直接影响到国际经济贸易。随着社会的发展，世界各国的经济联系越来越密切，贸易关系已不只仅仅反映简单的经济关系，而且也成为一种政治关系。这样，关税政策、措施往往也与经济、外交政策紧密相关，具有涉外性。

### 5.1.4　关税的征税对象及纳税人

**1. 征税对象**

关税的征税对象包括国家准予进出境的货物和物品。货物是指贸易性商品；物品是指入境旅客随身携带的行李物品、个人邮递物品、各种运输工具上的服务人员携带的进口自用物品、馈赠物品以及其他方式进境的个人物品。对从境外采购进口的原产于中国境内的货物，也要征收进口关税。

**2. 关税的纳税义务人**

关税的纳税义务人包括进口货物的收货人、出口货物的发货人、进出境物品的所有人。进出境物品的所有人包括该物品的所有人和推定为所有人的人。对于携带进境的物品，推定其携带人为所有人；对分离运输的行李，推定相应的进出境旅客为所有人；以邮递方式进境的物品，推定其收件人为所有人；以邮递或其他运输方式出境的物品，推定其寄件人或托运人为所有人。

### 5.1.5　关税税率

关税税率为差别比例税率，分为进口关税税率、出口关税税率和特别关税。

**1. 进口关税税率**

进口税则设有最惠国税率、协定税率、特惠税率、普通税率、关税配额税率等，而且对进口货物在一定期限可以实行协定税率。

(1) 最惠国税率。适用于原产于与我国共同适用最惠国待遇条款的WTO成员方或地区的进口货物，或原产于与我国签订有相互给予最惠国待遇条款的双边贸易协定的国家或地区进口的货物，以及原产于我国境内的进口货物。

(2) 协定税率。适用原产于我国参加的含有关税优惠条款的区域性贸易协定有关缔约方的进口货物，协定税率比最惠国税率更加优惠。例如，“亚太贸易协定”协定税率，平均优惠幅度约为23%。

(3) 特惠税率。适用原产于与我国签订有特殊优惠关税协定的国家或地区的进口货物，特惠税率比最惠国税率更加优惠。例如，我国对老挝等41个最不发达国家的部分商品实行特惠税率。

(4) 普通税率。适用于原产于上述国家或地区以外的其他国家或地区的进口货物。按照普通税率征税的进口货物，经国务院关税税则委员会特别批准，可以适用最惠国税率。

(5) 关税配额税率。按照国家规定实行关税配额管理的进口货物，关税配额内的，适用关税配额税率，超过配额的部分适用较高税率。

**2. 出口关税税率**

出口关税税率是对出口货物征收关税而规定的税率。目前我国仅主要是针对少数资源性产品及需要规范出口秩序的半制成品征收出口关税。与进口关税税率一样，出口关税税率也规定有暂定税率。出口暂定税率优先适用于出口税则中规定的出口税率。未订有出口关税税率的货物，不征出口关税。

**3. 特别关税**

为了应对个别国家对我国出口货物的歧视，任何国家或者地区对进口原产于我国的货物征收歧视性关税或者给予其他歧视性待遇的，海关可以对原产于该国或地区的进口货物征收特别关税。特别关税包括报复性关税、反倾销关税与反补贴关税、保障性关税。

(1) 报复性关税，是指对违反与我国签订或者共同参加的贸易协定及相关协定，对我国在贸易方面采取禁止、限制、加征关税或者其他影响正常贸易的国家或地区所采取的一种进口附加税。

(2) 反倾销关税与反补贴关税，是指进口国海关对外国的倾销商品，在征收关税的同时附加征收的一种特别关税，反补贴关税的目的在于抵消他国补贴。

(3) 保障性关税，是指当某类货物进口量剧增，对我国相关产业造成巨大威胁或损害时，按照WTO有关规则采取的一般保障措施，即在与有实质利益的国家或地区进行磋商后，在一定时期内提高该项商品的进口关税或采取数量限制措施，以保护国内相关产业不受损害。保障措施可以提高关税、数量限制等形式，针对正在进口的产品实施，不区分产品来源国家或地区。

部分进口货物实行从量定额和从价定率混合使用的复合税率和滑准税率。

**4. 税率的运用**

(1) 进出口货物，应当按照纳税义务人申报进口或者出口之日实施的税率征税。

(2) 进口货物到达前，经海关核准现行申报的，应当按照装载此货物的运输工具申报进境之日实施的税率征税。

# 5.2 关税应纳税额的计算

## 5.2.1 计税依据

进出口货物征收关税，主要采取从价计征的办法，以货物的完税价格为依据征收关税。

**1. 进口货物的完税价格**

完税价格应包括货物的货价、货物运抵我国境内输入地点起卸前的运输及其相关费用、保险费。我国境内输入地为入境海关地，包括内陆河、江口岸，一般为第一口岸。货物的货价以成交价格为基础。进口货物的成交价格是指买方为购买该货物，并按《完税价格办法》有关规定调整后的实付或应付价格。

(1) 下列费用或者价值应计入完税价格。

①由买方负担的除购货佣金以外的佣金和经纪费。购货佣金是指买方为购买进口货物向自己的采购代理人支付的劳务费用。经纪费是指买方为购买进口货物向代表买卖双方利益的经纪人支付的劳务费用。

②由买方负担的与该货物视为一体的容器费用。

③由买方负担的包装材料和包装劳务费用。

④与该货物的生产和向中华人民共和国境内销售有关的，由买方以免费或者以低于成本的

方式提供并可以按适当比例分摊的料件、工具、模具、消耗材料及类似货物的价款，以及在境外开发、设计等相关服务的费用。

⑤与该货物有关并作为卖方向我国销售该货物的一项条件，应当由买方直接或间接支付的特许权使用费。“特许权使用费”是指买方为获得与进口货物相关的、受著作权保护的作品、专利、商标、专有技术和其他权利的使用许可证而支付的费用。但是在估定完税价格时，进口货物在境内的复制权费不得计入该货物的实付或应付价格之中。

⑥卖方直接或间接从买方对该货物进口后转售、处置或使用所得中获得的收益。

（2）下列费用如能与该货物实付或者应付价格区分，不得计入完税价格。

①厂房、机械、设备等货物进口后进行建设、安装、装配、维修和技术服务的费用。

②货物运抵境内输入地点之后的运输费用、保险费和其他相关费用。

③进口关税及其他国内税收。

**2. 出口货物的完税价格**

出口货物的完税价格，由海关以出口货物的成交价格以及该货物运至我国境内输出地点装载前的运输及其相关费用、保险费为基础审查确定。出口关税不计入完税价格。

出口货物的成交价格，是指该货物出口时卖方为出口该货物应当向买方直接收取和间接收取的价款总额。

## 5.2.2　应纳税额的计算

**1. 从价关税计算方法**

从价关税，是指以进（出）口货物的完税价格为计税依据的一种关税计征方法。其应纳关税税额的计算公式为：

关税应纳税额＝应税进（出）口货物数量×单位完税价格×适用税率

**2. 从量关税计算方法**

从量关税，是指以进（出）口货物的计量单位为计税依据的一种关税计征方法。其应纳关税税额的计算公式为：

关税应纳税额＝应税进（出）口货物数量×关税单位税额

**3. 复合关税计算方法**

复合关税，是指对某种进（出）口货物同时使用从价和从量计征的一种关税计征方法。其应纳关税税额的计算公式为：

关税应纳税额＝应税进（出）口货物数量×单位货物税额＋应税进（出）口货物数量×单位完税价格×税率

**4. 滑准关税计算方法**

滑准关税，是指关税的税率随着进口货物价格的变动而反方向变动的一种税率形式，即价格越高，税率越低，税率为比例税率。对实行滑准税率的进口货物应纳税额的计算方法仍同于从价税的计算方法：

关税应纳税额＝应税进（出）口货物数量×单位完税价格×滑准税率

### 5.2.3 关税减免

关税减免分为法定减免、特定减免和临时减免。根据《海关法》的规定，除法定减免税外，其他减免税均由国务院决定。

**1. 法定减免税**

关税的法定减免税是税法中明确列出的减税或免税，包括以下几项。

(1) 关税税额在人民币50元以下的一票货物，可免征关税。

(2) 无商业价值的广告品和货样，可免征关税。

(3) 外国政府、国际组织无偿赠送的物资，可免征关税。

(4) 进出境运输工具所装载的途中必需的燃料、物料和饮食用品，可予免税。

(5) 经海关核准暂时进境或者暂时出境，并在6个月内复运出境或者复运进境的货样、展览品、施工机械、工程车辆、工程船舶、供安装设备时使用的仪器和工具、电视或者电影摄制器械、盛装货物的容器以及剧团服装道具，在货物收发货人向海关缴纳相当于税款的保证金或者提供担保后，可予暂时免税。

(6) 为境外厂商加工、装配成品和为制造外销产品而进口的原材料、辅料、零件、部件、配套件和包装物料，海关按照实际加工出口的成品数量免征进口关税；或者对进口料、件先征进口关税，再按照实际加工出口的成品数量予以退税。

(7) 因故退还的中国出口货物，经海关查实，可予免征进口关税，但已征收的出口关税不予退还。

(8) 因故退还的境外进口货物，经海关查实，可予免征出口关税，但已征收的出口关税不予退还。

(9) 进口货物如有以下情形，经海关查实，可酌情减免进口关税。

①在境外运输途中或者在起卸时，遭受损坏或者损失的。

②起卸后海关放行前，因不可抗力遭受损坏或者损失的。

③海关查验时以及破漏、损坏或者腐烂，经证明不是保管不慎造成的。

(10) 我国缔结或者参加的国际条约规定减征、免征关税的货物、物品，按照规定予以减免关税。

(11) 法律规定减征、免征的其他货物。

**2. 特定减免税**

特定减免税也称政策性减免税。

特定减免税的范围如下。

(1) 科教用品。

(2) 残疾人专用品。

(3) 扶贫、慈善性捐赠物资。

(4) 加工贸易产品。

(5) 边境贸易进口物资。

(6) 保税区进出口货物。

(7) 出口加工区进出口货物。

(8) 进口设备。

(9) 特定行业或用途的减免税政策。

**3. 临时减免税**

临时减免税是指在法定减免税和特定减免税以外的其他减免税，是由国务院根据某个单位、某类商品、某个时期的特殊情况按规定给予的特别的、临时性的减免优惠。

## 5.3 关税征收管理

### 5.3.1 关税的缴纳

进口货物应当自运输工具申报进境之日起 14 日内，出口货物应当在货物运抵海关监管区后、装货的 24 小时以前，由进出口货物的纳税义务人向货物进（出）境地海关申报。海关根据税则归类和完税价格计算应缴纳的关税和进口环节代征税，并填发税款缴款书。纳税义务人应当自海关填发税款缴款书之日起 15 日内向指定银行缴纳税款。如关税缴纳期限的最后一日是周末或法定节假日，则关税缴纳期限顺延于周末或法定节假日过后的第一个工作日。为方便纳税义务人，经申请且经海关同意，进（出）口货物的纳税义务人可以在设有海关的指运地（启运地）办理海关申报、纳税手续。

关税纳税义务人因不可抗力或者在国家税收政策调整的情形下，不能按期缴纳税款的，经海关总署批准，可以延期缴纳税款，但最长不得超过 6 个月。

### 5.3.2 关税的缓纳

缓纳是海关批准纳税人将其部分或全部应缴税款的缴纳期限延长的一种制度。按照现行《海关法》的规定，关税缓纳仅适用于关税纳税人确有暂时的经济困难而不能按期缴纳关税的情形。

经海关审核批准关税缓纳的义务人，应按海关批准的关税缴纳计划如期缴纳关税，并按月支付 10‰的利息。逾期不缴纳关税即构成关税滞纳，除依法追缴外，还应由海关按关税滞纳的规定征收滞纳金。

### 5.3.3 关税的强制执行

纳税义务人未在关税缴纳期限内缴纳税款构成关税滞纳。为保证海关征收关税决定的有效执行和国家财政收入的及时入库，海关对滞纳关税的纳税义务人强制执行措施有两个。

**1. 征收关税滞纳金**

滞纳金自关税缴纳期限届满滞纳之日起，至纳税义务人缴纳关税之日止，按滞纳税款万分之五的比例按日加收，周末或法定节假日不予扣除。具体计算公式为：

关税滞纳金金额＝滞纳关税税额×滞纳金征收比率×滞纳天数

**2. 强制征收**

如果纳税义务人自海关填发缴款书之日起超过3个月仍未缴纳税款，经海关关长批准，海关可以采取强制扣缴、变价抵缴等强制措施。强制扣缴，即海关从纳税义务人在开户银行或者其他金融机构的存款中直接扣缴税款。变价抵缴，即海关将应税货物依法变卖，以变卖所得抵缴税款。

## 5.3.4 关税的退还

有下列情形之一的，进出口货物的纳税义务人可以自缴纳税款之日起1年内，书面声明理由，连同原纳税收据向海关申请退税并加算银行同期活期存款利息，逾期不予受理。

（1）因海关误征，多纳税款的。

（2）海关核准免验进口的货物，在完税后，发现有短装情节，经海关审查认定的。

（3）已征出口关税的货物，因故未装运出口，申报退关，经海关审查属实的。

对已征出口关税的出口货物、已征进口关税的进口货物，因货物品种或规格原因（非其他原因）原状复运进境或出境的，经海关查验属实的，也应退还已征关税。海关应当自受理退税申请之日起30日内，作出书面答复并通知退税申请人。

## 5.3.5 关税的补征和追征

补征和追征是海关在关税纳税义务人按海关核定的税额缴纳关税后，发现实际征收税额少于应当征收的税额时，责令纳税义务人补缴所差税款的一种行政行为。

由于纳税人违反海关规定造成补征和追征是为了区别不同情况适用不同的征收时效。超过时效规定的期限，海关就丧失了追补关税的权利。进出境货物和物品放行后，海关发现少征或者漏征税款，应当自缴纳税款或者货物、物品放行之日起1年内，向纳税义务人补征；因纳税义务人违反规定而造成的少征或者漏征的税款，自纳税义务人应缴纳税款之日起3年内可以追征，并从缴纳税款之日起按日加收少征或者漏征税款万分之五的滞纳金。

## 5.3.6 关税的纳税争议

为保护纳税人合法权益，纳税义务人对海关确定的进出口货物的征税、减税、补税或者退税等有异议时，有提出申诉的权利。在纳税义务人同海关发生纳税争议时，可以向海关申请复议，但同时应当在规定期限内按海关核定的税额缴纳关税，逾期则构成滞纳，海关有权按规定采取强制执行措施。

纳税争议的内容一般为进出境货物和物品的纳税义务人对海关在原产地认定、税则归类、税率或汇率适用、完税价格确定、关税减征、免征、追征、补征和退还等征税行为是否合法或适当，是否侵害了纳税义务人的合法权益，从而对海关征收关税的行为表示异议。

纳税争议的申诉程序：纳税义务人自海关填发税款缴款书之日起30日内，向原征税海关的上一级海关书面申请复议。逾期申请复议的，海关不予受理。海关应当收到复议申请书之日起60日内做出复议决定，并以复议决定书的形式正式答复纳税义务人；纳税义务人对海关复议决定仍然不服的，可以自收到复议决定书之日起15日内，向人民法院提起诉讼。

## 本章小结

本章介绍了关税法基础知识、应纳税额的计算、纳税征收管理等内容。

关税是海关依法对进出境货物、物品征收的一种税，具有关境性、价外税、涉外性的特点。

关税的征税对象包括国家准予进出境的货物和物品，纳税人是进出口货物的收发货人和进出境物品的所有人。

关税税率为差别比例税率，分为进口关税税率、出口关税税率和特别关税。

关税完税价格是关税的计税依据，由海关以该货物的成交价格为基础审查确定，分从价计征、从量计征、复合计征、滑准计征关税税额。

关税的征收管理主要有关税缴纳、缓纳、退还、补征与追征和强制执行等。

## 基础与提高

### 一 单项选择题

1. 根据关税法律制度规定，下列各项不计入进口货物完税价格的是(　　)。
   A. 货物成交价格
   B. 进口关税税额
   C. 由买方负担的包装材料和包装劳务费用
   D. 由买方负担的除购货佣金以外的佣金和经纪费

2. 下列各项中不属于关税的特定减免范畴的是（　　)。
   A. 进口的科技教育用品　　B. 外国政府无偿赠送的物资
   C. 进口的残疾人专用物品　　D. 外国驻华使馆及其人员所需物品

3. 下列项目中，属于进口完税价格组成部分的有(　　)。
   A. 进口人向境外采购代理人支付的购货佣金
   B. 进口人向中介机构支付的经纪费
   C. 进口设施的安装调试费用
   D. 货物运抵境内输入地点起卸之后的运输费用

4. 某公司进口一批货物，海关于 2006 年 3 月 1 日填发税款缴款书，但公司迟至 3 月 27 日才缴纳 500 万元的关税。海关应征收关税滞纳金（　　)。
   A. 2.75 万元　　B. 3 万元
   C. 6.5 万元　　D. 6.75 万元

5. 关税纳税义务人因不可抗力或者在国家税收政策调整的情形下，不能按期缴纳税款的，经海关总署批准，可以延期缴纳税款，但最多不得超过（　　）个月。
   A. 3　　B. 6
   C. 9　　D. 12

6. 已征出口关税的货物，因故未装运出口，申报退关，经海关查验属实的，纳税人可自缴纳税款之日起申请退税的时间是（　　)。

A. 半年内　　B. 1年内

C. 3年内　　D. 5年内

## 二 多项选择题

1. 我国特别关税的种类包括(　　)。

A. 报复性关税　　B. 保障性关税

C. 进口附加税　　D. 反倾销关税与反补贴关税

2. 下列未包含在进口货物价格中的项目，应计入关税完税价格的有(　　)。

A. 由买方负担的购货佣金

B. 由买方负担的包装材料和包装劳务费

C. 由买方支付的进口货物在境内的复制权费

D. 由买方负担的与该货物视为一体的容器费用

3. 关税的征税对象是我国国境的货物和物品，物品包括(　　)。

A. 入境旅客随身携带的行李

B. 各种运输工具上的服务人员携带的所有物品

C. 馈赠物品以及其他方式进入国境的物品

D. 外贸进出口公司的进口贸易性商品

4. 我国进口税则设定的关税税率有(　　)

A. 最惠国税率　　B. 普通税率

C. 协定税率　　D. 特惠税率

5. 进口关税计税方法有(　　)

A. 从量定额计税

B. 从价定率计税

C. 核定税额计税

D. 从量定额和从价定率同时采用的复合计税

6. 关税的强制执行措施包括(　　)。

A. 征收关税滞纳金　　B. 处以应纳关税税额1～5倍罚款

C. 强制扣缴　　D. 变价抵税

7. 关税征收管理规定中，关于补征和追征的期限为(　　)。

A. 补征期1年内　　B. 追征期1年内

C. 补征期3年内　　D. 追征期3年内

## 三 思考题

1. 什么是关税？它是如何分类的？

2. 关税有何特点？

3. 关税的征税对象及纳税人分别是谁？

4. 如何计算关税应纳税额？

5. 关税的优惠政策有哪些？

## 四 计算分析题

1. 我国进口一批厚钢板共计20万千克，成交价格为FOB伦敦2.5英镑/千克，已知单位运费为0.1英镑/千克，保险费率为0.25%。应征关税税款是多少？

已知海关填发税款缴款书之日的外汇牌价：1英镑=11.268 3人民币元（买入价），1英镑=11.885 7人民币元（卖出价）。

2. 某公司进口 2 台日本产电视摄像机，价格为 CIF13 000 美元，计算应纳关税（征税日人民币与美元的外汇折算率为 1∶6.627 7。适用优惠税率为：每台完税价格高于 5 000 美元的，从量税为每台 13 280 元，再征从价税 3%）。

## 技能实训

**一、实训项目**

进行关税计算。

**二、实训方式**

1. 个人阅读实训材料及实训分析后进行思考，可以分成小组计算应缴纳的关税。

2. 分小组讨论结束后，每位同学把讨论结果整理成书面材料上交。

3. 教师评分后总结。

**三、实训材料**

深圳某进出口公司从美国进口货物一批，货物以离岸价格成交，成交价格折合人民币1 028万元（包括单独计价并经海关审查属实的向境外采购代理人支付的买方佣金 8 万元，但不包括因使用该货物而向境外支付的软件费 30 万元，向卖方支付的佣金 11 万元），另支付货物运抵我国上海港的运费、保险费 28 万元。

**四、实训分析**

已知：该货物的关税税率为 20%，要求：

1. 计算该货物的完税价格。

2. 计算该公司应纳关税税额。

## 案例分析

### 关税试探性调整　尿素调整幅度有限

国内市场：国内尿素报价基本稳定，但市场依旧疲软。山东地区尿素行情基本稳定，主流出厂价为 1 980～2 000 元/吨，个别厂家有试探性的小幅上调报价，但接货情况仍不理想。虽然关税政策已明朗，但下游观望依旧，采货积极性不高。临沂地区接货价为 2 010 元/吨。安徽地区尿素行情小幅下滑，主流出厂价为 2 020～2 050元/吨，成交价约为 2 000 元/吨。阜阳地区因节能减排未达标，部分企业生产仍不正常。当地农业需求清淡，经销商采货仍不积极，工业方面少量采货。市场批发价为 2 050～2 080 元/吨。河南地区尿素行情基本稳定，主流报价为 1 980～2 000 元/吨，低端成交价为 1 960 元/吨。当地农用淡季，经销商接货不积极，企业主供前期订单，铁运发货仍然不畅。个别厂家采取保底措施缓解当前库存压力。辽宁地区尿素行情变化不大，企业报价为 2 000～2 020 元/吨，外省尿素到站价为 2 100 元/吨。虽市场库存量仍处低位，但经销商多以观望为主，暂无采货意愿。市场批发报价为 1 960～2 000 元/吨，有价无市。

后市预测：目前关于关税调整的正式文件已经出台，但执行时间却只有本年的最后一个月，由此可见，明年的关税可能还会出现新的变动。随着高关税期来临，企业出口受阻，而经销商依然持币观望，价格仍会出现小幅回落；但是由于国内市场缺货现象严重，一旦大范围集中拿货，价格必将反弹回升。中国化工网分析师张明预计短期内尿素行情继续保持稳中有落趋势运行，后期着重关注冬储启动情况。

备注：经国务院批准，自 2010 年 12 月 1 日起至 12 月 31 日止，对尿素、磷酸氢二铵、磷酸二氢铵及磷酸二氢铵与磷酸氢二铵的混合物（税号：31021000、31053000、31054000）按 35％的暂定税率征收出口关税，并征收 75％的特别出口关税。12 月 1 日前提前申报出口并在 3 个工作日内运抵海关监管区的，允许按原税率执行。

**思考与分析：**

1. 影响尿素价格的因素有哪些？
2. 目前国内市场的报价是否合理？
3. 如何保障关税调整的实现？

# 第6章 企业所得税法

## 学习目标

了解企业所得税的含义与特点；熟悉企业所得税的优惠内容；能准确区分征税收入、不征税收入和免税收入；明确企业所得税的特殊税务处理；掌握企业所得税的征收管理。

## 案例导入

### 加强房地产行业企业所得税控管的实践与思考

近年来，房地产开发逐渐成为各地经济发展的支柱产业之一。房子和房价也是中央政府高度关注的问题之一。如何加强行业管理、提高税收贡献率，成为各地税务部门亟待解决的一个课题。

**一、目前税收管理中存在的问题**

(1) 行业经营特点成为税收管理难点。房地产开发周期较长，财务人员变更频繁，以及各级项目审批部门的批文等资料保管不善，给税务机关审核检查带来了很大难度。

(2) 专业化的税收管理水平较低。房地产行业是一个业务涉及面广、财务处理复杂的行业。目前，税务人员的业务素质相对不高且征管时间不长，同时，基层国税机关人员较为紧张，征管工作任务繁重，因此房地产企业所得税的征管质量得不到充分保证。

(3) 部门之间协调力度不够。房地产企业所得税之所以难管，主要是税基构成要素多元化、复杂化所致。目前国税与地税、城建、房管、银行等部门的信息交流不畅，直接影响了国税部门房地产企业所得税征管工作水平的提高。

(4) 对偷税行为曝光力度不够。在涉税违法案件的查处过程中，往往受到各种因素的干扰，对涉嫌犯罪的房地产开发商很少有追究刑事责任的，多数是以补代罚、以罚代罪，所以偷税成本较低，从而给房地产开发商偷税带来侥幸心理。

(5) 税收政策存在偏差。依据国家税务总局关于印发《房地产开发经营业务企业所得税处理办法》的通知（国税发〔2009〕31号）文件，该文件存在的主要问题是预计毛利率标准偏低，一般都将预计毛利率规定在下限，计算的当期毛利额还要扣除相关的期间费用、营业税金及附加。

**二、加强行业管理的对策及建议**

(1) 建立外部信息交换机制，强化对房地产行业税收的一体化管理。积极进取，勇于创新，依靠地方政府支持，将信息化理念和手段武装到传统的协税护税机制中，建立综合治税网络平台，构建了“税收需求，政府要求，司法保障，部门协同，网络传输，定期反馈”的第三方数据信息采集应用新模式，同时建立与房管、规划、建设、金融和地税等部门信息沟通制度。最大限度地掌握有关涉税信息，确保收入、成本、费用、利润等申报数据的真实性和完整性。

(2) 建立房地产税收管理台账，加强实地巡查监控。建立企业日常监控管理动态台账，反映预售收入纳税情况，对存在问题的企业进行检查调整，对应缴未缴的税款进行补征。

通过实地调查了解等方式，及时掌握楼盘销售的进度，加强对售楼情况的适时监控，了解关联企业之间的业务往来关系，看其收入、费用的划分是否合理、合法。

(3) 健全岗责体系，完善内控机制。明确县局业务科室与基层分局在房地产开发企业所得税管理上的权限和责任，深化“双查双评双究”，研究制定《税收执法监察量化问责管理制度》，根据过错性质、过错频率及整改效率确定执法监察量化问责等级，有效提高了税收征管的质量和效率。

(4) 成立专业化房地产行业纳税评估队伍，加大对税收违法行为的打击力度。利用纳税评估等管理手段，加强对房地产企业税收贡献率、所得税税负率、销售收入变动率、成本利润率等主要指标的监控，季度申报特别是汇算清缴期发现有异常情况，及时加大评估和稽查力度，明显存在偷税情节的，依法严肃处理，问题特别严重的移送司法部门追究相关法律责任。

资料来源：新浪网

**思考：**

结合我国房地产市场的现状，思考税收问题的处理措施。

## 6.1 企业所得税概述

### 6.1.1 企业所得税的含义

企业所得税是指对我国境内的企业和其他取得收入的组织（以下统称企业）的生产经营所得和其他所得依法征收的一种税。企业所得税在我国现行税法体系中占有极为重要的地位。在国外，发达国家一般实行法人所得税制度，即以法人组织作为纳税人。现行《中华人民共和国企业所得税法》规定：“在中华人民共和国境内，企业和其他取得收入的组织为企业所得税的纳税人，依照本法的规定缴纳企业所得税。”

我国现行的企业所得税是2007年税制改革时，由企业所得税、外商投资企业和外国企业所得税合并而成的。企业所得税作为经济运动的“自动稳定器”，在我国税收收入中的地位日益重要。2008年1月1日起施行的《中华人民共和国企业所得税法》实现了“四个统一”：内资、外资企业适用统一的企业所得税法；统一企业所得税税率；统一税前扣除办法和标准；统一税收优惠政策。2009 年企业所得税收入为 12 157 亿元，占税收收入的 19%，已成为我国现行税制中第二大税种。

### 6.1.2　企业所得税的特点

企业所得税是我国主要财政收入之一，也是国家参与企业利润分配的重要手段。企业所得税与其他税种相比，具有如下特点。

**1. 征税范围广**

在中华人民共和国境内，企业和其他取得收入的组织都是企业所得税的纳税人，都要依照税法的规定缴纳企业所得税。企业所得税的征税对象包括生产经营所得和其他所得，生产经营所得是指企业从事产品生产、交通运输、商品流通、劳务服务和其他营利事业等取得的所得；其他所得是指提供资金或财产所得，包括利息、股息、红利、租金、转让资金收益和特许权使用费等所得。

**2. 税负公平**

企业所得税对企业，不分所有制，不分地区、行业和层次，实行统一的比例税率。在普遍征收的基础上，能使各类企业税负较为公平。企业所得税税率为 25%，在世界范围内属于中等偏下水平，对纳税人来说税收负担的外部性较低，有利于市场经济和企业自身的发展，符合税负公平原则。另外，对西部开发地区企业，可以按照国务院规定享受减免税优惠。

**3. 计税依据为应纳税所得额**

企业所得税的计税依据，是纳税人的收入总额扣除各项成本、费用、税金、损失等支出后的净所得额（纯所得），它既不等于企业实现的会计利润额，也不是企业的增值额，更非销售额或营业额。因此，企业所得税是一种不同于流转税的税种。

**4. 分别行使征税权**

根据国际惯例，我国现行企业所得税划分为居民企业和非居民企业，分别确定征税范围。企业所得税属于企业的终端税种，无论居民企业或者是非居民企业，纳税人缴纳的所得税一般不易转嫁，而由纳税人自己负担。在会计利润总额的基础上，扣除企业所得税后的余额为企业生产经营的净利润。

**5. 税基约束力强**

企业所得税的税基是应纳税所得额，即纳税人每个纳税年度的收入总额减去准予扣除项目金额之后的余额。在性质上与会计利润相似，但为了保护税基，企业所得税法明确了收入总额、扣除项目金额以及资产的税务处理等内容，使应纳税所得额的计算相对独立于企业的会计核算，体现了税法的强制性与统一性。

**6. 计算复杂**

应纳税所得额的计算较为复杂，通常情况下，纳税人和实际负担人是一致的，并以企业净所得为计税依据，计算应纳税所得额。因此，应纳税所得额的计算涉及一定时期的成本、费用的归集与分摊。而且，由于政府往往利用所得税作为调节国民收入分配、执行经济政策和社会政策的重要工具，这样就使应纳税所得额的计算程序较为复杂。

**7. 税负不易转嫁**

企业所得税属于直接税，纳税人缴纳的所得税一般不易转嫁，纳税人是直接的负税人。在会计利润总额的基础上，扣除企业所得税后的余额就是企业生产经营的净利润。

### 6.1.3 纳税义务人与征税对象

**1. 纳税义务人**

在中华人民共和国境内，企业和其他取得收入的组织为企业所得税的纳税义务人，但个人独资企业、合伙企业属于个人所得税纳税义务人。

企业分为居民企业和非居民企业。

(1) 居民企业。居民企业是指依法在中国境内成立，或者依照外国（地区）法律成立但实际管理机构在中国境内的企业。判断一个外国企业是否是居民企业，就是看该外国企业的实际管理机构是否在中国境内。

(2) 非居民企业。非居民企业是指依照外国（地区）法律成立且实际管理机构不在中国境内，但在中国境内设立机构、场所的，或者在中国境内未设立机构、场所，但有来源于中国境内所得的企业。这里所说的机构、场所，是指营业机构、办事机构和工厂，开采自然资源的场所，承包建筑、安装、装配、勘探等工程作业的场所和提供劳务的场所。非居民企业还包括营业代理人。

(3) 特殊规定。

①企业被个人、其他企业、单位承租经营，但未改变被承租企业的名称，未变更工商登记，并仍以被承租企业名义对外从事生产经营活动的，不论被承租企业与承租方如何分配经营成果，均以被承租企业为纳税义务人。

②企业被个人、其他企业、单位承租经营，承租方承租后重新办理工商登记，并以承租方的名义对外从事生产经营活动的，其承租经营取得的所得，应以重新办理工商登记的企业、单位为纳税义务人。

③非居民企业在中国境内未设立机构、场所的，或者虽设立机构、场所但取得的所得与其所设机构、场所没有实际联系的，该类所得实行源泉扣缴，以支付人为扣缴义务人，税款由扣缴义务人在每次支付或者到期应支付时从支付或者到期应支付的款项中扣缴。

**2. 征税对象**

企业所得税的征税对象是企业取得的生产经营所得和其他所得。

(1) 确定原则。

①必须是有合法来源的所得。企业从事非法行为取得的所得，不构成企业所得税的征税对象。

②应纳税所得是扣除成本费用以后的纯收益。

③企业所得税的应纳税所得必须是实物或货币所得。各种荣誉性、知识性及体能、心理上的收益，都不是应纳税所得。

④居民企业应当就其来源于中国境内、境外的所得缴纳企业所得税。

⑤非居民企业在中国境内设立机构、场所的，应当就其所设机构、场所取得的来源于中国境内的所得，以及发生在中国境外但与其所设机构、场所有实际联系的所得缴纳企业所得税，但其在境外已纳的所得税款可以抵扣。

⑥非居民企业在中国境内未设立机构、场所的，或者虽设立机构、场所但取得的所得与其所设机构、场所没有实际联系的，应当就其来源于中国境内的所得缴纳企业所得税。

(2) 具体规定。所谓生产经营所得，是指企业从事物质生产、商品流通、交通运输、劳务服务以及其他营利事业取得的所得。其他所得包括：企业有偿转让各类财产取得的财产转让所得；纳税人购买各种有价证券取得的利息及外单位欠款取得的利息所得；纳税人出租固定资产、包装物等取得的租赁所得；纳税人因提供转让专利权、非专利技术、商标权、著作权等取得的特许权使用费所得；纳税人固定资产盘盈、因债权人原因确实无法支付的应付款项、物资及现金溢余等取得的其他所得。

## 6.1.4 企业所得税税率及税收优惠

### 1. 企业所得税税率

企业所得税税率为25%；符合条件的小型微利企业，减按20%的税率征收企业所得税；国家需要重点扶持的高新技术企业，按15%的税率征收企业所得税（表6-1）。

**表 6-1　企业所得税税率表**

| 档　次 | 税　率 | 适用企业 |
| --- | --- | --- |
| 1 | 25% | 居民企业，在中国境内设立机构场所的非居民企业 |
| 2 | 20% | （1）符合条件的小型微利企业；<br>（2）在中国境内未设立机构、场所的，或者虽设立机构、场所但取得的所得与其所设机构、场所没有实际联系的非居民企业 |
| 3 | 15% | 国家需要重点扶持的高新技术企业 |

### 2. 税收优惠

企业所得税的税收优惠，是指国家根据经济和社会发展的需要，在一定的期限内对特定地区、行业和企业的纳税人应缴纳的企业所得税，给予减征或者免征的一种照顾和鼓励措施。税收优惠具有很强的政策导向作用，正确制定并运用这种措施，可以更好地发挥税收的调节功能，促进国民经济健康发展。国家对重点扶持和鼓励发展的产业和项目，给予企业所得税优惠。《中华人民共和国企业所得税法》规定的企业所得税的税收优惠方式主要包括以下内容。

（1）企业的下列收入为免税收入：①国债利息收入；②符合条件的居民企业之间的股息、红利等权益性投资收益；③在中国境内设立机构、场所的非居民企业从居民企业取得与该机构、场所有实际联系的股息、红利等权益性投资收益；④符合条件的非营利组织的收入。

（2）企业的下列所得，可以免征、减征企业所得税。

1）关于扶持农、林、牧、渔业发展的优惠。

①企业从事蔬菜、谷物、薯类、油料、豆类、棉花、麻类、糖料、水果、坚果的种植，农作物新品种的选育，中药材的种植，林木的培育和种植，牲畜、家禽的饲养，林产品的采集，灌溉、农产品初加工、兽医、农技推广、农机作业和维修等农、林、牧、渔服务业项目，远洋捕捞项目的所得，免征企业所得税。

②企业从事花卉、茶以及其他饮料作物和香料作物的种植和海水养殖、内陆养殖项目的所得，减半征收企业所得税。

2）关于鼓励基础设施建设的优惠。企业所得税规定，企业从事国家重点扶持的公共基础设施项目的投资经营的所得可以免征、减征企业所得税。《中华人民共和国企业所得税法实施条例》（以下简称条例）明确规定，企业从事港口码头、机场、铁路、公路、电力、水利等项目投资经营所得，自项目取得第一笔生产经营收入的纳税年度起，给予三免三减半的优惠。

3）关于支持环境保护、节能节水、安全生产的优惠。企业所得税法规定，企业从事符合条件的环境保护、节能节水的项目的所得可以免征、减征企业所得税。实施条例明确规定，自项目取得第一笔生产经营收入的纳税年度起给予三免三减半的优惠，具体条例和范围由国务院财政、税务主管部门或国务院有关部门制定，报国务院批准后公布施行。

企业所得税法规定，企业综合利用资源，生产符合国家产业政策规定的产品所得的收入，可以在计算应纳税所得额时减计收入。实施条例明确规定，企业所得税法规定的减计收入，指企业以《资源综合利用企业所得税优惠目录》规定的资源作为主要原材料，生产国家非限制和禁止并符合国家和行业相关标准的产品取得收入，减按90%计入收入总额。

4）关于促进技术创新和科技进步的优惠。为了促进技术创新和科技进步，企业所得税法规定了五个方面的税收优惠，实施条例分别做出了具体规定。

①企业从事符合条件的技术转让所得可以免征、减征企业所得税。实施条例明确规定，一个纳税年度内居民企业技术所有权转让所得不超过500万元的部分，免征企业所得税。

②国家需要重点扶持的高新技术企业，减按15%的税率征收企业所得税。实施条例明确了认定高新技术企业的五项条件：即产品（服务）属于《国家重点支持的高新技术领域》规定的范围；研究开发费用占销售收入的比例不低于规定比例；高新技术产品（服务）收入占企业总收入的比例不低于规定比例；科技人员占企业职工总数的比例不低于规定比例；《高新技术企业认定管理办法》规定的其他条件。

③企业所得税法规定，企业开发新技术、新产品、新工艺发生的研究开发费用，可以在计算应纳税所得额时加计扣除。实施条例据此明确，企业的研究开发费用在据实扣除的基础上，再加计扣除50%。

④企业所得税法规定，创业投资企业从事国家需要重点扶持和鼓励的创业投资，可以按投资的一定比例抵扣应纳税所得额。实施条例明确规定，创业投资企业采取股权投资方式投资于未上市的中小高新技术企业的2年以上，可以按照其投资额的70%在股权持有满2年的当年抵扣该创业投资企业的应纳税所得额，当年不足抵扣的，可以在以后纳税年度结转抵扣。

⑤企业的固定资产由于技术进步等原因，确需加速折旧的，可以缩短折旧年限或者采取加速折旧的方法。

5）关于扶持小型微利企业的优惠。企业所得税法规定，符合条件的小型微利企业，减按20%的税率征收企业所得税。实施条例规定了小型微利企业的标准，即工业企业年度应纳税所得额不超过30万元，从业人数不超过100人，资产总额不超过3 000万元，其他企业，年度应纳税所得额不超过30万元，从业人数不超过80人，资产总额不超过1 000万元。与现行内资企业所得税优惠政策（年应纳税所得额3万元以下的减按18%的税率征税；3万元至10万元的减按20%的税率征税）相比，优惠范围扩大，优惠力度有较大幅度的提高。

（3）民族自治地方的自治机关对本民族自治地方的企业应缴纳的企业所得税中属于地方分享的部分，可以决定减征或者免征。自治州、自治县决定减征或者免征的，须报省、自治区、直辖市人民政府批准。

（4）企业的下列支出，可以在计算应纳税所得额时加计扣除：①开发新技术、新产品、新工艺发生的研究开发费用；②安置残疾人员及国家鼓励安置的其他就业人员所支付的工资。

（5）创业投资企业从事国家需要重点扶持和鼓励的创业投资，可以按投资额的一定比例抵扣应纳税所得额。

（6）企业的固定资产由于技术进步等原因，确需加速折旧的，可以缩短折旧年限或者采取加速折旧的方法。

（7）企业综合利用资源，生产符合国家产业政策规定的产品所取得的收入，可以在计算应纳税所得额时减计收入。

（8）企业购置用于环境保护、节能节水、安全生产等专用设备的投资额，可以按一定比例实行税额抵免。

（9）根据国民经济和社会发展的需要，或者由于突发事件等原因对企业经营活动产生重大影响的，国务院可以制定企业所得税专项优惠政策，报全国人民代表大会常务委员会备案。

# 6.2　应纳税所得额的计算

企业所得税的计税依据是企业的应纳税所得额。其计算公式是：

应纳税所得额＝收入总额－不征税收入－免税收入－准予扣除项目金额－允许弥补的以前年度亏损

会计利润是确定应纳税所得额的基础，但是不能等同于应纳税所得额。企业按照财务会计制度的规定进行核算得出的会计利润，根据税法规定作相应调整后，才能作为企业的应纳税所得额。

## 6.2.1　收入总额的确定

企业以货币形式和非货币形式从各种来源取得的收入，为收入总额。基本内容见表 6-2。

表 6-2　收入总额的基本内容

| 项　　目 | 基本内容 |
| --- | --- |
| 销售货物收入 | 纳税人取得的商品销售收入、产品销售收入 |
| 提供劳务收入 | 纳税人取得的劳务服务收入、营运收入、工程价款结算收入、工业性作业收入以及其他业务收入 |
| 转让财产收入 | 纳税人有偿转让各类财产取得的收入，包括转让固定资产、有价证券、股权以及其他财产而取得的收入 |
| 股息、红利等权益性投资收益 | 纳税人对外投资入股分得的股利、红利收入。股息是指按资本计算的利息；红利是指企业分给股东的利润 |
| 利息收入 | 纳税人购买各种债券等有价证券的利息、外单位欠款付给的利息，以及其他利息收入 |
| 租金收入 | 纳税人出租固定资产、包装物以及其他财产而取得的租金收入。如租赁期超过 1 年一次收取的租赁费，出租方应按合同约定的租赁期分期计算收入，承租方应相应分期摊销租赁费 |
| 特许权使用费收入 | 纳税人提供或者转让专利权、非专利技术、商标权、著作权以及其他特许权的使用权而取得的收入 |
| 接受捐赠收入 | 纳税人因接受捐赠而取得的收入，包括现金捐赠和非货币性捐赠 |
| 其他收入 | 其他收入包括固定资产盘盈收入、罚款收入、因债权人的缘故确实无法支付的应付款项、物资及现金的溢余收入、教育费附加返还款、包装物押金收入以及其他收入 |

收入确定的特殊规定如下。

**1. 减免或返还流转税**

对企业减免或返还的流转税（含即征即退、先征后退），除国务院、财政部、国家税务总局规定有指定用途的项目不征税外，都应并入企业利润征收企业所得税。对直接减免和即征即退的，应并入企业当年利润征收企业所得税；对先征税后返还和先征后退的，应并入企业实际收到退税或返还税款年度的企业利润征收企业所得税。

出口退回的增值税税额不缴纳企业所得税，一是因增值税属于价外税，与企业的会计利润没有关系；二是因为退回的增值税，记入“应交税费——应交增值税（出口退税）”账户贷方，不作收入处理。出口退回的消费税税额，冲减“营业税金及附加”账户，相应地就增加了企业的会计利润，即出口退回的消费税税额应征收企业所得税。

**2. 资产评估增值**

(1) 纳税人按照国务院的统一规定，进行清产核资时发生的固定资产评估净增值，不计入应纳税所得额。

(2) 纳税人在产权转让过程中，发生的产权转让净收益或净损失，计入应纳税所得额，依法缴纳企业所得税。国有资产产权转让净收益凡按国家有关规定全额上缴财政的，不计入应纳税所得额。

(3) 企业进行股份制改造发生的资产评估增值，应相应调整账户，所发生的固定资产评估增值可以计提折旧，但在计算应纳税所得额时不得扣除。

**3. 接受捐赠收入**

(1) 企业接受捐赠的货币性资产，须并入当期的应纳税所得，依法计算缴纳企业所得税。

(2) 企业接受捐赠的非货币性资产，须按接受捐赠时资产的入账价值确认捐赠收入，并入当期应纳税所得，依法计算缴纳企业所得税。企业取得的捐赠收入金额较大，并入一个纳税年度缴税确有困难的，经主管税务机关审核确认，可以在不超过5年的期间内平均计入各年度的应纳税所得。

**4. 销售货物给购货方的折扣**

如果销售额和折扣额在同一张销售发票上注明，可按折扣后的销售额计算收入；如果将折扣额另开发票，则不得从销售额中减除折扣额。

**5. 企业收取的包装物押金**

凡逾期未返还买方的，应确认为收入，依法计征企业所得税。企业收取的包装物押金，从收取之日起计算，已超过1年（指12个月）仍未返还的，原则上要确认为期满之日所属年度的收入。

包装物周转期间较长的，如有关购销合同明确规定了包装物押金的返还期的，经主管税务机关核准，包装物押金确认为收入的期限可适当延长，但最长不得超过3年。企业向有长期固定购销关系的客户收取的可循环使用包装物的押金，其收取的合理的押金在循环使用期间不作为收入。

**6. 纳税人下列行为作为收入**

(1) 纳税人在基本建设、专项工程及职工福利等方面使用本企业的商品、产品的，应作为收入处理。

(2) 纳税人对外进行来料加工装配业务节省的材料，如合同约定应当留归企业所有的，也应视为企业收入处理。

**7. 企业在建工程发生的试运行收入**

其应并入总收入予以征税，而不能直接冲减在建工程成本。

**8. 企业取得国家财政性补贴和其他补贴收入**

除国务院、财政部和国家税务总局规定不计入损益者外，应一律并入实际收到该补贴收入年度的应纳税所得额。

**9. 纳税人取得的非货币资产或者权益收入**

其收入额应当参照取得当时的市场价格计算或估定。

### 6.2.2　不征税收入的确定

所谓不征税收入，是指性质上不属于企业营利性活动带来的经济利益、不负有纳税义务并不作为应纳税所得额组成部分的收入。我国税法规定不征税收入，其主要目的是对非经营活动或非营利活动带来的经济利益流入从应税总收入中排除。企业所得税法规定，收入总额中的下列收入为不征税收入。

**1. 财政拨款**

财政拨款是指各级政府对纳入预算管理的事业单位、社会团体等组织拨付的财政资金，包括直接减免的增值税和即征即退、先征后退、先征后返的各种税收，但国务院和国务院财政、税务主管部门另有规定的除外。

**2. 依法收取并纳入财政管理的行政事业性收费、政府性基金**

行政事业性收费是指依照法律法规等有关规定，按照国务院规定程序批准，在实施社会公共管理，以及在向公民、法人或者其他组织提供特定公共服务过程中，向特定对象收取并纳入财政管理的费用。

政府性基金是指企业依照法律、行政法规等有关规定，代政府收取的具有专项用途的财政资金。

**3. 国务院规定的其他不征税收入**

其他不征税收入是指企业取得的，由国务院财政、税务主管部门报国务院批准的有专门用途的财政性资金。

### 6.2.3　免税收入的确定

(1) 国债利息收入。纳税人购买国债的利息收入，不计入应纳税所得额；纳税人转让国债取得的收益以及金融机构代发行国债取得的手续费收入属于应税收入范围，按规定缴纳企业所得税。

(2) 符合条件的居民企业之间的股息、红利等权益性投资收益。投资方从被投资方取得的股息、红利等权益性投资收益，在被投资方已缴纳企业所得税，在投资方、被投资方均为居民企业，且企业所得税税率都相同的条件下，居民企业之间的股息、红利等权益性投资收益，不再计入应纳税所得额。

(3) 在中国境内设立机构、场所的非居民企业从居民企业取得与该机构、场所有实际联系的股息、红利等权益性投资收益。

(4) 符合条件的非营利组织的收入。

### 6.2.4 准予扣除项目的确定

**1. 准予扣除项目的基本范围**

企业实际发生的与取得收入有关的、合理的支出，准予在计算应纳税所得额时扣除，包括成本、费用、税金、损失和其他支出。

（1）成本。成本是指纳税人销售商品，提供劳务，转让固定资产、无形资产的成本。

外购存货的实际成本包括购货价格、购货费用和税金，计入存货成本的税金是指购买、自制或委托加工存货发生的消费税、关税、资源税和不能从销项税额中抵扣的增值税进项税额。

纳税人自制存货的成本包括制造费用等间接费用。

（2）费用。费用是指纳税人每一纳税年度生产、经营商品和提供劳务等所发生的可扣除的销售费用、管理费用和财务费用。

（3）税金。税金是指纳税人按规定缴纳的消费税、营业税、资源税、土地增值税、出口关税、城市维护建设税、教育费附加等产品销售税金及附加，以及发生的房产税、车船使用税、土地使用税、印花税等，可以扣除。企业缴纳的房产税、车船使用税、土地使用税、印花税等，已经计入管理费用中扣除的，不再作销售税金单独扣除。企业缴纳的增值税因其属于价外税，故不在扣除之列。

（4）损失。损失是指纳税人生产、经营过程中的各项营业外支出、已发生的经营亏损和投资损失，以及其他损失。

**2. 准予扣除项目的具体规定**

（1）借款利息支出。纳税人在生产、经营期间，向金融机构借款的利息支出，按照实际发生数扣除；向非金融机构借款的利息支出，包括纳税人之间相互拆借的利息支出，按照不高于金融机构同类、同期贷款利率计算的数额以内的部分，准予扣除。利息支出是指建造、购进的固定资产竣工决算投产后发生的各项贷款利息支出。但是，建造、购进的固定资产在尚未竣工决算投产前的利息，应全部计入该项固定资产原值，不得扣除。此外，纳税人经批准集资的利息支出，凡不高于同期、同类商业银行贷款利率的部分也允许扣除，超过部分不得扣除。

（2）公益性捐赠支出。所谓公益性捐赠，是指企业向民政、科教文卫、环保、社会公共和福利事业等的捐赠。企业发生的公益性捐赠支出，在年度利润总额12%以内的部分，准予在计算应纳税所得额时据实扣除，超过部分不予扣除。这项规定，一是扩大了公益性捐赠支出的税前扣除额度，鼓励企业捐赠；二是简化了扣除标准的计算。

（3）业务招待费。纳税人发生的与其生产、经营业务直接相关的业务招待费，按照发生额的60%扣除，但最高不得超过当年销售（营业）收入的5‰。

纳税人申报扣除的业务招待费，主管税务机关要求提供证明资料的，应提供能证明真实性的足够的有效凭证或资料。不能提供的，不得在税前扣除。

（4）工资、薪金支出。工资、薪金支出是纳税人每一纳税年度支付给在本企业任职或与其有雇用关系的员工的所有现金或非现金形式的劳动报酬，包括基本工资、奖金、津贴、补贴（含地区补贴、物价补贴和误餐补贴）、年终加薪、加班工资，以及与任职或者受雇有关的其他支出。

（5）职工工会经费、职工福利费、职工教育经费支出。纳税人的职工工会经费、职工福利费、职工教育经费支出，分别按计税工资总额的2%、14%、1.5%或2.5%计算扣除。

（6）新产品、新技术、新工艺研究开发费用。企业研究开发新产品、新技术、新工艺所发生的各项费用，企业当年发生的技术开发费用，除按规定据实列支外，经由主管税务机关审核批准后，可再按其实际发生额的50%，直接抵扣当年应纳税所得额。

纳税人发生的技术开发费，凡由国家财政和上级部门拨付的部分，不得在税前扣除，也不得计入技术开发费，加计50%计算抵扣应纳税所得额。

(7) 广告费与业务宣传费。企业的广告费支出不超过当年销售收入15%的部分，可据实扣除；超过比例部分可结转到以后年度扣除。

(8) 安置残疾人员及国家鼓励安置的其他就业人员所支付的工资。企业安置残疾人员及国家鼓励安置的其他就业人员所支付的工资，可以在计算应纳税所得额时加计扣除。

(9) 财产保险和运输保险费用。纳税人参加财产保险和运输保险，按照规定缴纳的保险费用，准予扣除。

保险公司给予纳税人的无赔款优待，应计入当年应纳税所得额。所谓无赔款优待，是指纳税人向保险公司投保后，在约定的保险期间内未发生意外事故或者保险公司规定的其他事故而未发生赔偿，由保险公司给予的奖励。

纳税人按国家规定为特殊工种职工支付的法定人身安全保险费，准予在计算应纳税所得额时据实扣除。

(10) 固定资产租赁费。纳税人根据生产经营需要租入固定资产而支付的租赁费，分别按下列规定处理。

①纳税人以经营租赁方式从出租方取得固定资产，其符合独立纳税人交易原则的租金可根据受益时间，均匀扣除。

②纳税人以融资租赁方式取得固定资产，其租金支出不得扣除，但可按规定提取折旧费用。

(11) 坏账损失与坏账准备金。纳税人发生的坏账损失，原则上应按实际发生额据实扣除。经报税务机关批准，也可提取坏账准备金。提取坏账准备金的纳税人发生的坏账损失，应冲减坏账准备金；实际发生的坏账损失，超过已提取的坏账准备金的部分，可在发生当期直接扣除；已核销的坏账收回时，应相应增加当期的应纳税所得额。

(12) 企业财产损失在所得税前扣除的规定。财产是指企业拥有或者控制的、用于经营管理活动且与取得应纳税所得有关的资产，包括现金、银行存款、应收及预付款项（包括应收票据）、存货、投资（包括委托贷款、委托理财）、固定资产、无形资产（不包括商誉）和其他资产。

企业的各项财产损失，按财产的性质分为货币资金损失、坏账损失、存货损失、投资转让或清算损失、固定资产损失、在建工程和工程物资损失、无形资产损失和其他资产损失；按申报扣除程序分为自行申报扣除财产损失和经审批扣除财产损失；按损失原因分为正常损失（包括正常转让、报废、清理等）、非正常损失（包括因战争、自然灾害等不可抗力造成的损失，因人为管理责任毁损、被盗造成的损失，政策因素造成的损失等）、发生改组等评估损失和永久实质性损害。

(13) 固定资产转让费用。纳税人转让各类固定资产发生的费用，允许扣除。

(14) 汇兑损益。纳税人在生产、经营期间发生的外国货币存、借和以外国货币结算的往来款项增减变动时，由于汇率变化而与记账本位币折合发生的汇兑损益，计入当期所得或在当期扣除。

(15) 会员费。纳税人加入工商业联合会缴纳的会员费，在计算应纳税所得额时准予扣除。工商业联合会节余的会员费可结转下年度使用，但须相应核减缴纳会员费的数额。纳税人按省及省级以上民政、物价、财政部门批准的标准，向依法成立的协会、学会等社团组织缴纳的会费，经主管税务机关审核后允许在所得税前扣除。

(16) 残疾人就业保障基金。纳税人根据省、自治区、直辖市人民政府统一规定缴纳的残疾人就业保障基金，可在税前扣除。

(17) 税控收款机购置费用。达到固定资产标准的，应按固定资产管理，其按规定提取的折旧额可在企业计算缴纳所得税前扣除；达不到固定资产标准的，购置费用可在所得税前一次性扣除。

(18) 资助科技开发费用。对社会力量，包括企业单位、事业单位、社会团体、个人和个体工商户（下同），资助非关联的科研机构和高等学校研究开发新产品、新技术、新工艺所发生的研究开发经费，经主管税务机关审核确定，其资助支出可以全额在当年度应纳税所得额中扣除。当年度应纳税所得额不足抵扣的，不得结转抵扣。

非关联的科研机构和高等学校是指不是资助企业所属或投资的，并且其科研成果不是唯一地提供给资助企业的科研机构和高等学校。

企业向所属的科研机构和高等学校提供的研究开发经费资助支出，不实行抵扣应纳税所得额的办法。

(19) 差旅费、会议费、董事会费。纳税人发生的与其经营活动有关的合理的差旅费、会议费、董事会费，主管税务机关要求提供证明资料的，应能够提供证明其真实性的合法凭证，否则，不得在税前扣除。

(20) 佣金。纳税人发生的佣金符合下列条件的，可计入销售费用。

①有合法真实凭证。

②支付的对象必须是独立的有权从事中介服务的纳税人或个人（支付对象不含本企业雇员）。

③支付给个人的佣金，除另有规定者外，不得超过服务金额的5%。

(21) 加油机税控装置及相关费用。加油机税控装置和机控加油机购置费用达到固定资产标准的，其按规定提取的折旧额可在企业计算缴纳企业所得税前扣除；达不到固定资产标准的，可在税前一次性扣除。

(22) 支付给职工的一次性补偿金。企业对已达一定工作年限、一定年龄或接近退休年龄的职工内部退养支付的一次性生活补贴，以及企业支付给解除劳动合同职工的一次性补偿支出，原则上可以在企业所得税税前扣除。

(23) 保险企业代理手续费。保险企业开展业务支付的代理手续费，可在不超过本企业当年全部实收保费收入8%的范围内据实扣除。

(24) 房地产开发企业开发房地产成本和费用的扣除。房地产开发企业在进行成本和费用扣除时，必须按规定区分期间费用和成本、开发产品建造成本和销售成本的界限。期间费用和开发产品销售成本可以按规定在当期直接扣除。

### 6.2.5 不得扣除项目的确定

按照企业所得税法及有关规定，在计算应纳税所得额时，下列支出不得扣除。

(1) 向投资者支付的股息、红利等权益性投资收益款项。纳税人因接受权益性投资而向投资者支付的股息、红利，不得扣除。

(2) 企业所得税税款。

(3) 税收滞纳金。纳税人因违反税法规定而缴纳的税收滞纳金，不得扣除。

(4) 罚金、罚款和被没收财物的损失。纳税人的生产、经营因违反国家法律、法规和规章，被有关部门处以的罚金、罚款，以及被没收财物的损失，不得扣除。

但纳税人逾期归还银行贷款，银行按规定加收的罚息，以及企业间的违约罚款，不属于行政性罚款，允许在税前扣除。

(5) 超过税法规定允许扣除的公益性捐赠支出以及非公益性捐赠支出。纳税人公益性捐赠支出超出税法规定的部分，以及用于公益性捐赠范围以外的其他捐赠支出，不得扣除。

(6) 赞助支出。赞助支出是指各种非广告性质的赞助支出，不得扣除。

(7) 未经核定的准备金支出。纳税人的存货跌价准备金、短期投资跌价准备金、长期投资减值准备金、风险准备基金（包括投资风险准备基金），以及国家税收法规规定可提取的准备金之外的任何形式的准备金，不得扣除。

(8) 资本性支出。纳税人购置、建造固定资产，对外投资的支出，不得扣除。

(9) 无形资产受让、开发支出。无形资产是指纳税人长期使用，但是没有实物形态的资产，包括工业产权、非专利技术、著作权、场地使用权、商誉等。纳税人购买或自行开发无形资产发生的费用不得直接扣除。无形资产开发支出未形成资产的部分准予扣除。

(10) 自然灾害或者意外事故损失有赔偿的部分。纳税人参加财产保险后，因遭受自然灾害或者意外事故而由保险公司给予的赔偿，有赔偿部分不得扣除。

(11) 回扣支出。纳税人销售货物给购货方的回扣，其支出不得在税前扣除。

(12) 担保支出。纳税人为其他独立纳税人提供与本身应纳税收入无关的贷款担保等，因被担保方不能还清贷款而由该担保纳税人承担的本息等，不得在担保企业税前扣除。

(13) 与取得收入无关的其他各项支出。除上述各项支出以外，与本企业取得收入无关的各项支出，不得扣除。

### 6.2.6　亏损弥补的确定

《中华人民共和国企业所得税法》规定，纳税人发生年度亏损的，可以用下一纳税年度的所得弥补；下一纳税年度的所得不足弥补的，可以逐年延续弥补，但是延续弥补期最长不得超过5年。5年内不论是盈利还是亏损，都作为实际弥补期限计算。这里所说的亏损，不是企业财务报表中反映的亏损额，而是企业财务报表中亏损额经主管税务机关按税法规定核实调整后的金额。

亏损弥补的含义有两个：一是自亏损年度的下一个年度起连续5年不间断地计算；二是连续发生年度亏损，也必须从第一个亏损年度算起，先亏先补，按顺序连续计算亏损弥补期，不得将每个亏损年度的连续弥补期相加，更不得断开计算。

### 6.2.7　非居民企业收入的确定

非居民企业在中国境内未设立机构、场所的，或者虽设立机构、场所但取得的所得与其所设机构、场所没有实际联系的，应当就其来源于中国境内的所得缴纳企业所得税，按照下列方法计算其应纳税所得额。

(1) 股息、红利等权益性投资收益和利息、租金、特许权使用费所得，以收入全额为应纳税所得额。

(2) 转让财产所得，以收入全额减除财产净值后的余额为应纳税所得额。

(3) 其他所得，参照前两项规定的方法计算应纳税所得额。

# 6.3 资产的税务处理

## 6.3.1 固定资产的税务处理

固定资产是指使用期限超过 1 年的房屋、建筑物、机器、机械、运输工具以及其他与生产、经营有关的设备、器具、工具等。虽不属于生产、经营主要设备的物品，但是单位价值在 2 000 元以上，并且使用期限超过 2 年的，也应当作为固定资产。

**1. 固定资产的折旧范围**

企业在计算应纳税所得额时，按规定计算的固定资产折旧准予扣除。但下列固定资产不得计算折旧扣除：①土地；②房屋、建筑物以外未使用、不需用以及封存的固定资产；③以经营租赁方式租入的固定资产；④已提足折旧继续使用的固定资产；⑤按照规定提取维修费的固定资产；⑥已在成本中一次性列支而形成的固定资产；⑦破产、关停企业的固定资产；⑧提前报废的固定资产；⑨接受捐赠和盘盈的固定资产；⑩已出售给职工个人的住房和出租给职工个人且租金收入未计入收入总额而纳入住房周转金的住房；⑪财政部规定的其他不得计提折旧的固定资产。

**2. 固定资产的折旧方法**

企业应当自固定资产投入使用月份的次月起计算折旧；停止使用的固定资产，应当自停止使用月份的次月起停止计算折旧。

企业应当根据固定资产的性质和使用情况，合理确定固定资产的预计净残值。固定资产的预计净残值一经确定，不得变更。

**3. 固定资产的折旧年限**

除国务院财政、税务主管部门另有规定外，固定资产计算折旧的最低年限如下。

(1) 房屋、建筑物，为 20 年。

(2) 飞机、火车、轮船、机器、机械和其他生产设备，为 10 年。

(3) 与生产经营活动有关的器具、工具、家具等，为 5 年。

(4) 飞机、火车、轮船以外的运输工具，为 4 年。

(5) 电子设备，为 3 年。

**4. 固定资产的加速折旧**

企业拥有并用于生产经营的主要或关键的固定资产，由于技术进步，产品更新换代较快的，常年处于强振动、高腐蚀状态等原因确需加速折旧的，可以缩短折旧年限或采取加速折旧的方法。

## 6.3.2 无形资产的税务处理

无形资产是指企业为生产产品、提供劳务、出租或者经营管理而持有的、没有实物形态的非货币性长期资产，包括专利权、商标权、著作权、土地使用权、非专利技术、商誉等。

**1. 无形资产的计价**

无形资产应按实际成本计价，具体确定方法如下。

（1）投资者作为资本金或者合作条件投入的无形资产，按照评估确认或者合同、协议约定的金额计价。

（2）外购的无形资产，以购买价款和支付的相关税费以及直接归属于使该资产达到预定用途发生的其他支出为计税基础。

（3）自行开发并且依法申请取得的无形资产，按照开发过程中的实际支出计价。

（4）通过捐赠、投资、非货币性资产交换、债务重组等方式取得的无形资产，以该资产的公允价值和支付的相关税费为计税基础。

**2. 无形资产的摊销**

无形资产按照直线法计算的摊销费用，准予扣除；无形资产的摊销年限不得低于 10 年；作为投资或受让的无形资产，有关法律规定或合同约定了使用年限的，可按照规定或约定的使用年限分期摊销；外购商誉的支出在企业整体转让或清算时，准予扣除。

下列无形资产不得计算摊销费用扣除：自行开发的支出已在计算应纳税所得额时扣除的无形资产、自创商誉、与经营活动无关的无形资产、其他不得计算摊销费用扣除的无形资产。

### 6.3.3　存货的税务处理

存货是指企业持有以备出售的产品或者商品、处在生产过程中的产品、在生产或者提供劳务过程中耗用的材料和物料等。企业使用或者销售存货，按照规定计算的存货成本，准予在计算应纳税所得额时扣除；企业对外投资期间，投资资产的成本在计算应纳税所得额时不得扣除；企业转让资产，该项资产的净值，准予在计算应纳税所得额时扣除。

**1. 存货成本的确定**

通过支付现金方式取得的存货，以购买价款和支付的相关税费为成本；通过支付现金以外的方式取得的存货，以该存货的公允价值和支付的相关税费为成本；生产性生物资产收获的农产品，以产出或采收过程中发生的材料费、人工费和分摊的间接费用等必要支出为成本。

**2. 存货的计算方法**

企业使用或者销售的存货的成本计算方法，可以在先进先出法、加权平均法、个别计价法中选用一种。计价方法一经选用，不得随意变更。

税法上也允许企业按照先进先出法、加权平均法或者个别计价法确定发出存货的实际成本，并在税前扣除，但不允许企业采用后进先出法结转已售存货的成本。

### 6.3.4　生物资产的税务处理

生物资产分为消耗性生物资产、生产性生物资产和公益性生物资产。其中只有生产性生物资产可计提折旧。

（1）消耗性生物资产是指为出售而持有的，或在将来收获为农产品的生物资产，包括生长中的大田作物、蔬菜、用材林以及存栏待售的牲畜等。

（2）生产性生物资产是指为产出农产品、提供劳务或出租等目的而持有的生物资产，包括经济林、薪炭林、产畜和役畜等。企业外购的生产性生物资产，以购买价款和支付的相关税费为计税基础；通过捐赠、投资、非货币性资产交换、债务重组等方式取得的生产性生物资产，以该资产的公允价值和支付的相关税费为计税基础。

（3）公益性生物资产是指以防护、环境保护为主要目的的生物资产，包括防风固沙林、水土保持林和水源涵养林等。

**1. 生产性生物资产的折旧方法**

企业应当自生产性生物资产投入使用月份的次月起计算折旧；停止使用的生产性生物资产，应当自停止使用月份的次月起停止计算折旧。

企业应当根据生产性生物资产的性质和使用情况，合理确定生产性生物资产的预计净残值。生产性生物资产的预计净残值一经确定，不得变更。

**2. 生产性生物资产的折旧年限**

生产性生物资产计算折旧的最低年限如下。

（1）林木类生产性生物资产，为10年。

（2）畜类生产性生物资产，为3年。

### 6.3.5 投资资产的税务处理

投资资产是指企业对外进行权益性投资和债权性投资形成的资产。

**1. 准予扣除的投资资产成本**

投资资产按照以下方法确定成本：通过支付现金方式取得的投资资产，以购买价款为成本；通过支付现金以外的方式取得的投资资产，以该资产的公允价值和支付的相关税费为成本。

**2. 不准扣除的投资资产成本**

企业对外投资期间，投资资产的成本在计算应纳税所得额时不得扣除。企业在转让或处置投资资产时，投资资产的成本准予扣除。

### 6.3.6 长期待摊费用的税务处理

长期待摊费用是指企业发生的应在一个年度以上或几个年度进行摊销的费用，包括开办费、经营租赁租入固定资产改良支出、固定资产大修理支出，以及建设部门转来在建设期内发生的不计入交付使用财产价值的生产职工培训费、样品样机购置费等。在计算应纳税所得额时，企业发生的下列支出作为长期待摊费用，按照规定摊销的，准予扣除以下几项。

（1）已足额提取折旧的固定资产的改建支出。

（2）租入固定资产的改建支出。

（3）固定资产的大修理支出。

（4）其他应当作为长期待摊费用的支出。

## 6.4 企业所得税应纳税额的计算

### 6.4.1 核算征收应纳税额的计算

企业的应纳税所得额乘以适用税率，减除依照税法关于税收优惠的规定减免和抵免的税额后的余额，为应纳税额。其计算公式如下：

应纳税额＝应纳税所得额×适用税率－（根据税收优惠减免的税额＋

根据税收优惠抵免的税额）

**1. 境外所得已纳税额的扣除**

企业所得税的税额扣除，是指国家对企业来自境外所得依法征收所得税时，允许企业将其已在境外缴纳的所得税税额从其应向本国缴纳的所得税税额中扣除。

我国税法实行限额扣除。企业所得税法规定，纳税人来源于中国境外的所得，已在境外缴纳的所得税税款，准予在汇总纳税时，从其应纳税额中扣除，但是扣除额不得超过其境外所得依照中国税法规定计算的应纳税额。

所谓已在境外缴纳的所得税税款，是指纳税人来源于中国境外的所得，在境外实际缴纳的所得税税款，不包括减免税或纳税后又得到补偿，以及由他人代为承担的税款。

境外所得依税法规定计算的应纳税额，是指纳税人的境外所得，依照企业所得税法的有关规定，扣除为取得该项所得摊计的成本、费用以及损失，得出应纳税所得额，据以计算的应纳税额。该应纳税额即为扣除限额，应当分国（地区）不分项计算。其计算公式如下：

境外所得税税款扣除限额＝境内、境外所得按税法计算的应纳税总额×（来源于某外国的所得÷境内、境外所得总额）

纳税人来源于境外所得在境外实际缴纳的税款，低于按上述公式计算的扣除限额的，可以从应纳税额中按实扣除；超过扣除限额的，其超过部分不得在本年度的应纳税额中扣除，也不得列为费用支出，但可用以后年度税额扣除的余额补扣，补扣期限最长不得超过 5 年。

**2. 境内投资所得已纳税额的扣除**

境内投资所得主要是从投资的联营企业分回的税后利润和股份公司分回的股息。如投资方企业所得税税率低于联营企业，不退还已经缴纳的所得税；如投资方企业所得税税率高于联营企业，投资方从联营企业分回的税后利润应按规定还原后并入企业收入总额计算缴纳所得税。计算公式为：

来源于联营企业的应纳税所得额＝投资方分回的利润额÷（1－联营企业所得税税率）

税收扣除抵免额＝来源于联营企业的应纳税所得额×联营企业所得税税率

投资方分回的利润额，是指投资方从联营企业分回的、已在联营企业缴纳所得税后的利润。联营企业所得税税率是企业适用的实际税率，即联营企业计算纳税时实际运用的税率。

税收扣除抵免额，是指联营企业投资方在联营企业实际缴纳的所得税额。如果联营企业在当地适用的法定税率内，又享受减半或特殊优惠政策，其优惠的部分应视同已缴税额。

企业对外投资分回的股息、红利收入，暂比照联营企业的规定进行纳税调整。

企业所得税法规定投资方从联营企业分回的利润及股息、红利应当补税，是对由于地区间适用所得税税率存在差异问题的处理。按照新的“企业所得税纳税申报表”的填表规定，投资方从联营企业分回的税后利润、股息等，应先还原后列入投资企业的收入总额。如果不需要补税，将其从“免于补税的投资收益”中扣除后计算应纳税所得额。如果需要补税，先按应纳税所得额计算税额，然后再将应抵免的税额减去即可。

### 6.4.2　核定征收应纳税额的计算

为了加强企业所得税的征收管理，对部分中小企业采取核定征收的办法，计算其应纳税额。

**1. 核定征收的适用范围**

纳税人具有下列情形之一的，应采取核定征收方式征收企业所得税。

(1) 依照税收法律法规规定可以不设账簿的或按照税收法律法规规定应设置但未设置账簿的。

(2) 只能准确核算收入总额，或收入总额能够查实，但其成本费用支出不能准确核算的。

(3) 只能准确核算成本费用支出，或成本费用支出能够查实，但其收入总额不能准确核算的。

(4) 收入总额及成本费用支出均不能正确核算，不能向主管税务机关提供真实、准确、完整纳税资料的。

(5) 账目设置和核算虽然符合规定，但并未按规定保存有关账簿、凭证及有关纳税资料的。

(6) 发生纳税义务，未按照税收法律法规规定的期限办理纳税申报，经税务机关责令限期申报，逾期仍不申报的。

**2. 核定征收的方式**

核定征收方式包括定额征收和核定应税所得率征收两种。

(1) 定额征收，指税务机关按照一定的标准、程序和方法，直接核定纳税人年度应纳企业所得税额，由纳税人按规定进行申报缴纳的办法。

(2) 核定应税所得率征收，指税务机关按照一定的标准、程序和方法，预先核定纳税人的应税所得率，由纳税人根据纳税年度内的收入总额或成本费用等项目的实际发生额，按预先核定的应税所得率计算缴纳企业所得税的办法（表 6-3)。

**表 6-3　应税所得率表**

| 行　业 | 应税所得率（%） | 行　业 | 应税所得率（%） |
|---|---|---|---|
| 农、林、牧、渔业 | 3～10 | 建筑业 | 8～20 |
| 制造业 | 5～15 | 饮食业 | 8～25 |
| 批发和零售贸易业 | 4～15 | 娱乐业 | 15～30 |
| 交通运输业 | 7～15 | 其他行业 | 10～30 |

实行核定应税所得率征收办法的，应纳所得税额的计算公式如下：

应纳所得税＝应纳税所得额×适用税率

应纳税所得额＝收入总额×应税所得率

或＝成本费用支出额÷（1－应税所得率）×应税所得率

# 6.5 源泉扣缴

## 6.5.1 源泉扣缴的含义

源泉扣缴是指以所得支付者为扣缴义务人，在每次向纳税人支付有关所得款项时，代为扣缴税款的做法。实行源泉扣缴的最大优点在于可以有效保护税源，保证国家的财政收入，防止偷漏税，简化纳税手续。

一笔交易总有支付的一方，那它就是源泉。此源泉扣缴也称就源扣缴或属地原则扣缴，它多见于跨境技术交易（或称技术贸易），例如中国企业向日本企业购买一项技术，当谈判成功后，日本企业要输出此技术给中国企业，中国企业就得支付特许权之技术引进费，但依中国税法规定同时也是国际通用规则，当中国企业支付此笔外汇之前代扣交缴预提的所得税，就属于源泉扣缴。

## 6.5.2 扣缴义务人

扣缴义务人是指法律、行政法规规定负有代扣代缴、代收代缴税款义务的单位和个人。扣缴义务人既可以是各种类型的企业，也可以是机关、社会团体、民办非企业单位、部队、学校和其他单位，或者是个体工商户、个人合伙经营者和其他自然人。

### 1. 扣缴主要义务

扣留收取义务是依税法规定扣缴义务人在给付或者收取纳税人的金钱中，按征税对象的性质不同，依不同税率，扣留或收取纳税人应交纳税款的义务。扣缴义务人扣缴、收取税款后，纳税义务人的纳税义务即行消灭。

申报义务是扣缴义务人依照税法规定的时间向税务机关报告纳税事项的行为，申报的内容主要包括代扣代征的行为是否发生、应解缴税额的多少。《中华人民共和国税收征管法》（以下简称《税收征管法》）规定：扣缴义务人必须依照法律、行政法规规定或者税务机关依照法律、行政法规的规定确定的申报期限、申报内容如实报送代扣代缴、代收代缴税款报告表，以及税务机关根据实际需要要求扣缴义务人报送的其他有关资料。

缴纳义务是扣缴义务人依税法规定将扣缴、收取的税款按照规定的时间，将该税款交纳给征税机关的义务。《税收征管法》规定：纳税人、扣缴义务人按照法律、行政法规规定或者税务机关依照法律、行政法规的规定确定的期限，缴纳或者解缴税款。

填发义务是扣缴义务人于扣缴税款时，除应随时通知纳税义务人已经扣缴税款外，还应将扣缴凭单或免扣缴凭单以自己名义填发给纳税义务人。《税收征管法》规定：税务机关征收税款时，必须给纳税人开具完税凭证。扣缴义务人代扣、代收税款时，纳税人要求扣缴义务人开具代扣、代收税款凭证的，扣缴义务人应当开具。由此可见，在我国只有在纳税人主动索取扣税凭单时，扣缴义务人才填发。如纳税义务人不主动索取，则扣缴义务人不必填发。但是如果不填发扣税凭单，纳税人就不知道自己缴纳税款的情况，这实际是对纳税人知情权的一种侵害。

扣缴义务人本不是纳税人，所以不承担纳税人的义务，实际上扣缴义务人的义务是第三人根据税收法律法规的规定所承担的公法上的义务，就这种义务本身来看，是扣缴义务人自己的义务，而非他人的义务。扣缴义务人的扣留收取义务、申报义务和填发义务的性质是扣缴义务人履行一定行为的义务，扣缴义务人扣缴义务的存在，并不取消或影响纳税人的存在，也没有改变纳税人的地位，负担金钱给付义务的仍然是纳税人。所以扣缴义务应属于缴纳行为义务而非金钱给付义务。

### 2. 扣缴其他义务

所有扣缴义务人都必须办理扣缴税款登记。对扣缴义务人实施扣缴税款登记制度，是对扣缴义务人进行税务管理的基础。考虑到许多扣缴义务人同时也是纳税人，为减少其负担，简化手续，对办理了税务登记的，税务机关不再发放扣缴税款登记证件，可以在税务登记中增加有关扣缴税款登记的内容，在税务登记证件上标注扣缴税款登记的标志。

依法接受账簿、凭证管理。《税收征管法》第十九条和第二十条规定，扣缴义务人应当按照有关法律、行政法规和国务院财政、税务主管部门的规定设置账簿，根据合法有效凭证记账，进行核算。扣缴义务人的财务、会计制度或者财务、会计处理办法与国务院或者国务院财政、税务主管部门有关税收的规定相抵触的，依照国务院或者国务院财政、税务主管部门有关税收的规定计算代扣代缴和代收代缴税款。

依法履行扣缴税款申报的义务。扣缴义务人应当按照国家有关规定如实向税务机关提供与代扣代缴、代收代缴税款有关的信息；按照规定的期限和申报内容报送代扣代收报告表以及税务机关根据实际需要要求扣缴义务人报送的其他有关资料。

扣缴义务人因特殊原因，如发生不可抗力事件，不能按期办理报送代扣代缴、代收代缴税款报告表的，经税务机关核准，可以延期申报，但应当在纳税期内按照上期实际缴纳的税额或者税务机关核定的税额预缴税款，并在核准的延期内办理税款结算。

依法代扣代缴、代收代缴税款。即按照规定的数额、时间将纳税人应缴纳的税款代扣、代收，并及时解缴入库。扣缴义务人未按照规定期限解缴税款的，从滞纳税款之日起，按日加收滞纳税款万分之五的滞纳金。未按规定解缴税款是指扣缴义务人已将纳税人应缴的税款代扣、代收，但没有按时缴入国库的行为。

接受税务机关依法进行的检查。扣缴义务人应当接受税务机关依法对其代扣代缴、代收代缴税款账簿、记账凭证和有关资料，以及与代扣代缴、代收代缴税款有关的文件、证明材料和有关资料的检查，如实回答与代扣代缴、代收代缴税款有关的问题和情况。税务机关经县以上税务局（分局）局长批准，可查询扣缴义务人在银行或者其他金融机构的存款账户。

**3. 扣缴主要责任**

扣缴义务人未履行扣缴义务，需要承担履行法定义务并接受处罚的法律后果。扣缴义务人责任的类型可以分为经济责任、行政责任、刑事责任。

(1) 经济责任即扣缴义务人未履行扣缴义务而承担的补偿性法律后果。《税收征管法》规定：扣缴义务人未按期解缴税款的，税务机关除责令限期解缴外，从应解缴之日起，按日加收万分之五的滞纳金。

(2) 行政责任即扣缴义务人未履行扣缴义务但是又不构成犯罪，需要承担不利后果。《税收征管法》规定：扣缴义务人未按照规定的期限向税务机关报送代扣代缴、代收代缴税款报告表和有关资料的，由税务机关责令限期改正，可以处2 000元以下的罚款；情节严重的，可以处2 000元以上1万元以下的罚款。扣缴义务人采取伪造、变造、隐匿、擅自销毁账簿、记账凭证，或者在账簿上多列支出或者不列、少列收入，或者经税务机关通知申报而拒不申报或者进行虚假的纳税申报，不缴或者少缴已扣、已收税款，由税务机关追缴其不缴或者少缴的税款、滞纳金，并处不缴或者少缴的税款50%以上5倍以下的罚款；构成犯罪的，依法追究刑事责任。纳税人、扣缴义务人在规定期限内不缴或者少缴应纳或者应解缴的税款，经税务机关责令限期缴纳，逾期仍未缴纳的，税务机关除依法采取强制执行措施追缴其不缴或者少缴的税款外，可以处不缴或者少缴的税款50%以上5倍以下的罚款；扣缴义务人应扣未扣、应收而不收税款的，由税务机关向纳税人追缴税款，对扣缴义务人处应扣未扣、应收未收税款50%以上3倍以下的罚款。

(3) 刑事责任即扣缴义务人未履行扣缴义务，违反刑法应该承担的不利后果。我国刑法规定，扣缴义务人采取伪造、变造、隐匿、擅自销毁账簿、计账凭证，在账簿上多列支出或者不列、少列收入，经税务机关通知申报而拒不申报或者进行虚假的纳税申报不缴或少缴已扣、已收税款，数额占应缴税额的10%并且数额在1万元以上的，处3年以下有期徒刑或者拘役，并处偷税数额 1 倍以上 5 倍以下罚金。

### 6.5.3　扣缴方法

扣缴义务人扣缴税款时，按非居民企业计算方法计算税款。应当扣缴的所得税，扣缴义务人未依法扣缴或者无法履行扣缴义务的，由企业在所得发生地缴纳。企业未依法缴纳的，税务机关可以从该企业在中国境内其他收入项目的支付人应付的款项中，追缴该企业的应纳税款。

所得发生地，是指依照规定的原则确定的所得发生地。在中国境内存在多处所得发生地的，由企业选择其中之一申报缴纳企业所得税。

税务机关在追缴该企业应纳税款时，应当将追缴理由、追缴数额、缴纳期限和缴纳方式等告知该企业。

扣缴义务人每次代扣的税款，应当自代扣之日起 7 日内缴入国库，并向所在地的税务机关报送扣缴企业所得税报告表。

## 6.6　特别纳税调整

### 6.6.1　一般纳税调整与特别纳税调整的区别

一般纳税调整是指按照税法规定在计算应纳税所得额时，如果企业财务、会计处理办法同税收法律、行政法规的规定不一致，应当依照税收法律、行政法规的规定计算纳税所作的税务调整，如国债利息收入，会计上作为收益处理，而按照税法规定作为免税收入，在计算缴纳企业所得税时需作纳税调整；特别纳税调整是指税务机关出于实施反避税目的而对纳税人特定纳税事项所作的税务调整，包括针对纳税人转让定价、资本弱化、避港避税以及其他避税情况所进行的税务调整。

凡是企业不合理的安排而减少纳税收入或者所得额的行为，都属于应按照“特别纳税调整”予以调整规范的范围。

### 6.6.2　关联交易及其纳税调整

企业与其关联方之间的业务往来，不符合独立交易原则而减少企业或者其关联方应纳税收入或者所得额的，税务机关有权按照合理方法调整。企业与其关联方共同开发、受让无形资产，或者共同提供、接受劳务发生的成本，在计算应纳税所得额时应当按照独立交易原则进行分摊。

**1. 独立交易原则**

独立交易原则，也称为“公平独立原则”、“公平交易原则”、“正常交易原则”等，指完全独立的无关联关系的企业或个人，依据市场条件下所采用的计价标准或价格来处理其相互之间的收入和费用分配的原则。独立交易原则目前已经被世界上大多数国家所接受和采纳，成为税务当局处理关联企业间收入和费用分配的指导原则。

企业所得税法扩大了独立交易原则的适用范围，将原来内、外资企业所得税法仅仅将独立交易原则限定于关联企业之间因业务往来而收取价款、费用的情况，扩大到关联企业之间的一切业务往来活动。

**2. 关联关系的判断标准**

企业与另一公司、企业和其他经济组织有下列之一关系的，即构成关联企业：①相互间直接或间接持有其中一方的股份总和达到25%或以上的；②直接或间接同为第三者所拥有或控制股份达到25%或以上的；③企业与另一企业之间借贷资金占企业自有资金50%或以上，或企业借贷资金总额的10%或以上是由另一企业担保的；④企业的董事或经理等高级管理人员一半以上或一名以上（含一名）常务董事是另一企业所委派的；⑤企业的生产经营活动必须有另一企业提供的特许权利（包括工业产权、专业技术等）才能正常进行的；⑥企业生产经营购进的原料、零部件等（包括价格及交易条件等）是由另一企业所供应并控制的；⑦企业生产的产品或商品的销售（包括价格及交易条件等）是由另一企业所供应并控制的；⑧对企业生产经营、交易具有实际控制，或在利益上具有相关联的其他关系，包括家族、亲属关系等。

**3. 关联关系的纳税调整**

新税法赋予税务机关在企业间因关联交易而产生不合理收入、费用等情况时进行相应调整的权力，而且对税务机关所适用的调整方法有了一个概括性的规定即合理方法。

税务机关对关联业务往来进行调整的合理方法包括以下几种。

(1) 可比非受控价格法，即按照没有关联关系的交易各方进行相同或者类似业务往来的价格进行定价的方法。

(2) 再销售价格法，即按照从关联方购进商品再销售给没有关联关系的交易方的价格，减去相同或者类似业务的销售毛利进行定价的方法。

(3) 成本加法，即按照成本加合理的费用和利润进行定价的方法。

(4) 交易净利润法，即按照没有关联关系的交易各方进行相同或者类似业务往来所取得的净利润水平确定利润的方法。

(5) 利润分割法，即将企业与其关联方的合并利润或者亏损在各方之间采用合理标准进行分配的方法。

(6) 其他符合独立交易原则的方法。

这既是判断评价企业与其关联方的业务往来是否符合独立交易原则的合理方法，同时也是对不符合独立交易原则的关联业务往来进行调整的合理方法。

关联企业之间具有不同于一般企业的特殊关系，其交易定价往往不是按照公平交易的原则确定，而是一种转让定价。转让定价指关联企业之间在销售货物、提供劳务、转让无形资产等时制定的价格。在跨国经济的活动中，利用关联企业之间的转让定价进行避税是一种常见的方法，其一般做法是高税国企业向其低税国关联企业销售货物、提供劳务、转让无形资产时制定低价；低税国企业向其高税国关联企业销售货物、提供劳务、转让无形资产时制定高价。这样，利润就从高税国转移到低税国，从而达到最大限度地减轻税负的目的。

在判断企业与其关联方之间的业务往来是否符合独立交易原则时，强调将关联交易取得的收入或利润水平与可比情形下的没有关联关系的企业的交易结果进行比较，如果存在差异，就说明因为关联关系的存在而导致企业无法取得按照公平成交价格和营业常规所能取得的收入或利润水平，从而违背了独立交易原则。

在我国现行税制体系下，由于不同的地区间不同企业所适用的所得税率以及减免税优惠待遇存在较大差异，因而在我国境内亦有可能存在企业利用内部交易定价而达到整体减少纳税目的的情况。基于此，新企业所得税法及其实施条例对关联方的税务处理规定并不仅仅适用于跨国企业间的关联方利润转移情形，也同样适用于我国境内有不同税收待遇的关联方利润转移情形。

**4. 成本分摊协议**

企业与其关联企业共同开发、受让无形资产，或者共同提供、接受劳务发生的成本，在计算应纳税所得额时应当按照独立交易原则进行分摊，按照成本与预期收益配比的原则，达成成本分摊协议。

近年来，越来越多的企业特别是集团公司采取双方或多方联合从事研发活动和共同接受无形资产或劳务服务，参与的企业之间通过协议对各方共同开发、受让无形资产或共同提供、接受劳务而共摊研发成本、共担研发风险、共享研发成果收益进行约定。由于现行税法对此事项没有明确的税务处理规定，造成企业难以有效地进行税务管理和规避税务风险。新企业所得税法及其条例明确了成本分摊处理，为符合独立交易原则的关联企业之间分摊成本费用提供了实践的可操作性和法律保障，同时，新税法对企业未按规定程序履行相关税收义务和滥用成本分摊协议作出了限制，即不符合独立交易原则和未能按照税务机关的要求提供有关资料的，税务机关不予认可。

### 6.6.3　预约定价制度

预约定价制度指企业就其未来纳税年度关联交易的定价原则和计算方法，向税务机关提出申请，与税务机关按照独立交易原则协商、确认后，达成预约定价安排。

企业与关联企业之间在发生转让定价时，税务机关享有事后调整权，这种事后调整一方面难度比较大，税务机关在确定独立交易原则时要耗费大量的时间和精力，另一方面企业也产生了预期差，企业的生产经营会受到税务机关检查的影响。为了解决转让定价事后调整的问题，日本最先制定了预约定价制度，随后美国对该制度进行了完善并逐渐推广到其他国家。纳税人和税务机关可以达成一个关于转让定价的定价原则和计算方法，以后纳税人就按照该原则和方法来确定其与关联企业之间的交易价格，税务机关也认可该价格。这样就把事后调整变成了事前安排，由此避免了税务机关和纳税人在转让定价的事后调整中所花费的大量的人、财、物。

强化预约定价制度在我国的适用性，还需要一个过程，纳税人和税务机关如何进行预约定价安排，如何签订预约定价协议等，还需要财政部、国家税务总局通过部门规章和规范性文件来具体规定，而建立预约定价制度的信息支持系统和加强国际税收情报交换工作是重要的基础性工作。

### 6.6.4　关联业务往来报告与核定征收

企业向税务机关报送年度企业所得税申报表时，应当就其与关联方之间的业务往来，附送年度关联业务往来报告表。税务机关在进行关联业务调查时，企业及其关联方，以及与关联业务调查有关的其他企业，应当按照规定提供相关资料。

企业所提供的申报资料是税务机关了解企业并确定审计对象的重要信息来源，也是主管税务机关进行转让定价调整的基础，新税法首次在法律层面上明确了企业及其关联方，特别是在经营内容和方式上与被调查企业具有相同或类似业务活动的无关联第三方独立企业即“其他企业”提供资料的协助义务。

企业所提供的相关资料和承担的举证责任以及其他企业所承担的协助义务会对税务机关转让定价调查起到至关重要的作用，但一般情况下，主管税务机关只有在被调查企业未能按照税法规定提供相关资料或提供虚假、不完整的资料时，才能对其关联方以及其他企业实施问询调查，并要求关联方或其他企业按税法规定提供相关资料。

税务机关在进行转让定价调查时，企业应提供与关联业务往来有关的价格、费用的制定标准、计算方法和说明等同期资料、准备转让定价同期文档并承担协助义务和提供举证责任，以协助税务机关评估企业在转让定价税务管理中存在违规的可能性，检验企业的转让定价并作为作出初步检验是否应进行纳税调整的依据。这里的相关资料包括：关联业务往来有关的价格、费用的制定标准、计算方法和说明等同期资料；关联业务往来所涉及的财产、财产使用权、劳务、资金等的再销售或者转让价格、最终销售或者转让价格的相关资料；与关联业务调查有关的其他企业须提供的与被调查企业可比的产品价格、定价方式及利润水平等资料；其他关联业务往来的资料。企业与关联业务往来有关的价格、费用的制定标准、计算方法和说明等资料，应当在税务机关规定的期限内提供。关联方及与关联业务调查有关的其他企业提供的资料，应在税务机关与其约定的期限内提供。

### 6.6.5 受控外国公司

由居民企业、或者由居民企业和中国居民控制的设立在实际税负明显低于企业所得税25%税率的国家（地区）的企业，并非由于合理的经营需要而对利润不作分配或少分配的，上述利润中应归属于该居民企业的部分，应当计入该居民企业当期收入。这是我国企业所得税法防止避税地与受控外国公司避税的原则性条款。这一条款是为了防范纳税人通过在低税率国家或避税地建立受控外国企业，通过各种不合理商业安排，将利润转移到受控外国企业，将经营利润保留在外国公司或少量分配，逃避在我国国内的纳税义务。

可对外国企业构成控制的不仅包括中国居民企业，也包括在中国负有无限纳税责任的中国税收居民个人，因而在判定外国企业是否构成受控关系时，要综合考虑居民企业和居民个人两方面因素。即使在我国居民企业尚未构成对外国公司控制的情况下，如果我国境内居民个人与居民企业一起构成了对外国公司的控制，则该外国公司仍会被判定为受我国居民控制。

“实际税负明显低于企业所得税25%税率”的具体判定标准是指构成控制关系的外国（地区）企业的实际税负低于新企业所得税法规定税率的50%，除国家税务局另有规定的国家以外，构成受控关系的外国企业须将其在居住国实际负担的所得税与其所得计算得出的实际税负与我国的法定税率进行比较，对于实际税负低于我国法定税率50%的，即实际税负低于12.5%的才构成受控外国公司。

### 6.6.6 反资本弱化税制

资本弱化又称资本隐藏、股份或收益抽取，指企业通过改变资本结构即股权与债权的比例，不恰当地提高贷款比重从而相应降低股本比重，利用债务利息可以在所得税前扣除的规定，减少应纳所得税的一种避税方法。

企业从其关联方接受的债权性投资与权益性投资的比例超过规定的标准而发生的利息支出，不得在计算应纳税所得额时扣除。

债权性投资指企业直接或者间接从关联方获得的、需要按照约定支付利息或者以其他具有利息性质的方式予以补偿的长短期融资。其中，企业间接从关联方获得债权性投资包括：通过无关联的第三方提供的、由关联方担保且负有连带责任的债权性投资；其他间接从关联方获得的具有负债实质的债权性投资。

权益性投资指企业接受的、不需要偿还本金和利息，只对企业净资产拥有所有权的投资，其金额为企业资产减去负债后的余额。包括企业投资人对企业投入资本以及形成的资本公积金、盈余公积金和未分配利润等，这与企业会计准则中对于权益性投资的定义一致。

由于债权性投资与权益性投资的比例与各行业的实际情况密切相关，应针对不同行业的融资特点予以考虑，如对于银行、保险等具有较高负债权益比率需求的产业，应制定与其他行业不同的标准。

## 6.6.7 一般反避税规定

针对避税行为，各国一般采取两种方法进行反避税规定，即个别反避税条款和一般反避税条款。转让定价、受控外国公司、资本弱化等具体条款属于个别反避税条款；新企业所得税法规定的“企业实施其他不具有合理商业目的的安排而减少其应纳税收入或者所得额的，税务机关有权按照合理方法调整”，就是一般反避税条款。制定一般反避税条款，是为了应对隐藏的或不可预见的避税可能性，从而更加有效地打击避税。

企业实施不具有合理商业目的的、与企业的正常生产经营无关的、以减少或免除或推迟缴纳税款为主要目的的活动，且这些活动影响到企业的应纳税所得额，税务机关有权按照合理的方法，即可比非受控价格法、再销售价格法、成本加减法、交易净利润法、利润分割法等方法进行纳税调整。

在实践中，对于“不具有合理商业目的”的解释具有一定的主观性，因此，《中华人民共和国企业所得税法实施条例》(以下简称“实施条例”) 将“不具有合理商业目的”解释为“以减少、免除或者推迟缴纳税款为主要目的”。也就是说，纳税人违背正常商业目的，主要目的在于获得减少、免除和推迟缴纳税款等税收利益或税法规定的其他支付款项，或者增加返还、退税收入或税法规定的其他收入款项等税收利益。“不具有合理商业目的的安排”中的“安排”指人为规划的交易或业务安排，包括任何明确或者隐含的行动和交易。税务机关在运用此条款时，重点在于关注该商业安排是否以减少应纳税收入或所得额而获取税收利益为主要目的，而不是侧重于对不具有合理商业目的安排的调整。主管税务机关对企业安排是否具有合理商业目的进行调查时，企业有义务提供资料，表明其安排具有合理的商业目的。拒不提供资料的，可以视为安排不具有合理的商业目的。如果税务机关确认纳税人通过“不具有合理商业目的的安排”导致收益的减少，则有权运用“合理方法”调整。

## 6.6.8 特别纳税调整的法律责任

根据新《企业所得税法》及其实施条例的规定，税务机关按照税收法律、行政法规的规定对企业作出特别纳税调整，需要补征税款的，企业应当对补征的税款，自税款所属年度的次年6月1日起至补缴税款之日止的期间，按日计算加收利息；而且，对于按照规定加收的利息，不得在计算应纳税所得额时扣除，该利息按照税款所属年度中国人民银行公布的与补税期间同期的人民币货款基准利率加5个百分点计算。企业能够按照有关规定提供相关资料的，可减按本款规定的贷款基准利率计算利息。

实施条例明确了特别纳税调整的追溯期限，即税务机关按国家税法规定对纳税人作出的特别调整，可以向以前年度追溯，但最长不得超过10年。

## 6.7 企业所得税的征收管理

### 6.7.1 企业所得税纳税义务发生时间

纳税人应当在月份或者季度终了后15日内，向其所在地主管税务机关报送会计报表和预缴所得税申报表；年度终了后，汇总纳税的成员企业应在45日内进行纳税申报；就地纳税企业和汇总纳税的总机构应在次年4月底前进行纳税申报；进行寿险业务的企业应在次年6月底前进行纳税申报，即向其所在地主管税务机关报送会计决算报表和所得税申报表。

### 6.7.2 企业所得税纳税期限

企业所得税是按照纳税人每一纳税年度的应纳税所得额和适用税率计算征收的。纳税年度是指自公历1月1日起至12月31日止。纳税人在一个纳税年度的中间开业，或者由于合并、关闭等原因，使该纳税年度的实际经营期不足12个月的，应当以其实际经营期为一个纳税年度；纳税人清算时，应当以清算期间作为一个纳税年度。

企业所得税法规定，缴纳企业所得税，按年计算，分月或者分季预缴。月份或者季度终了后15日内预缴，年度终了后5个月内汇算清缴，多退少补。

纳税人预缴所得税时，应当按纳税期限的实际数预缴。按实际数预缴有困难的，可以按上一年度应纳税所得额的1/12或1/4，或者经当地税务机关认可的其他方法分期预缴所得税。预缴方法一经确定，不得随意改变。

纳税人缴纳的所得税额，应以人民币为计算单位。所得为外国货币的，分月或者分季预缴税款时，应当按照月份（季度）最后一日的国家外汇牌价（原则上为中间价，下同），折合成人民币计算应纳税所得额；年度终了后汇算清缴时，对已按月份（季度）预缴税款的外国货币所得，不再重新折合计算，只就全年未纳税的外币所得部分，按照年度最后一日的国家外汇牌价，折合成人民币计算应纳税所得额。

纳税人在纳税年度内无论盈利还是亏损，都应当按照规定的期限，向当地主管税务机关报送所得税申报表和年度会计报表。

纳税人在年度中间合并、分立、终止时，应当自停止生产、经营之日起60日内，向当地主管税务机关办理当期所得税汇算清缴。

### 6.7.3 企业所得税纳税地点

企业所得税由纳税人向其所在地主管税务机关缴纳。其所在地是指纳税人的实际经营管理地。企业登记注册地与实际经营管理地不一致的，以实际经营管理地为申报纳税所在地。但一些特殊行业的企业所得税，应按以下办法处理：

（1）铁道部直属运输企业（含所属工业企业），由铁道部集中缴税；民航总局直属运输企业（除中国国际、中国东方、中国南方航空集团公司独立缴税外），由民航总局集中缴税；邮电部直属邮电通信企业（含所属工业、供销等其他企业），由邮电部集中缴税。（备注：本条所称"邮电部"已撤消，改为"工信部"）

(2) 大型企业集团分别以核心企业、独立经济核算的其他成员企业为纳税人；纳税人一律于所在地就地缴纳所得税。

(3) 联营企业的生产、经营所得，一律先就地缴纳所得税，然后再进行分配。

(4) 根据《中华人民共和国企业所得税暂行条例》和《中华人民共和国企业所得税暂行条例实施细则》的有关规定，对实行统一结算、统一风险控制、统一资金调拨、统一会计核算和财务管理的期货经纪公司所属营业部，应以期货经纪公司为企业所得税纳税人，因此，期货经纪公司应在公司总部所在地统一缴纳企业所得税。

## 6.7.4　企业所得税纳税申报

企业在纳税年度内，无论盈利或亏损，都应依照企业所得税法规的期限，向税务机关办理纳税申报手续。企业申报所得税时，应按税法的规定填制《企业所得税年度纳税申报表》及其附表，及时进行纳税申报并缴纳所得税款。

企业所得税纳税申报表的基本格式见表 6-4。

**表 6-4　企业所得税年度纳税申报表**

税款所属期间　　年　　月　　日至　　年　　月　　日

纳税人识别号 □□□□□□□□□□□□□□□　　　　金额单位：元

| | | | | | |
|---|---|---|---|---|---|
| 纳税人名称 | | | | | |
| 纳税人地址 | | | | 邮政编码 | |
| 登记注册类型 | | | 行业 | | |
| 纳税人开户银行 | | | 账号 | | |

| | 行　次 | 项　　目 | 金　额 |
|---|---|---|---|
| 收入总额 | 1 | 销售（营业）收入 | |
| | 2 | 减：销售退回 | |
| | 3 | 折扣与折让 | |
| | 4 | 销售（营业）收入净额（1－2－3） | |
| | 5 | 其中：免税的销售（营业）收入 | |
| | 6 | 特许权使用费收益 | |
| | 7 | 投资收益 | |
| | 8 | 投资转让净收益 | |
| | 9 | 租赁净收益 | |
| | 10 | 汇兑净收益 | |
| | 11 | 资产盘盈净收益 | |
| | 12 | 补贴收入 | |
| | 13 | 其他收入 | |
| | 14 | 收入总额合计（4＋6＋7＋8＋9＋10＋11＋12＋13） | |

续表

| | | | |
|---|---|---|---|
| 扣除项目 | 15 | 销售（营业）成本 | |
| | 16 | 销售（营业）税金及附加 | |
| | 17 | 期间费用合计（18＋…＋42） | |
| | 18 | 其中：工资薪金 | |
| | 19 | 职工福利费、职工工会经费、职工教育经费 | |
| | 20 | 固定资产折旧 | |
| | 21 | 无形资产、递延资产摊销 | |
| | 22 | 研究开发费用 | |
| | 23 | 利息净支出 | |
| | 24 | 汇兑净损失 | |
| | 25 | 租金净支出 | |
| | 26 | 上缴总机构管理费 | |
| | 27 | 业务招待费 | |
| | 28 | 税金 | |
| | 29 | 坏账损失 | |
| | 30 | 增提的坏账准备金 | |
| | 31 | 资产盘亏、毁损和报废净损失 | |
| | 32 | 投资转让净损失 | |
| | 33 | 社会保险缴款 | |
| | 34 | 劳动保护费 | |
| | 35 | 广告支出 | |
| | 36 | 捐赠支出 | |
| | 37 | 审计、咨询、诉讼费 | |
| | 38 | 差旅费 | |
| | 39 | 会议费 | |
| | 40 | 运输、装卸、包装、保险、展览费等销售费用 | |
| | 41 | 矿产资源补偿费 | |
| | 42 | 其他扣除费用项目 | |
| 应纳所得额和应纳税额的计算 | 43 | 纳税调整前所得（14－15－16－17） | |
| | 44 | 加：纳税调整增加额（45＋…＋49） | |
| | 45 | 其中：工资薪金纳税调整额 | |
| | 46 | 职工福利费、职工工会经费、职工教育经费的纳税调整额 | |
| | 47 | 利息支出纳税调整额 | |
| | 48 | 业务招待费纳税调整额 | |
| | 49 | 广告支出纳税调整额 | |
| | 50 | 赞助支出纳税调整额 | |
| | 51 | 捐赠支出纳税调整额 | |

续表

| | | | |
|---|---|---|---|
| 应纳所得额和应纳税额的计算 | 52 | 折旧、摊销支出纳税调整额 | |
| | 53 | 坏账损失纳税调整额 | |
| | 54 | 坏账准备纳税调整额 | |
| | 55 | 罚款、罚金或滞纳金 | |
| | 56 | 存货跌价准备 | |
| | 57 | 短期投资跌价准备 | |
| | 58 | 长期投资跌价准备 | |
| | 59 | 其他纳税调整增加项目 | |
| | 60 | 减：纳税调整减少额（61＋6＋2） | |
| | 61 | 其中：研究开发费用附加扣除额 | |
| | 62 | 其他纳税调整减少项目 | |
| | 63 | 纳税调整后所得（43＋44－60） | |
| | 64 | 减：以前年度亏损 | |
| | 65 | 减：免税所得（66＋…＋72） | |
| | 66 | 其中：国债利息所得 | |
| | 67 | 免税的补贴收入 | |
| | 68 | 免税的纳入预算管理的基金、收费或附加 | |
| | 69 | 免于补税的投资收益 | |
| | 70 | 免税的技术转让收益 | |
| | 71 | 免税的治理“三废”收益 | |
| | 72 | 其他免税所得 | |
| | 73 | 应纳税所得额（63－64－65） | |
| | 74 | 适用税率 | |
| | 75 | 应缴所得税额 | |
| 应纳所得额和应纳税额的计算 | 76 | 减：期初多缴所得税额 | |
| | 77 | 已预缴的所得税额 | |
| | 78 | 应补税的境内投资收益的抵免税额 | |
| | 79 | 应补税的境外投资收益的抵免税额 | |
| | 80 | 经批准减免的所得税额 | |
| | 81 | 应补（退）的所得税额（75－76－77－78－79－80） | |

| | |
|---|---|
| 纳税人代表签章：<br>纳税人单位公章：<br>日期：<br>联系电话： | 代理申报中介机构签章：<br>日期：<br>经办人：<br>经办人执业证件号码：<br>联系电话： |

续表

| | |
|---|---|
| 以下由税务机关填写：<br>经办人：<br>受理申报日期：<br>审核人：<br>审核日期： | 受理申报税务机关公章： |

## 本章小结

本章介绍了企业所得税征收基础知识、应纳税所得额的计算、资产的税务处理、应纳税额的计算、源泉扣缴、特别纳税调整、纳税征收管理等内容。

企业所得税是指对我国境内的企业和其他取得收入的组织的生产经营所得和其他所得依法征收的一种税，在我国现行税法体系中占有极为重要的地位，具有征税范围广、税负公平、计税依据为应纳税所得额、分别行使征税权、税基约束力强、计算复杂、税负不易转嫁等特点。

企业所得税的纳税义务人包括居民企业、非居民企业，企业所得税税率为25%，优惠税率为20%、15%。居民企业就来源于中国境内、境外所得缴纳企业所得税，非居民企业仅就来源于中国境内所得缴纳企业所得税。

企业所得税以企业应纳税所得额为计税依据。应纳税所得额是企业每一纳税年度的收入总额，减除不征税收入、免税收入、各项扣除和允许弥补的以前年度亏损后的余额。应纳税所得额＝收入总额－不征税收入－免税收入－准予扣除项目金额－允许弥补的以前年度亏损。

资产税务处理的规定与新会计准则的规定基本相同，主要包括固定资产、无形资产、存货、生产性生物资产、投资资产、长期待摊费用的税务处理。

企业的应纳税所得额乘以适用税率，减除依照税法关于税收优惠的规定减免和抵免的税额后的余额，为应纳税额。即：

应纳税额＝应纳税所得额×适用税率－（根据税收优惠减免的税额＋根据税收优惠抵免的税额）

企业与其关联方之间的业务往来，不符合独立交易原则而减少企业或者其关联方应纳税收入或者所得额的，税务机关有权按照合理方法调整。特别纳税调整包括：关联交易及其纳税调整、预约定价制定、关联业务往来报告与核定征收、受控外国公司、反资本弱化税制。

企业所得税实行分月或分季预缴，年终汇算清缴、多退少补的缴纳方法。居民企业以企业登记注册地为纳税地点；企业登记注册地在境外的，以实际管理机构所在地为纳税地点；纳税人在年度中间合并、分立、终止时，应当自停止生产、经营之日起60日内，向当地主管税务机关办理当期所得税汇算清缴。

## 基础与提高

### 一 单项选择题

1. 下列各项中，属于非居民企业的是（　　）。

A. 在河北省工商局登记注册的企业

B. 在美国注册但实际管理机构在长春的外商独资企业

C. 在巴西注册的企业设在苏州的办事处

D. 在内蒙古注册但在中东开展工程承包的企业

2.《中华人民共和国企业所得税法》规定的企业所得税的税率为（　　）。

A. 20%　　B. 25%　　C. 30%　　D. 33%

3. 符合条件的小型微利企业，可以享受的企业所得税税收优惠是（　　）。

A. 免税

B. 减按 10%的税率征收企业所得税

C. 减按 15%的税率征收企业所得税

D. 减按 20%的税率征收企业所得税

4. 德国西门子公司在中国设立分支机构，其来源于中国境内的所得缴纳企业所得税的税率是（　　）。

A. 20%　　B. 25%　　C. 30%　　D. 33%

5. 根据企业所得税法的规定，下列关于不同方式下销售商品收入金额确定的表述中，正确的是（　　）。

A. 采用商业折扣方式销售商品的，按照商业折扣前的金额确定销售商品收入金额

B. 采用现金折扣方式销售商品的，按照商业折扣前的金额确定销售商品收入金额

C. 采用售后回购方式销售商品的，按照扣除回购商品公允价值后的余额确定销售商品收入金额

D. 采用以旧换新方式销售商品的，按照扣除回收商品公允价值后的余额确定销售商品收入金额

6. 甲公司 2009 年度通过某乡政府，向该乡的一所小学捐赠 50 万元；通过某县民政局向当地贫困人口捐赠 150 万元。已知当年会计利润为 1 000 万元（不含公益性捐赠）。该公司 2009 年度允许扣除的捐赠为（　　）万元。

A. 50　　B. 150　　C. 120　　D. 100

7. 企业应当自年度终了之日起（　　）个月内，向税务机关报送年度企业所得税纳税申报表，并汇算清缴，结清应缴应退税款。

A. 3　　B. 6　　C. 5　　D. 6

### 二 多项选择题

1. 依据《企业所得税法》的规定，判定居民企业的标准有（　　）。

A. 登记注册地标准　　B. 所得来源地标准

C. 经营行为实际发生地标准　　D. 实际管理机构所在地标准

2. 根据《企业所得税法》的规定，下列收入中，不属于企业所得税免税收入的

有（　　）。

A. 财政拨款

B. 国债利息

C. 物资及现金溢余

D. 依法收取并纳入财政管理的政府性基金

3. 根据《企业所得税法》的规定，下列资产中，计提的折旧可以在企业所得税税前扣除的有（　　）。

A. 生产性生物资产

B. 以经营租赁方式租出的固定资产

C. 以融资租赁方式租出的固定资产

D. 已足额提取折旧仍继续使用的固定资产

4. 根据《企业所得税法》的规定，下列关于企业清算的所得税处理表述中，正确的有（　　）。

A. 企业全部资产均应按可变现价值或交易价格，确认资产转让所得或损失

B. 确认债权清理、债务清偿的所得或损失

C. 依法弥补亏损，确定清算所得，计算并缴纳清算所得税

D. 企业应将整个清算期作为一个独立的纳税年度计算清算所得

5. 在计算应纳税所得额时，下列支出中，不得扣除的有（　　）

A. 土地增值税税款　　B. 企业所得税税款

C. 税收滞纳金　　D. 向环保部门缴纳的罚款

6. 下列项目在会计利润的基础上应调减企业所得税应纳税所得额的是（　　）。

A. 查补的消费税　　B. 新产品研究开发费用

C. 国库券利息收入　　D. 未投入使用的设备提取的折旧

7. 根据国家调整所得税征管范围的有关规定，下列对2009年1月1日以后新设企业的税收征管范围调整事项的表述中，正确的有（　　）。

A. 应缴纳增值税的企业，所得税由国家税务局征收管理

B. 新设的分支机构，其企业所得税的征管部门牌号应与总机构企业所得税征管部门相一致

C. 外商投资企业，所得税由国家税务局征收管理

D. 应缴纳营业税的企业，所得税均由地方税务局征收管理

## 三 思考题

1. 什么是企业所得税？企业所得税有何特点？

2. 企业所得税有哪些优惠内容？

3. 企业所得税的资产税务处理是如何规定的？

4. 如何计算企业所得税应纳税所得额？

5. 如何计算企业所得税应纳税额？

6. 如何理解企业所得税的征收管理？

## 四 计算分析题

1. 某企业为创业投资企业。2007年8月1日，该企业向境内未上市的中小高新技术企业投资200万元。2009年度企业利润总额890万元；未经财税部门核准，提取风险准备金10万元。已知企业所得税税率为25%。假定不考虑其他纳税调整事

项，求 2009 年该企业应纳企业所得税税额。

2. 某企业 2009 年度境内所得应纳税所得额为 300 万元，在全年已预缴税款 70 万元，来源于境外某国税前所得 100 万元，境外实纳税款 20 万元，求该企业当年汇算清缴应补（退）的税款。

## 技能实训

### 一、实训项目

计算应纳税所得额。

### 二、实训方式

1. 个人阅读实训材料及实训分析后进行思考，可以分小组计算应纳税所得额。

2. 分小组讨论结束后，每位同学把讨论结果整理成书面材料上交。

3. 教师评分后总结。

### 三、实训材料

某市一家居民企业为增值税一般纳税人，主要生产销售彩色电视机。假定 2008 年度有关经营业务如下。

(1) 销售彩电取得不含税收入 8 600 万元，与彩电配比的销售成本 5 660 万元。

(2) 转让技术所有权取得收入 700 万元，直接与技术所有权转让有关的成本和费用 100 万元。

(3) 出租设备取得租金收入 200 万元，接受原材料捐赠取得增值税专用发票注明材料金额 50 万元、增值税进项税额 8.5 万元，取得国债利息收入 30 万元。

(4) 购进原材料共计 3 000 万元，取得增值税专用发票注明进项税额 510 万元；支付购料运输费用共计 230 万元，取得运输发票。

(5) 销售费用 1 650 万元，其中广告费 1 400 万元。

(6) 管理费用 850 万元，其中业务招待费 90 万元。

(7) 财务费用 80 万元，其中含向非金融企业借款 500 万元所支付的年利息 40 万元（当年金融企业贷款的年利率为 5.8%）。

(8) 计入成本、费用中的实发工资 540 万元，发生的工会经费 15 万元、职工福利费 82 万元、职工教育经费 18 万元。

(9) 营业外支出 300 万元，其中包括通过公益性社会团体向贫困山区的捐款 150 万元。

(10) 其他相关资料：①上述销售费用、管理费用和财务费用不涉及转让费用；②取得的相关票据均通过主管税务机关认证。

### 四、实训分析

根据上述资料，计算下列数值。

1. 企业 2008 年应缴纳的增值税。

2. 企业 2008 年应缴纳的营业税。

3. 企业 2008 年应缴纳的城市维护建设税和教育费附加。

4. 企业 2008 年实现的会计利润。

5. 广告费用应调整的应纳税所得额。

6. 业务招待费应调整的应纳税所得额。

7. 财务费用应调整的应纳税所得额。

8. 职工工会经费、职工福利费、职工教育经费应调整的应纳税所得额。

9. 公益性捐赠应调整的应纳税所得额。

10. 企业2008年度企业所得税的应纳税所得额。

11. 企业2008年度应缴纳的企业所得税。

## 案例分析

### 企业所得税风险管理的措施和建议

#### 一、企业所得税征管现状

新企业所得税法自2008年1月1日起施行来，面对金融危机的影响和变化复杂的经济形势，我们在企业所得税管理中，坚持总局所得税“分类管理、优化服务、核实税基，完善汇缴，强化评估，防范避税”二十四字工作方针，按照精细化、专业化、科学化管理要求，借鉴风险管理理念，完善工作措施，强化汇缴管理，有效提高企业所得税征管质量和效率，不断推动企业所得税管理工作迈上了新台阶。

就企业所得税征管来看，新企业所得税法实施以来，我们对所得税的重视程度和工作力度都大大超过往年。但我们还感到，一是所得税管户多，税收管理员少，征管力量还需进一步加强。虽然近年来从人员到征管资源配置一再向基层一线倾斜，但随着新注册企业的快速增加，人均管户逐年递增，征管力量越来越被摊薄。二是所得税政策性强，财务人员办税能力还需进一步提高。一方面，所得税核算形式多样，计算过程复杂，优惠政策涉及面广，政策执行审核审批手续烦琐，从税种认定、适用政策、预缴申报到汇算清缴，一系列办税事项特别是税收制度与会计制度之间的差异和纳税调整，都对企业办税人员提出了较高的业务要求；另一方面，企业财务人员素质参差不齐，对所得税政策、尤其是税前扣除项目的熟悉把握不全面，难免带来企业会计制度执行和财务核算的不规范，一些中小企业不设专职财务人员，雇用的兼职会计通常按照雇主意愿做账，现金交易、收入不入账、费用乱列支等现象时有发生，不能准确核算成本费用，更不能准确计算申报应纳所得税额，也在一定程度上给所得税征管带来难度。三是所得税税基复杂，税收执法风险较大，综合治税还需进一步加强。所得税管理措施和手段还较单一，特别是相对于所得税政策的复杂性，在对纳税人成本和费用的列支、对收入和利润的核算方面时常处于一种被动局面，管理经验的欠缺等难免带来执法风险和隐患。

#### 二、实施企业所得税管理的主要措施及成效

1. 以信息化管理为依托，建立企业所得税管理电子台账，厘清所得税税基。

2. 以专业化管理为方向，借鉴风险管理理念强化分类管理，提高所得税管理效率。

3. 以精细化管理为目标，借鉴风险管理方法，以完善汇算清缴为手段，在汇缴中提升纳税遵从度。

4. 加强事前监控和预缴审核。对季度申报明显不合理的发纳税提醒函，并要求重新申报。

5. 强化纳税评估，做好风险化解。

6. 以纳税服务为宗旨，加强风险应对策略选择，服务企业发展取得成效。

**三、实施企业所得税管理碰到的一些问题和建议**

1. 税基控管缺乏有效监控手段。

2. 两元化管理的存在形成弊端。

3. 判断企业“合理”工资薪金支出的标准、方法较难把握。

4. 原材料消耗定额和商品、产品合理损耗标准难以确定。

5. 企业运费和燃料油费用列支真假难辨。

**思考与分析：**

1. 谈谈你对企业所得税现状的看法。

2. 请你详细谈谈实施企业所得税管理的主要措施。

3. 谈谈你对进一步加强企业所得税管理的打算。

# 第7章 个人所得税法

## 学习目标

理解个人所得税的含义及特点；熟悉个人所得税的征税项目；能进行个人所得税应纳税所得额的计算；掌握个人所得税的申报方式。

## 案例导入

**新规截断限售股避税路**

针对三部门出台的《关于个人转让上市公司限售股所得征收个人所得税有关问题的补充通知》，著名财经评论员叶檀在博文中表示，个人转让上市公司限售股所得征收个人所得税已经出台，此次补充通知主要是加了限售股在解禁前被多次转让的，转让方对每一次转让所得均应按规定缴纳个人所得税，这主要是针对目前新上市公司高管的辞职套现现象。在解禁期未到之前，通过转让限售股增加成本，来抑制通过辞职来快速套现的现象。

2010 年 10 月 30 日是创业板推出一周年之际。这也意味着那些锁定期为 12 个月的限售股从此就可以上市流通了，创业板公司的原始股东们可开启自己的套现之旅。

高管辞职套现之所以能够得逞，是由于高管减持制度不合理。根据规定，除控股股东之外的其他股东，其所持有的限售股需要在新股上市后锁定一年才能解禁。而依据《公司法》的规定，上市公司高管在任职期间每年转让的股票不得超过其所持本公司股票总数的 25%。也就是说，高管们要套现股票的话，至少需要 5 年以上的时间才能套现完毕，而高管一旦辞职，套现的进程就可以大大加快了：上市公司高管离任满半年之后，其所持股份解禁 50%；离任 18 个月期满，其所持股份全部解锁。也就是说，通过选择“辞职套现”，高管最快可以在离职一年半后将股票全部套现。

正是基于这样的规定，高管们为了早日套现，当然更愿意选择辞职了。据不完全统计，创业板自 2009 年 10 月 30 日推出以来，目前辞职的高管超过 60 人，其中半数高管持有创业板公司股票。虽然这些高管们辞职的理由冠冕堂皇，如“夫妻两地分居”、“身体健康堪忧”等，但其实恐怕套现才是他们的真正目的。这个现象受到市场极大关注，也遭到很多投资者及业内人士的非议。

据 Wind 资讯统计，11 月份以来公告重要股东减持的上市公司已达 123 家。而此前的 8～10 月份，这个数字则分别仅为 35 家、76 家和 73 家。11 月 1～29 日，123 家上市公司股东共减持股份约 13.07 亿股，减持市值约 197.29 亿元。

这份规定明确，个人转让限售股或发生具有转让限售股实质的其他交易，取得现金、实物、有价证券和其他形式的经济利益均应缴纳个人所得税。叶檀认为这截断了此前的种种合理避税路子。

资料来源：海南日报（海口）

**思考：**

为什么会出现《关于个人转让上市公司限售股所得征收个人所得税》，出台这个政策对经济发展有何作用？

# 7.1　个人所得税概述

## 7.1.1　个人所得税的含义

个人所得税是指国家制定的调整个人所得税征收与缴纳的权利义务关系的法律规范，以自然人取得的各项应税所得为对象征收的一种税。

个人所得税是对中国境内有住所、或者无住所而在境内居住满一年的个人，就其来源于中国境内、外的所得，以及在中国境内无住所又不居住，或者无住所而在境内居住不满一年的个人，就其来源于中国境内的所得征收的一种税。目前，世界上已有 140 多个国家开征了个人所得税，在有的国家个人所得税已成为主要税种。

征收现行个人所得税的依据是 1980 年 9 月 10 日第五届全国人民代表大会第三次会议制定、根据 1993 年 10 月 31 日第八届全国人民代表大会常务委员会第四次会议决定修改的《中华人民共和国个人所得税法》，以及 2008 年 2 月 18 日修改的《中华人民共和国个人所得税法实施条例》，它自 2008 年 3 月 1 日起施行，使我国的个人所得税法建设走向了科学化、规范化、法制化的轨道。

## 7.1.2　个人所得税的特点

（1）分类征收。个人所得划分为 11 类，分别适用于不同的费用减除、不同的税率和不同的计税方法。实行分类课征制度，广泛采用源泉扣缴办法，加强源泉控管，简化纳税手续，方便征纳双方。

（2）累进税率、比例税率并用。个人所得税法对工薪所得、个体户的生产经营所得以及对企事业单位的承包、承租经营所得，采用累进税率；对劳务报酬所得、稿酬等其他所得，采用比例税率。

（3）费用扣除较宽。个人所得税采用费用定额扣除和定率扣除两种方法。对工资、薪金所得每月减除 2 000 元，并对外籍纳税人和中国境内有住所而经济又来源于境外工资、薪金所得的纳税人实行附加减除费用；对劳务报酬等所得，每次收入不超过 4 000 元的减除费用 800 元，每次收入超过 4 000 元的减除费用 20%。

(4) 计算简便。个人所得税的费用扣除采取总额扣除法，符合税制简便原则。

(5) 实行支付单位源泉扣缴和纳税人自行申报两种方法。凡是可以在应税所得的支付环节扣缴个人所得税的，均由扣缴义务人履行代扣代缴义务；没有扣缴义务人的，以及个人在两处以上取得工资、薪金所得的，由纳税人自行申报。

### 7.1.3 个人所得税的纳税人

依据住所和居住时间两个标准，将纳税人区分为居民纳税人和非居民纳税人，分别承担不同的纳税义务。

**1. 居民纳税人**

居民纳税人是指在中国境内有住所或无住所而在境内居住满 1 年的个人。居民纳税人负无限纳税义务，应就其来源于中国境内和境外的应纳税所得额分别缴纳个人所得税。

在中国境内有住所的个人，是指因户籍、家庭、经济利益关系而在中国境内习惯性居住的个人。如因学习、工作、探亲、旅游等而在中国境外居住，在其原因消除以后，必须回到中国境内居住的个人，中国即为该纳税人的习惯性居住地。

所谓在中国境内居住满 1 年，是指在一个纳税年度内，在中国境内居住满 365 天。在计算居住天数时，对临时离境应视同在华居住，不扣减其在华居住的天数。临时离境是指在一个纳税年度内，一次离境不超过 30 日，或累计不超过 90 日。对在中国境内无住所、但居住满 1 年而未超过 5 年的个人，其来源于中国境外的所得，经主管税务机关批准，可以只就中国境内公司、企业以及其他经济组织或者个人支付的所得部分缴纳个人所得税；居住超过 5 年的个人，从第 6 年起，应当就其来源于中国境外的全部所得缴纳个人所得税。这里的“个人在中国境内居住满 5 年”，是指个人在中国境内连续居住满 5 年，即在连续 5 年中的每一纳税年度内均居住满 1 年。

**2. 非居民纳税人**

非居民纳税人是指在中国境内无住所又不居住、或无住所而在境内居住不满 1 年的个人。非居民纳税人负有限纳税义务，应就其来源于中国境内的所得，向中国缴纳个人所得税。非居民纳税人，实际上只能是在一个纳税年度中，没有在中国境内居住，或者在中国境内居住不满 1 年的外籍人员或中国香港、中国澳门和中国台湾同胞。

个人独资企业和合伙企业投资者是个人所得税的纳税人。

### 7.1.4 个人所得税的征税范围

**1. 应税所得项目**

应税所得是指纳税人从中国境内和境外取得的所得。个人所得税的征税应税所得项目共 11 项，其具体内容如下。

(1) 工资、薪金所得。工资、薪金所得是指个人因任职或者受雇而取得的工资、薪金、奖金、年终加薪、劳动分红、津贴、补贴以及与任职或受雇有关的其他所得。

不属于工资、薪金性质的补贴、津贴或者不属于纳税人本人工资、薪金所得项目的收入，不予征税。这些项目包括：①独生子女津贴；②执行公务员工资制度，未纳入基本工资总额的补贴、津贴差额和家属成员的副食品补贴；③托儿补助费；④差旅费津贴、误餐补助（单位以误餐名义发放的补助除外）。

（2）个体工商户的生产经营所得。

①个体工商户从事工业、手工业、建筑业、交通运输业、商业、饮食业、服务业、修理业以及其他行业生产经营所得。

②个人经政府批准，取得执照，从事办学、医疗咨询及其他有偿服务的所得，如私人诊所的医生、医师、律师及会计师的独立活动。

③其他个人从事个体工商业生产、经营的所得。

④上述个体工商户和个人取得的与生产经营有关的各项应税所得。

⑤个人独资企业和合伙企业的个人投资者以企业资金为本人家庭、成员及其相关人员支付与企业生产经营无关的消费性支出及购买汽车、住房等财产性支出视为企业对个人投资者利润分配，并入投资者个人的生产经营所得，依照“个体工商户的生产经营所得”项目计征个人所得税。

（3）对企事业单位的承包、承租经营所得。对企事业单位的承包、承租经营所得是指个人承包、承租经营以及转包、转租的所得，包括个人按月或者按次取得的工资、薪金性质的所得。个人对企事业单位的承包、承租经营形式大体可分为两类。

①个人对企事业单位承包、承租经营后，工商登记改为个体工商户的，应按个体户的经营所得项目征收个人所得税，不再征收企业所得税。

②个人对企事业单位承包、承租经营后，工商登记仍为企业的，不管其分配方式如何，均应先按规定征收企业所得税，然后对承包、承租经营者按合同规定取得的所得，依法缴纳个人所得税。具体为：承包、承租人对经营成果不拥有所有权，仅按合同或协议取得一定所得的，其所得应按工资、薪金所得项目征税；承包、承租人按合同规定只向发包方、出租方交纳一定费用后，企业经营成果归承包、承租人所有的，按企事业单位承包经营、承租经营所得项目征收个人所得税。

（4）劳务报酬所得。劳务报酬所得是指个人从事设计、装潢、安装、制图、化验、测试、医疗、法律、会计、咨询、讲学、新闻、广播、翻译、审稿、书画、雕刻、影视、录音、录像、演出、表演、广告、展览、技术服务、介绍服务、经济服务、代办服务及其他劳务的报酬所得。

个人担任董事职务所取得的董事费收入，按劳务报酬所得征税。

（5）稿酬所得。稿酬所得是指个人因其作品以图书、报刊形式出版、发行而取得的所得。作者去世后，财产继承人取得的一定稿酬，亦应征收个人所得税。

（6）特许权使用费所得。特许权使用费所得是指个人提供专利权、商标权、著作权、非专利技术以及其他特许的使用权的所得。

对于作者将自己的文字作品手稿原件或复印件公开拍卖取得的所得，应按特许权使用费所得征收个人所得税。

（7）利息、股息、红利所得。利息、股息、红利所得是指个人拥有债券、股权而取得的利息、股息、红利所得。

（8）财产租赁所得。财产租赁所得是指个人出租建筑物、土地使用权、机器设备、车船以及其他财产的所得。

(9) 财产转让所得。财产转让所得是指个人转让有价证券、股权、建筑物、土地使用权、机器设备、车船以及其他财产的所得。

(10) 偶然所得。偶然所得是指各种有奖竞赛活动，取得名次获得的奖金。中奖、中彩，是指参加各种有奖活动，如有奖销售、有奖储蓄或购买彩票抽中、摇中号码而取得的奖金。

(11) 经国务院财政部门批准的其他所得。

**2. 所得来源地的确定**

居民纳税人应就其来源于中国境内外的所得缴纳个人所得税，非居民纳税人仅就来源于中国境内所得缴纳个人所得税。

下列所得不论支付地点是否在中国境内，均为来源于中国境内的所得。

(1) 在中国境内的公司、企业、事业单位、机关、社会团体、部队、学校等单位或经济组织中任职、受雇而取得的工资、薪金所得。

(2) 在中国境内提供各种劳务而取得的劳务报酬所得。

(3) 在中国境内从事生产、经营活动的所得。

(4) 将财产出租给承租人在中国境内使用的所得。

(5) 转让中国境内的建筑物、土地使用权等财产或者其他财产的所得。

(6) 提供专利权、非专利技术、商标权、著作权，以及其他特许权在中国境内使用而取得的所得。

(7) 因持有中国的各种债券、股票、股权而从中国境内的公司、企业以及其他经济组织或者个人取得的利息、股息、红利所得。

(8) 在中国境内参加各种竞赛活动取得名次的奖金所得，参加有关部门和单位组织的有奖活动而取得的中奖所得，购买中国境内有关部门和单位发行的彩票的中彩所得。

(9) 在中国境内以图书、报刊方式出版、发表作品的稿酬所得。

### 7.1.5 个人所得税的税率

税率形式分为比例税率和超额累进税率。适用的税率具体规定如下。

(1) 工资、薪金所得。适用九级超额累进税率，税率为5%～45%（表7-1）。

**表7-1 工资、薪金个人所得税税率**

| 级数 | 含税级距 | 不含税级距 | 税率(%) | 速算扣除数 |
|---|---|---|---|---|
| 1 | 不超过500元的部分 | 不超过475元的部分 | 5 | 0 |
| 2 | 500元至2 000元的部分 | 475元至1 825元的部分 | 10 | 25 |
| 3 | 2 000元至5 000元的部分 | 1 825元至4 375元的部分 | 15 | 125 |
| 4 | 5 000元至20 000元的部分 | 4 375元至16 375元的部分 | 20 | 375 |
| 5 | 20 000元至40 000元的部分 | 16 375元至31 375元的部分 | 25 | 1 375 |
| 6 | 40 000元至60 000元的部分 | 31 375元至45 375元的部分 | 30 | 3 375 |
| 7 | 60 000元至80 000元的部分 | 45 375元至58 375元的部分 | 35 | 6 375 |
| 8 | 80 000元至100 000元的部分 | 58 375元至70 375元的部分 | 40 | 10 375 |
| 9 | 超过100 000元的部分 | 超过70 375元的部分 | 45 | 15 375 |

（2）个体工商户的生产经营所得和对企事业单位的承包经营、承租经营所得。适用 5%～35%的五级超额累进税率。个人独资企业和合伙企业的生产经营所得，也适用 5%～35%的五级超额累进税率（表 7-2）。

**表 7-2　生产经营个人所得税税率**

| 级数 | 含税级距 | 不含税级距 | 税率（%） | 速算扣除数 |
|---|---|---|---|---|
| 1 | 不超过 5 000 元的部分 | 不超过 4 750 元的部分 | 5 | 0 |
| 2 | 5 000 元至 10 000 元的部分 | 4 750 元至 9 250 元的部分 | 10 | 250 |
| 3 | 10 000 元至 30 000 元的部分 | 9 250 元至 25 250 元的部分 | 20 | 1 250 |
| 4 | 30 000 元至 50 000 元的部分 | 25 250 元至 39 250 元的部分 | 30 | 4 250 |
| 5 | 超过 50 000 元的部分 | 超过 39 250 元的部分 | 35 | 6 750 |

（3）稿酬所得。适用比例税率，税率为 20%，并按应纳税额减征 30%。

（4）劳务报酬所得。适用比例税率，税率为 20%。对劳务报酬所得一次收入畸高的，可以实行加成征收。所谓“劳务报酬所得一次收入畸高”，是指个人一次取得劳务报酬，其应纳税所得额超过 20 000 元。对应纳税所得额超过 20 000 元低于 50 000 元的部分，依照税法规定计算应纳税额后再按照应纳税额加征五成；超过 50 000 元的部分，加征十成。因此劳务报酬所得实际上适用 20%、30%、40%的三级超额累进税率（表 7-3）。

**表 7-3　劳务报酬个人所得税税率**

| 级数 | 含税级距 | 不含税级距 | 税率（%） | 速算扣除数 |
|---|---|---|---|---|
| 1 | 不超过 20 000 元的部分 | 不超过 21 000 元的部分 | 20 | 0 |
| 2 | 20 000 元至 50 000 元的部分 | 21 000 元至 49 500 元的部分 | 30 | 2 000 |
| 3 | 超过 50 000 元的部分 | 超过 49 500 元的部分 | 40 | 7 000 |

（5）特许权使用费所得，利息、股息、红利所得，财产租赁所得，财产转让所得，偶然所得和其他所得。适用比例税率，税率为 20%。

## 7.2　个人所得税应纳税所得额的确定

### 7.2.1　应纳税所得额的相关规定

个人所得税的计税依据是纳税人取得的应纳税所得额。应纳税所得额是个人取得的各项应税所得减去扣除项目或扣除金额之后的余额。

**1. 收入形式**

纳税人取得的应税所得包括现金、实物和有价证券。实物应当按照取得实物的凭证上所注明的价格计算应纳税所得额，无凭证的实物或者凭证上所注明的价格明显偏低的，由主管税务机关参照当地的市场价格，核定应纳税所得额；有价证券由主管税务机关根据票面价格和市场价格核定应纳税所得额。

**2. 每次收入的确定**

(1) 劳务报酬所得，只有一次性收入的，以取得该项收入为一次；属于同一项目连续性收入的，以一个月内取得的收入为一次。

(2) 稿酬所得，以每次出版、发表取得的收入为一次。

(3) 特许权使用费所得，以某项特许权的一次转让所得的收入为一次，如某项转让收入是分笔支付的，应将各笔收入相加为一次。

(4) 财产租赁所得，以一个月内取得的收入为一次。

(5) 利息、股息、红利所得，偶然所得和其他所得，以每次收入额为应纳税所得额。

(6) 偶然所得，以每次取得该项收入为一次。

**3. 费用扣除方法的规定**

个人所得税根据所得的不同情况分别实行定额、定率和会计核算三种扣除方法，具体规定如下。

(1) 对工资、薪金所得的生计费用，采取定额扣除的办法。

(2) 个体工商户的生产、经营所得和对企事业单位的承包经营、承租经营所得及财产转让所得，涉及生产、经营及有关成本费用的支出，采取会计核算办法扣除有关成本、费用或规定的必要费用。

(3) 对劳务报酬所得、稿酬所得、特许权使用费所得、财产租赁所得，采取定额和定率两种扣除办法。

(4) 利息、股息、红利所得和偶然所得，不得扣除任何费用。

**4. 费用扣除的特殊规定**

(1) 个人将其所得通过中国境内的社会团体、国家机关向教育事业和其他社会公益事业以及遭受严重自然灾害地区、贫困地区的捐赠，其捐赠额未超过其申报的应纳税所得额30%的部分，可以从其应纳税所得额中扣除，超过部分不得扣除。

(2) 个人通过非营利的社会团体和国家机关向红十字事业的捐赠，在计算缴纳个人所得税时，准予在税前的所得额中全额扣除。

(3) 个人通过非营利的社会团体和国家机关向农村义务教育的捐赠，在计算缴纳个人所得税时，准予在税前的所得额中全额扣除。

(4) 个人通过非营利的社会团体和国家机关对公益性青少年活动场所的捐赠，在计算缴纳个人所得税时，准予在税前的所得额中全额扣除。

**5. 附加减除费用**

附加减除费用的适用范围：在中国境内的外商投资企业和外国企业中工作的外籍人员；应聘在中国境内的企业、事业单位、社会团体、国家机关中工作的外籍专家；在中国境内有住所而在中国境外任职或者受雇取得工资、薪金所得的个人；国务院财政、税务主管部门确定的其他人员。

对在中国境内无住所而在中国境内取得工资、薪金所得的纳税人和中国境内有住所而在中国境外取得工资、薪金所得的纳税人以及华侨、中国港澳台同胞，附加减除费用为2 800元。

### 7.2.2　工资、薪金应纳税所得额的确定

工资、薪金所得以个人每月收入额减除 2 000 元费用后的余额为应纳税所得额。

其计算公式为：

应纳税所得额＝月工资、薪金收入－2 000

在中国境内无住所而在中国境内取得工资、薪金所得的纳税人和在中国境内有住所而在中国境外取得工资、薪金所得的纳税人，其计算公式为：

应纳税所得额＝月工资、薪金收入－2 000－2 800

### 7.2.3　个体工商户生产、经营应纳税所得额的确定

对实行查账征收的个体工商户，其应纳税所得额为每一纳税年度的收入总额，减除成本费用以及损失后的余额。计算公式为：

应纳税所得额＝收入总额－（成本＋费用＋损失＋准予扣除的税金）

**1. 收入总额**

个体工商户的收入总额，是指个体工商户从事生产经营以及与生产经营有关的活动所取得的各项收入，包括商品销售收入、营运收入、劳务服务收入、工程价款收入、财产出租收入或转让收入、利息收入、营业外收入和其他收入。

**2. 准予扣除的项目**

（1）成本、费用，是指个体工商户从事生产经营所发生的各项直接费用和间接费用，其中直接费用是指在生产经营活动中所发生的材料费、人工费及制造费用；间接费用是为组织生产和管理活动所发生的管理费用、销售费用和财务费用。

（2）损失，是指个体工商户在生产经营过程中发生的各项营业外支出，包括固定资产盘亏、报废、毁损、出售的净损失。

（3）税金，是指个体工商户按规定缴纳的消费税、营业税、城建税、资源税、土地使用税、土地增值税、房产税、车船税、印花税、耕地占用税以及教育费附加等。

**3. 准予在所得税前列支的其他项目**

（1）个体工商户在生产经营过程中的借款利息，未超过中国人民银行规定的同类、同期贷款利率计算的数额部分，准予扣除。

（2）个体工商户发生的与生产经营有关的财产保险、运输保险以及从业人员的养老、医疗保险及其他保险费用支出，按国家有关规定的标准计算扣除。

（3）个体工商户发生的与生产经营有关的修理费，可以据实扣除。

（4）个体工商户按规定缴纳的工商管理费、个体劳动者协会会费、摊位费，按实际发生数扣除。

（5）个体工商户发生的与生产经营有关的业务招待费，由其提供合法的凭证或单据，经主管税务机关审核后，在其收入总额的 5‰以内据实扣除。

（6）个体工商户将其所得通过中国境内的社会团体、国家机关向教育和其他社会公益事业

以及遭受严重自然灾害地区、贫困地区的捐赠，捐赠额不超过其应纳税所得额30%的部分可以据实扣除。纳税人直接给受益人的捐赠不得扣除。

（7）个体工商户的年度经营亏损，经主管税务机关审核批准后，允许用下一年度的经营所得弥补。下一年度所得不足以弥补的，允许逐年连续弥补，但最长不得超过5年。

（8）个体工商户在生产经营过程中发生的与家庭生活混用的费用，由主管税务机关核定比例分摊，属于生产经营过程中发生的费用准予扣除。

**4. 不得在税前列支的项目**

（1）资本性支出。

（2）被没收的财物、支付的罚款。

（3）缴纳的个人所得税、税收滞纳金、罚款。

（4）各种赞助支出。

（5）自然灾害或意外事故损失有赔偿的部分。

（6）业主的工资支出。

（7）分配给投资者的股利。

### 7.2.4 对企事业单位的承包、承租经营应纳税所得额的确定

对企事业单位承包经营、承租经营所得以每一纳税年度的收入总额，减除必要费用后的余额，为应纳税所得额。其中，收入总额是指纳税人按照承包经营、承租经营合同规定分得的经营利润和工资、薪金性质的所得。其计算公式为：

应纳税所得额＝个人承包、承租经营收入总额－每月2 000元

### 7.2.5 劳务报酬应纳税所得额的确定

劳务报酬所得以个人每次取得收入，定额或定率减除规定费用后的余额为应纳税所得额。其计算公式为：

（1）每次收入不超过4 000元的：

应纳税所得额＝每次收入－800

（2）每次收入超过4 000元的：

应纳税所得额＝每次收入×（1－20%）

劳务报酬所得凡属于一次性收入的，以取得该项收入为一次，按此确定应纳税所得额；凡属于同一项目连续性收入的，以一个月内取得的收入为一次，据此确定应纳税所得额。

### 7.2.6 稿酬应纳税所得额的确定

稿酬所得以每次取得的收入，定额或定率减除规定的费用后的余额为应纳税所得额。每次收入不超过4 000元的，定额减除费用800元；每次收入超过4 000元的，定率减除费用20%。其计算公式为：

应纳税所得额＝每次收入－800或每次收入×（1－20%）

所谓“每次收入”，是指以每次出版、发表作品取得收入为一次，确定应纳税所得额。有

关具体规定如下。

（1）个人每次以图书、报刊方式出版、发表同一作品，无论出版单位是预付还是分笔支付稿酬，或者加印该作品后再付稿酬，均应合并为一次征税。

（2）在两处或两处以上出版、发表或再版同一作品而取得的稿酬，则可分别各处所得或将再版所得分次计征。

（3）个人的同一作品在报刊上连载，应合并连载所得为一次。连载之后又出书取得稿酬的，或先出书后连载取得稿酬的，应视同再版稿酬分次征税。

（4）作者去世后，对取得其遗作稿酬的个人，按稿酬所得征税。

单位的记者、编辑人员在本单位报刊、杂志上发表作品取得的稿酬，应与工薪合并征税。

### 7.2.7　特许权使用费应纳税所得额的确定

特许权使用费所得以个人每次取得的收入，定额或定率减除规定的费用后的余额为应纳税所得额。每次收入不超过 4 000 元的，定额减除费用 800 元；每次收入超过 4 000 元的，定率减除费用 20%。

### 7.2.8　财产租赁应纳税所得额的确定

财产租赁所得以每次取得的收入为一次，定额或定率减除规定费用后的余额为应纳税所得额。每次收入不超过 4 000 元的，定额减除费用 800 元；每次收入超过 4 000 元的，定率减除费用 20%。

在确定财产租赁的应纳税所得额时，纳税人在出租财产的过程中缴纳的税金和教育费附加，可持完税凭证，从其财产租赁收入中扣除。准予扣除的项目除了规定费用和有关税、费外，还准予扣除能够提供有效凭证，证明由纳税人负担的该出租财产实际开支的修缮费用，它包括：财产租赁过程中发生的税费；由纳税人负担的该出租财产实际开支的修缮费用；税法规定的费用扣除标准。

（1）每次收入不超过 4 000 元的，其计算公式如下：

应纳税所得额＝每次收入额－准予扣除项目－修缮费用（800 元为限）－800

（2）每次收入超过 4 000 元的，其计算公式如下：

应纳税所得额＝［每次收入额－准予扣除项目－修缮费用（800 元为限）］×（1－20%）

### 7.2.9　财产转让应纳税所得额的确定

财产转让所得以个人每次转让财产取得收入额减除财产原值和相关税、费后的余额，为应纳税所得额。其中，“每次”是指一件财产的所有权一次转让取得的收入为一次。

有价证券财产原值为买入价以及买入时按照规定交纳的有关费用；建筑物财产原值为建造费或者购进价格以及其他有关费用；土地使用权财产原值为取得土地使用权所支付的金额、开发土地的费用以及其他有关费用；机器设备、车船财产原值为购进价格、运输费、安装费以及其他有关费用。纳税人未提供完整、准确的财产原值凭证，不能正确计算财产原值的，由主管税务机关核定其财产原值。合理费用是指卖出财产时按规定支付的有关费用。其计算公式为：

应纳税所得额＝每次收入额－财产原值－合理税费

### 7.2.10 境外缴纳税款的抵免应纳税所得额的确定

为了避免国际间对同一所得重复征税，纳税人的境外所得，准予其在应纳税额中扣除已在境外缴纳的个人所得税额，但扣除额不得超过该纳税人境外所得依照个人所得税法规定计算的应纳税额。具体规定及计税方法如下。

**1. 实缴境外税款**

实缴境外税款是指纳税人从中国境外取得的所得，依照该所得来源国家或者地区的法律应当缴纳并且实际已经缴纳的税额。

**2. 抵免限额**

准予抵免的实缴境外税款最多不能超过境外所得按我国税法计算的抵免限额。抵免限额采取分国限额法，即来自不同国家或者地区和不同应税项目的应纳税所得，依照我国税法规定的费用减除标准和适用税率计算的抵免限额。不同的应税项目减除不同的费用标准，计算出的单项抵免限额相加后，求得来自一国或地区所得的抵免限额，即分国的抵免限额。分国抵免限额不能相加。

其计算公式为：

来自某国或地区的抵免限额＝$\sum$［（来自某国或地区的某一应税项目所得－费用减除标准）×适用税率－速算扣除数］

**3. 允许抵免额**

允许抵免额要分国确定，即在计算出的来自一国或地区所得的抵免限额与实缴该国或地区的税款之间相比较，以数额较小者作为允许抵免额。

**4. 超限额与不足限额结转**

纳税人在中国境外一个国家或者地区实际已经缴纳的个人所得税额，低于按规定计算出的该国家或者地区扣除限额的，应当在中国缴纳差额部分的税款；超过该国家或者地区扣除限额的，其超过部分不得在本年度的应纳税额中扣除，但可以在以后纳税年度的该国家或者地区扣除限额的余额中补扣，补扣期限最长不超过5年。

**5. 申请抵免**

境外缴纳税款的抵免由纳税人提出申请，并提供境外税务机关填发的完税凭证原件。

## 7.3 个人所得税应纳税额的计算

### 7.3.1 工资、薪金应纳税额的计算

工资薪金所得适用九级超额累进税率，按月收入定额扣除2 000元或4 800元后的余额为应纳税所得额。应纳税额的计算公式为：

应纳税额=应纳税所得额×税率−速算扣除数

当纳税人取得全年一次性奖金、年终加薪或劳动分红时，单独作为一个月工资、薪金所得计算纳税，并按以下计税办法，由扣缴义务人代扣代缴。

(1) 先将当月取得的全年一次性奖金，除以12个月，按其商数确定适用税率和速算扣除数。

如果在发放年终一次性奖金的当月，雇员工资、薪金所得低于税法规定的费用扣除额，应将全年一次性奖金减除“雇员当月工资薪金所得与费用扣除额的差额”后的余额，按上述办法确定全年一次性奖金的适用税率和速算扣除数。

(2) 再将雇员当月取得的全年一次性奖金，按确定的适用税率和速算扣除数计算征税。

①雇员当月工资、薪金所得高于或等于税法规定的费用扣除额的，适用公式为：

应纳税额=雇员当月取得全年一次性奖金×适用税率−速算扣除数

②雇员当月工资薪金所得低于税法规定的费用扣除额的，适用公式为：

应纳税额=[雇员当月取得全年一次性奖金−(2 000−工资)]×适用税率−速算扣除数

## 7.3.2 个体工商户生产、经营应纳税额的计算

个体工商户的生产经营所得适用五级超额累进税率，其计算公式为：

应纳税额=应纳税所得额×税率−速算扣除数

个体工商户生产、经营所得的应纳税额实行按年计算、分月或分季预缴、年终汇算清缴、多退少补的方法，分别计算按月(季)预缴税款和年终汇算清缴税款。其计算公式为：

本月应预缴税额=本月累计应纳税所得额×适用税率−速算扣除数−上月累计已预缴税额

公式中的税率，是指与计算应纳税额的月份累计应纳税所得额对应的税率。

全年应纳税额=应纳税所得额×税率−速算扣除数

应补(退)税额=全年应纳税额−全年累计已预缴税额

## 7.3.3 对企事业单位的承包、承租经营应纳税额的计算

对企事业单位承包经营、承租经营所得适用五级超额累进税率，其计算公式为：

应纳税额=应纳税所得额×税率−速算扣除数

## 7.3.4 劳务报酬应纳税额的计算

劳务报酬所得适用20%的比例税率，其计算公式为：

应纳税额=应纳税所得额×适用税率−速算扣除数

## 7.3.5 稿酬应纳税额的计算

稿酬所得适用20%比例税率，并按规定对应纳税额减征30%，即实际税率为14%。其计算公式为：

应纳税额=应纳税所得额×适用税率

实际应纳税额=应纳税额×（1−30%）

### 7.3.6 特许权使用费应纳税额的计算

特许权使用费所得应纳税额的计算公式如下：

应纳税额=应纳税所得额×20%

### 7.3.7 财产租赁应纳税额的计算

财产租赁所得适用20%的比例税率。但对个人出租居民住房取得的所得，暂按10%的税率征税。其计算公式为：

应纳税额=应纳税所得额×适用税率

### 7.3.8 财产转让应纳税额的计算

财产转让所得适用20%的比例税率，其计算公式如下：

应纳税额=应纳税所得额×适用税率（20%）

### 7.3.9 利息、股息、红利所得和偶然所得应纳税额的计算

利息、股息、红利所得和偶然所得，以个人每次取得的收入额为应纳税所得额。不得从收入中扣除任何费用。其计算公式为：

应纳税额=应纳税所得额（每次收入）×适用税率

其中，对个人投资者从上市公司取得的股息、红利所得，暂减按50%计征所得税；对证券投资基金从上市公司分配取得的股息、红利所得，扣缴义务人在代扣代缴个人所得税时，减按50%计算应纳税额。

### 7.3.10 个人所得税应纳税额的特殊规定

**1. 公益救济性的捐赠**

个人将其所得对教育事业和其他公益事业捐赠的部分，允许从应纳税所得额中扣除，扣除额以不超过纳税人申报应纳税所得额的30%为限。上述捐赠是指个人将其所得通过中国境内的社会团体、国家机关向教育和其他社会公益事业以及遭受自然灾害地区、贫困地区的捐赠。其计算公式为：

捐赠扣除限额=应纳税所得额×30%

应纳税额=（应纳税所得额−允许扣除的捐赠额）×适用税率−速算扣除数

**2. 境外缴纳税款的抵免应纳税额的计算**

在计算出抵免限额和确定了允许抵免额后，便可对缴税人的境外所得计算应纳税额。其计算公式为：

应纳税额=∑［（来自某国或地区的某一应税项目的所得−费用减除标准）×

适用税率－速算扣除数〕－允许抵免额

**3. 两人以上（含两人）共同取得同一项所得**

两人或两人以上共同取得同一项所得，可以对每个人取得的所得分别减除费用，各自计算应纳税款，即实行“先分、后扣、再税”的办法。

**4. 一人兼有多项应税所得**

纳税人兼有两项或两项以上应税所得时，除按税法规定应同项合并计税的以外，其他所得项目应按项分别计税。税法规定应同项合并计税的应税所得有：工资、薪金所得，个体工商户的生产经营所得，对企事业单位的承包经营所得等。纳税人兼有不同项目劳务报酬所得时，应分别减除费用，计算缴纳个人所得税。

### 7.3.11　税收优惠

**1. 免税项目**

(1) 省级人民政府、国务院部委和中国人民解放军以上单位，以及外国组织、国际组织颁发的科学、教育、技术、文化、卫生、体育、环保等方面的奖金。

(2) 国债和国家发行的金融债券利息。其中，国债利息是指个人持有的中华人民共和国财政部发行的债券所取得的利息；国家发行的金融债券利息是指个人持有经国务院批准发行的金融债券所取得的利息。

(3) 按照国家统一规定发给的补贴、津贴。这里指按照国务院规定发给的政府特殊津贴和国务院规定免纳个人所得税的补贴、津贴。如发给中国科学院资深院士和中国工程院资深院士每人每年 1 万元的资深院士津贴免征个人所得税。

(4) 福利费、抚恤金、救济金。其中，福利费是指根据国家有关规定，从企业、事业单位、国家机关、社会团体提留的福利费或工会经费中支付给个人的生活补助费；救济金是指国家民政部门支付给个人的生活困难补助费。

(5) 保险赔款。

(6) 军人的转业费、复员费。

(7) 按照国家统一规定发给干部、职工的安家费、退职费、退休工资、离休工资、离休生活补助费。

(8) 各国驻华使馆、领事馆的外交代表、领事官员和其他人员的所得。

(9) 中国政府参加的国际公约与签订的协议中规定免税的所得。

(10) 企业和个人按规定比率提取并交付的住房公积金、医疗保险金、基本养老保险金和失业保险基金（简称“三险一金”），免征个人所得税。

个人领取“三险一金”免征个人所得税；“三险一金”存入银行个人账户所取得的利息收入，免征个人所得税。

(11) 对乡镇以上政府或县以上政府主管部门批准成立的见义勇为基金会或者类似组织，奖励见义勇为者的奖金或奖品，经主管税务机关批准，免征个人所得税。

(12) 经国务院财政部门批准免税的所得。

**2. 减税项目**

(1) 残疾、孤老人员和烈属的所得。

(2) 因严重自然灾害造成重大损失的。

(3) 其他经国务院财政部门批准减免的项目。

上述减免项目的减征幅度和期限，由省、自治区、直辖市人民政府规定。

**3. 暂免征税项目**

(1) 外籍个人以非现金形式或实报实销形式取得的住房补贴、伙食补贴、搬迁费、洗衣费。

(2) 外籍个人按合理标准取得的境内外出差补贴。

(3) 外籍个人取得的探亲费、语言训练费、子女教育费等，经当地税务机关审核批准为合理的部分。

(4) 外籍个人从外商企业取得的股息、红利所得。

(5) 个人举报、协查各种违法犯罪行为而获得的奖金。

(6) 个人办理代扣代缴税款手续，按规定取得的扣缴手续费。

(7) 个人转让租用达两年以上，并且是唯一的家庭生活用房取得的所得。

(8) 个人购买福利彩票、体育彩票，一次中奖收入在1万元以下的（含1万元）暂免征收个人所得税，超过1万元的全额征收个人所得税。

(9) 达到离退休年龄，但因工作需要，适当延长离退休年龄的高级专家（指享受国家发放的政府特殊津贴的专家、学者），其在延长离退休期间的工资、薪金所得，视同离退休工资免征个人所得税。

(10) 对个人转让上市公司股票的所得，暂免征收个人所得税。

# 7.4 个人所得税征收管理

## 7.4.1 自行申报纳税

**1. 申报范围**

凡有下列情形之一的，纳税人必须自行向税务机关申报所得并缴纳税款。

(1) 个人所得超过国务院规定数额的。

(2) 从两处或两处以上取得工资、薪金所得的。

(3) 取得的应纳税所得，没有扣缴义务人的。

(4) 分笔取得属于一次劳务报酬所得、稿酬所得、特许权使用费所得和财产租赁所得的。

(5) 取得应纳税所得，扣缴义务人未按规定扣缴税款的。

(6) 税务主管部门规定必须自行申报纳税的。

按照现行税法的规定，纳税人自2006年1月起，当年所得在12万元以上的应认真记录各项收入信息，按规定于次年3月底前向主管税务机关申报年度全部所得（表7-4）。

**表 7-4 个人所得税年度纳税申报表**

（适用于年所得在 12 万元以上的纳税人申报）

所得年份：　　年　　　　填表日期：　年　月　日　　　　金额单位：元人民币（列至角分）

| | | | | | | | | | |
|---|---|---|---|---|---|---|---|---|---|
| 纳税人姓名 | | 国籍（地区） | | 身份证照类型 | | 身份证照号码 | | | |
| 任职、受雇单位 | | 任职、受雇单位税务代码 | | 任职、受雇单位所属行业 | | 职务 | | 职业 | |
| 在华天数 | | 境内有效联系地址 | | | | 境内有效联系地址邮编 | | 联系电话 | |
| 此行由取得经营所得的纳税人填写 | 经营单位纳税人识别号 | | | | | 经营单位纳税人名称 | | | |

| 所得项 | 年所得额 | | | 应纳税所得额 | 应纳税额 | 已缴（扣）税额 | 抵扣税额 | 减免税额 | 应补税额 | 应退税额 | 备注 |
|---|---|---|---|---|---|---|---|---|---|---|---|
| | 境内 | 境外 | 合计 | | | | | | | | |
| 1. 工资、薪金所得 | | | | | | | | | | | |
| 2. 个体工商户的生产、经营所得 | | | | | | | | | | | |
| 3. 对企事业单位的承包经营、承租经营所得 | | | | | | | | | | | |
| 4. 劳务报酬所得 | | | | | | | | | | | |
| 5. 稿酬所得 | | | | | | | | | | | |
| 6. 特许权使用费所得 | | | | | | | | | | | |
| 7. 利息、股息、红利所得 | | | | | | | | | | | |
| 8. 财产租赁所得 | | | | | | | | | | | |
| 9. 财产转让所得 | | | | | | | | | | | |
| 其中：股票转让所得 | | | | | | | | | | | |
| 个人房屋转让所得 | | | | | | | | | | | |
| 10. 偶然所得 | | | | | | | | | | | |
| 11. 其他所得 | | | | | | | | | | | |
| 合　计 | | | | | | | | | | | |

我声明，此纳税申报表是根据《中华人民共和国个人所得税法》及有关法律、法规的规定填报的，我保证它是真实的、可靠的、完整的。

纳税人（签字）

代理人（签章）：　　　　联系电话：

税务机关受理人（签字）：　　　　税务机关受理时间：　年　月　日　　　　受理申报税务机关名称（盖章）：

（本表为 A4 横式，一式两联，第一联报税务机关，第二联纳税人留存。）

年所得 12 万元以上，是指纳税人在一个纳税年度取得以下各项所得的合计数额达到 12 万元。

（1）工资、薪金所得。

（2）个体工商户的生产、经营所得。

（3）对企事业单位的承包经营、承租经营所得。

（4）劳务报酬所得。

（5）稿酬所得。

（6）特许权使用费所得。

（7）利息、股息、红利所得。

（8）财产租赁所得。

（9）财产转让所得。

（10）偶然所得。

（11）经国务院财政部门确定征税的其他所得。

**2. 纳税期限**

除特殊情况外，自行申报纳税人每月应纳的税款，都应当在次月 7 日前缴入国库，并向税务机关报送纳税申报表，具体规定如下。

（1）工资、薪金所得的应纳税款，按月计征，由纳税人在次月 7 日内缴入国库，并向税务机关报送个人所得税的纳税申报表。

采掘业、远洋运输业、远洋捕捞业等特定行业的纳税人，考虑其工作的特殊性，其工资、薪金所得应纳的税款，可以按年计算、分月预缴，自年度终了之日起 30 日内，合计全年工资，再按 12 个月平均计算实际应纳的税款，多退少补。

（2）劳务报酬、稿酬、特许权使用费、利息、股息、红利、财产租赁、财产转让所得和偶然所得等，按次计征。取得所得的纳税人应当在次月 7 日内将应纳税款缴入国库，并向税务机关报送个人所得税的纳税申报表。

（3）年所得 12 万元以上的纳税义务人，在年度终了后 3 个月内到主管税务机关办理纳税申报。

（4）账册健全的个体工商户的生产经营所得应纳的税款，按年计算，分月预缴，由纳税义务人在次月 7 日内预缴，年度终了后 3 个月内汇算清缴，多退少补。

账册不健全的个体工商户的生产经营所得应纳的税款，由各地税务机关依据征管法及其实施细则的有关规定，自行确定征收方式。

（5）对企事业单位的承包、承租经营所得应纳的税款，按年计算，由纳税义务人在年度终了后 30 日内缴入国库，并向税务机关报送纳税申报表。

纳税义务人在 1 年内分次取得承包经营、承租经营所得的，应当在取得每次所得后的 7 日内预缴，年度终了后 3 月内汇算清缴，多退少补。

（6）从中国境外取得所得的纳税义务人，其来源于中国境外的应纳税所得，若在境外以纳税年度计算缴纳个人所得税的，应在所得来源国的纳税年度终了、结清税款后的 30 日内，向中国主管税务机关申报纳税；在取得境外所得时结清税款的，或者在境外按所得来源国税法规定免予缴纳个人所得税的，应当在次年 1 月 1 日起 30 日内，向税务机关申报纳税。

（7）个人独资企业和合伙企业投资者应纳的个人所得税款，按年计算，分月或分季预缴，由投资者在每月或者每季度终了后 7 日内预缴，年度终了后 3 个月内汇算清缴，多退少补。

个人独资企业和合伙企业在年度中间合并、分立、终止时，投资者应当在停止生产经营之日起 60 日内，向主管税务机关办理当期个人所得税汇算清缴。在纳税年度的中间开业，或者由于合并、关闭等原因，该纳税年度的实际经营期不足 12 个月的，应当以其实际经营期为一个纳税年度。

**3. 纳税地点**

(1) 年所得 12 万元以上的纳税人，纳税申报地点如下：

①在中国境内有任职、受雇单位的，向任职、受雇单位所在地主管税务机关申报。

②在中国境内有两处或者两处以上任职、受雇单位的，选择并固定向其中一处单位所在地主管税务机关申报。

③在中国境内无任职、受雇单位，年所得项目中有个体工商户的生产、经营所得或者对企事业单位的承包经营、承租经营所得（以下统称生产、经营所得）负责缴税的，向其中一处实际经营所在地主管税务机关申报。

④在中国境内无任职、受雇单位，年所得项目中无生产、经营所得的，向户籍所在地主管税务机关申报。在中国境内有户籍，但户籍所在地与中国境内经常居住地不一致的，选择并固定向其中一地主管税务机关申报。在中国境内没有户籍的，向中国境内经常居住地主管税务机关申报。

(2) 从两处或者两处以上取得工资、薪金所得的，选择并固定向其中一处单位所在地主管税务机关申报。

(3) 从中国境外取得所得的，向中国境内户籍所在地主管税务机关申报。在中国境内有户籍，但户籍所在地与中国境内经常居住地不一致的，选择并固定向其中一地主管税务机关申报。在中国境内没有户籍的，向中国境内经常居住地主管税务机关申报。

(4) 个体工商户向实际经营所在地主管税务机关申报。

(5) 个人独资、合伙企业投资者兴办两个或两个以上企业的，区分以下不同情形确定纳税申报地点。

①兴办的企业全部是个人独资性质的，分别向各企业的实际经营管理所在地主管税务机关申报。

②兴办的企业中含有合伙性质的，向经常居住地主管税务机关申报。

③ 兴办的企业中含有合伙性质，个人投资者经常居住地与其兴办企业的经营管理所在地不一致的，选择并固定向其参与兴办的某一合伙企业的经营管理所在地主管税务机关申报。

(6) 除以上情形外，纳税人应当向取得所得所在地主管税务机关申报。

纳税人的纳税申报地点确定的，一般不得随意变更纳税申报地点，因特殊情况变更纳税申报地点的，须报原主管税务机关备案。

**4. 申报方式**

纳税人可以采取多种方式办理纳税申报，可以采取数据电文、邮寄等方式申报，也可以直接到主管税务机关申报或采取符合主管税务机关规定的其他方式申报，还可以委托有税务代理资质的中介机构或他人代为办理纳税申报。其中，纳税人采取数据电文方式申报的，应当按照税务机关规定的期限和要求保存有关纸质资料；纳税人采取邮寄方式申报的，以邮政部门挂号信函收据作为申报凭据，以寄出的邮戳日期为实际申报日期。

**5. 申报管理**

(1) 主管税务机关应当将各类申报表，登载到税务机关的网站上，或者摆放到税务机关受理纳税申报的办税服务厅，免费供纳税人随时下载或取用。

(2) 主管税务机关应当在每年法定申报期间，通过适当方式，提醒年所得 12 万元以上的纳税人办理自行纳税申报。

(3) 受理纳税申报的主管税务机关根据纳税人的申报情况，按照规定办理税款的征、补、退、抵手续。

（4）主管税务机关按照规定为已经办理纳税申报并缴纳税款的纳税人开具完税凭证。

（5）税务机关依法为纳税人的纳税申报信息保密。

（6）纳税人变更纳税申报地点，并报原主管税务机关备案的，原主管税务机关应当及时将纳税人变更纳税申报地点的信息传递给新的主管税务机关。

（7）主管税务机关对已办理纳税申报的纳税人建立纳税档案，实施动态管理。

## 7.4.2 代扣代缴税款

代扣代缴税款是指按税法规定负有扣缴税款义务的单位或个人，在向个人支付应纳税所得时，应计算应纳税额，从其所得中扣除并缴入国库，同时向税务机关报送扣缴个人所得税报表的一种纳税方法。

负有代扣代缴税款义务的单位和个人，向纳税人支付除个体工商户所得项目以外的各项应税所得均为代扣代缴税款，但不包括外国驻华使领馆和联合国及其他依法享有外交特权和豁免的国际组织驻华机构。

### 1. 扣缴义务人

扣缴义务人必须依法履行个人所得税全员全额扣缴申报义务，即扣缴义务人向个人支付应税所得时，扣缴义务人应当在代扣税款的次月内，填写“扣缴个人所得税报告表”（表 7-5）向主管税务机关报送其支付应税所得个人的基本信息、支付所得项目、扣缴税款数额以及其他相关涉税信息。

**表 7-5 扣缴个人所得税报告表**

填表日期： 年 月 日　　　　金额单位：人民币/元

纳税人识别号 □□□□□□□□□□□□□□□

根据《中华人民共和国个人所得税法》第九条的规定制定本表，扣缴义务人应将本月扣缴的税款在次月 7 日内缴入国库，并向当地税务机关报送本表。

| 扣缴义务人名称 | | | | | 地址 | | | | | | | | | | 电话 | | |
|---|---|---|---|---|---|---|---|---|---|---|---|---|---|---|---|---|---|
| 纳税义务人姓名 | 纳税人识别号 | 工作单位及地址 | 所得项目 | 所得期间 | 收入额 | | | | | | 减费用额 | 应纳税所得额 | 税率 | 速算扣除数 | 扣缴所得税额 | 完税证号 | 纳税日期 |
| | | | | | 人民币 | 外币 | | | | 人民币合计 | | | | | | | |
| | | | | | | 货币名称 | 金额 | 外汇牌价 | 折合人民币 | | | | | | | | |
| | | | | | | | | | | | | | | | | | |
| | | | | | | | | | | | | | | | | | |
| 如果由扣缴义务人填写完税证，应在报送此表时附完税证副联____份 | | | | | | | | | | | | | | | | | |
| 扣缴义务人声明 | 我声明：此扣缴申报表是根据《中华人民共和国个人所得税法》的规定填报的，我确信它是真实的、可靠的、完整的。<br>声明人签字：______ | | | | | | | | | | | | | | | | |

续表

| | | | | | |
|---|---|---|---|---|---|
| 会计主管人签字： | | 负责人签字： | | 扣缴单位（或个人）盖章： | |
| 以下由税务机关填写 | | | | | |
| 收到申报日期 | | 接收人 | | 审核日期 | |
| 审核记录 | | | 主管税务机关（公章）：<br>主管税务官员签字： | | |

**2. 应扣缴的应税项目**

扣缴义务人向个人支付应税所得时，应代扣代缴个人所得税的应税项目有：工资、薪金所得；对企事业单位的承包、承租经营所得；劳务报酬所得；稿酬所得；特许权使用费所得；利息、股息、红利所得；财产租赁所得；财产转让所得；偶然所得；经国务院财政部门确定征税的其他所得。

**3. 扣缴义务人的义务及责任**

扣缴义务人向个人支付应税所得（包括现金、实物和有价证券）时，不论纳税人是否属于本单位的人员，均应代扣代缴应纳的个人所得税款。扣缴义务人依法履行代扣代缴义务时，纳税人不得拒绝。纳税人拒绝的，扣缴义务人应及时报告税务机关处理，并暂时停止支付其应税所得。

扣缴义务人对纳税人应扣未扣的税款，其应纳的税款仍然由纳税人缴纳，扣缴义务人应承担应扣未扣税款 50%以上 3 倍以下的罚款。

## 本章小结

本章主要介绍了个人所得税征收基础知识、应纳税所得额的确定、应纳税额的计算、纳税征收管理等内容。

(1) 个人所得税是指国家制定的调整个人所得税征收与缴纳权利义务关系的法律规范，以自然人取得的各项应税所得为对象征收的一种税。个人所得税是对中国境内有住所，或者无住所而在境内居住满一年的个人就其来源于中国境内、外的所得，以及在中国境内无住所又不居住，或者无住所而在境内居住不满一年的个人，就其来源于中国境内的所得征收的一种税。

(2) 个人所得税的纳税人分为居民纳税人和非居民纳税人，主要纳税项目包括：①工资、薪金所得；②个体工商户的生产、经营所得；③对企事业单位的承包经营、承租经营所得；④劳务报酬所得；⑤稿酬所得；⑥特许权使用费所得；⑦利息、股息、红利所得；⑧财产租赁所得；⑨财产转让所得；⑩偶然所得；⑪经国务院财政部门确定征税的其他所得。

(3) 个人所得税采用比例税率和超额累进税率两种形式，按照应税项目的不同而分别适用：①工资、薪金所得，适用超额累进税率，税率为 5%～45%；②个体工商户的生产、经营所得和对企事业单位的承包经营、承租经营所得，适用5%～35%的超额累进税率；③稿酬所得，适用比例税率，税率为20%，并按应纳税额减征30%；④劳务报酬所得，适用比例税率，税率为20%。对劳务报酬所得一次收入畸高的，可以实行加成征收，具体办法由国务院规定；⑤特许权使用费所得，利息、股息、红利所得，财产租赁所得，财产转让所得，偶然所得和其他所得，适用比例税率，税率为20%。

(4) 工资薪金所得、个体工商户生产经营所得和企事业单位承包承租经营所得为按期纳税，其他所得为按次纳税。适用超额累进税率计算应纳税额的计算公式为：应纳税额＝应纳税所得额×适用税率－速算扣除数；适用比例税率计算应纳税额的计算公式为：应纳税额＝应纳税所得额×适用税率。

(5) 个人所得税的优惠政策包括免税奖金、免税利息、免税补贴、免税基金、免税股权、外籍个人收入免税项目、无住所个人工资薪金免税项目、其他所得免税项目和减税项目等规定。

(6) 个人所得税的纳税方法，有自行申报纳税和代扣缴两种。扣缴义务人每月所扣的税款与自行申报纳税人每月应纳的税款，都应当在次月7日内缴入国库，并向税务机关报送纳税申报表。各项所得的计算，以人民币为单位。所得为外国货币的，按照国家外汇管理机关规定的外汇牌价折合人民币缴纳税款。

## 基础与提高

### 一 单项选择题

1. 下列不属于企业所得税纳税义务人的是（　　）。

A. 个人独资企业　　B. 外国企业

C. 外商投资企业　　D. 总机构设在境内的境外分支机构

2. 根据个人所得税法律的规定，在中国境内无住所但取得所得的下列外籍个人中，属于居民纳税人的是（　　）。

A. M甲国，在华工作6个月

B. N乙国，2009年1月10日入境，2009年10月10日离境

C. X丙国，2008年10月1日入境，2009年12月31日离境，其间临时离境28天

D. Y丁国，2009年3月1日入境，2010年3月1日离境，其间临时离境100天

3. 下列各项中，不得在企业所得税前扣除的是(　　)。

A. 无形资产开发支出未形成资产的部分

B. 向投资者支付的股息、红利等权益性投资收益款项

C. 因关联企业破产不能清偿债务而发生的坏账损失

D. 纳税人在生产经营过程中发生的固定资产修理费

4. 某外籍专家甲在中国境内无住所，于2009年2至11月受聘在华工作。该期

间甲每月取得中国境内企业支付的工资人民币28 000元；另以实报实销形式取得住房补贴人民币5 000元，已知外籍个人工资、薪金所得减除费用标准为4 800元/月，全月工资、薪金应纳税所得额超过20 000元低于50 000元的部分，适用的个人所得税税率为25%，速算扣除数为1 375元，则甲在中国期间应缴纳的个人所得税税额为(　　)元。

A. 31 750　　B. 43 750　　C. 44 250　　D. 56 750

5. 演员参加任职单位组织的演出取得的报酬，应(　　)。

A. 不纳税

B. 按工资薪金所得项目，按月计算纳税

C. 按劳务报酬所得按次纳税

D. 按劳务报酬所得，一个月合计纳税一次

6. 工资、薪金所得应纳的税额，按月计征，由扣缴义务人或者纳税人在次月的(　　)日内缴入国库。

A. 5　　B. 7　　C. 10　　D. 15

7. 国内某作家的一篇小说先在某晚报上连载三月，每月取得稿酬3 600元，然后送交出版社出版，一次取得稿酬20 000元。该作家需缴纳个人所得税(　　)。

A. 3 416元　　B. 3 449.6元　　C. 3 752元　　D. 4 009.6元

## 二 多项选择题

1. 根据个人所得税法律制度的规定，下列情形中，纳税人应当自行申报缴纳个人所得税的有(　　)。

A. 年所得12万元以上的

B. 从中国境外取得所得的

C. 取得应税所得，没有扣缴义务人的

D. 从中国境内两处或两处以上取得工资、薪金所得的

2. 根据个人所得税法律制度的规定，下列关于个人所得来源地的判断中，正确的有(　　)。

A. 特许权使用费所得，以特许权的使用地作为所得来源地

B. 生产、经营所得，以生产、经营活动实现地作为所得来源地

C. 财产租赁所得，以被租赁财产的使用地作为所得来源地

D. 工资、薪金所得，以纳税人居住地作为所得来源地

3. 企业的下列项目中可以在计算应纳税所得额时享受加计扣除优惠政策的是(　　)。

A. 创业投资企业从事国家需要重点扶持和鼓励的创业投资的投资额

B. 企业购置用于环境保护、节能节水、安全生产等专用设备的投资额

C. 开发新技术、新产品、新工艺发生的研究开发费用

D. 安置残疾人员及国家鼓励安置的其他就业人员所支付的工资

4. 下列个人所得中，适用20%的比例税率的是(　　)。

A. 财产租赁所得

B. 财产转让所得

C. 对企事业单位的承包经营与承租经营所得

D. 偶然所得

5. 根据个人所得税法律制度的规定，下列个人所得中，应按“劳务报酬所得”项目征收个人所得税的有（　　）。

A. 某大学教授从甲企业取得的咨询费

B. 某公司高管从乙大学取得的讲课费

C. 某设计院设计师从丙家装公司取得的设计费

D. 某编剧从丁电视剧制作单位取得的剧本使用费

## 三 思考题

1. 如何理解个人所得税的含义，其有何特点？

2. 个人所得税有哪些优惠内容？

3. 个人所得税规定的应税所得项目有哪些？

4. 如何计算个人所得税应纳所得税？

5. 如何计算个人所得税应纳税额？

6. 如何理解个人所得税的征收管理？

## 四 计算分析题

1. 中国公民李某是某杂志社编辑，2009 年 12 月收入情况如下。

(1) 取得工资薪金收入 6 000 元，加班奖金 4 000 元。

(2) 编写电影剧本获得剧本使用费 10 000 元。

(3) 彩票中奖 8 000 元，通过红十字会向受到严重自然灾害的地区捐款 2 000元。

(4) 将其拥有的三处房产中已使用 10 年的一套房产转让，收入为 500 000 元，该房产原价 300 000 元，另支付印花税等相关税费 10 000 元。

根据所给资料计算以下数值。

(1) 李某 12 月份工资和奖金收入应缴纳个人所得税。

(2) 李某取得的剧本使用费应缴纳个人所得税。

(3) 李某彩票中奖应缴纳个人所得税。

(4) 李某转让房产应缴纳个人所得税。

2. 有一中国公民，2009 年 3 至 12 月从中国境内取得工资薪金收入 40 000 元（人民币，下同），取得稿酬收入 5 000 元；当年还从 A 国取得特许权使用费收入 8 000元，从 B 国取得利息收入 3 000 元。该纳税人已按 A 国、B 国税法规定分别缴纳了个人所得税1 400元和 500 元。

根据上述资料计算以下数值。

(1) 该纳税人 2009 年 3 至 12 月境内工薪收入应纳税额。

(2) 该纳税人 2009 年境内稿酬收入应纳税额。

(3) 该纳税人 2009 年境外收入应补税额。

(4) 该纳税人 2009 年境内外收入应纳个人所得税税额。

## 技能实训

### 一、实训项目

进行应纳税个人所得税计算。

### 二、实训方式

1. 个人阅读实训材料及实训分析后进行思考，可以分小组计算个人所得税。

2. 分小组讨论结束后，每位同学把讨论结果整理成书面材料上交。

3. 教师评分后总结。

### 三、实训材料

居住在市区的中国居民李某，为一中外合资企业的职员，2007年取得以下所得。

(1) 每月取得合资企业支付的工资薪金9 800元。

(2) 2月份，为某企业提供技术服务，取得报酬30 000元，与其报酬相关的个人所得税由该企业承担。

(3) 3月份，从A国取得特许权使用费折合人民币15 000元，已按A国税法规定缴纳个人所得税折合人民币1 500元并取得完税凭证。

(4) 4月1日至6月30日，前往B国参加培训，利用业余时间为当地三所中文学校授课，取得课酬折合人民币各10 000元，未扣缴税款；出国期间将其国内自己的小汽车出租给他人使用，每月取得租金5 000元。

(5) 7月份，与同事杰克（外籍）合作出版了一本中外文化差异的书籍，共获得稿酬56 000元，李某与杰克事先约定按6∶4比例分配稿酬。

(6) 10月份，取得3年期国债利息收入3 888元；10月30日取得于7月30日存入的三个月定期存款90 000元的利息（银行按年利率1.71%结息）。

(7) 11月份，以每份218元的价格转让2006年的企业债券500份，发生相关税费870元，债券申购价每份200元，申购时共支付相关税费350元；转让A股股票取得所得24 000元。

(8) 1至12月份，与4个朋友合伙经营一个酒吧，年底酒吧将30万元生产经营所得在合伙人中进行平均分配。

### 四、实训分析

银行定期存款自存款当日计息，到期日不计息，全年按365天计算。试计算以下数值。

1. 李某全年工资薪金应缴纳的个人所得税。

2. 企业为李某支付技术服务报酬应代付的个人所得税。

3. 李某从A国取得特许权使用费所得应补缴的个人所得税。

4. 李某从B国取得课酬所得应缴纳的个人所得税。

5. 李某出租小汽车应缴纳的营业税、城市维护建设税和教育费附加。

6. 李某小汽车租金收入应缴纳的个人所得税。

7. 李某稿酬所得应缴纳的个人所得税。

8. 银行应扣缴李某利息所得的个人所得税。

9. 李某转让有价证券所得应缴纳的个人所得税。

10. 李某分得的生产经营所得应缴纳的个人所得税。

## 案例分析

### 我国个人所得税地位的比较分析与变化趋势

#### 一、我国个人所得税地位的比较分析

西方国家个人所得税的发展与政府职能扩大直接相联系，是由于在政府职能扩大和市场经济制约商品税发展的情况下，既要适应市场经济发展的需要，又要满足政府职能扩大的需要，个人所得税才得以不断发展并替代商品税的收入地位而成为主体税。同时，又由于个人所得税是对人税的显著特征，其税负的变动可以直接调节个人的经济行为，当政府有目的地扩大或调整个人所得税的课征范围或有关要素时，个人所得税在其收入地位的基础上，其调节功能地位也显著地表现出来。

我国个人所得税发展的制度因素与西方国家正好相反，是政府从市场经济干预过大中逐步退出，这种退出的表现之一，就是调节经济的方式由以行政计划手段为主变为以经济手段为主。因此，在我国政府职能相对缩小的情况下，我们对个人所得税的期望不能是当初西方国家那种替代商品税收入地位的模式，而应是在不改变商品税相对地位的情况下如何使个人所得税成为财政的一个新税源，并且尽可能地发挥其所具有的功能作用。同时也应认识到，虽然目前我国经济改革以来GDP总量和人均收入水平都上升得比较快，但这其中除了经济体制转变的作用外，我们原来的起点低、基数小的客观现实，才会有今天的这种发展势头。对个人所得税发展的基础和条件而言，不能用我国个人收入增长快的一方面条件理由来说明，也不能用西方国家发展个人所得税的那种经济水平和个人收入水平的状况来进行单一的比较衡量，必须站在我国个人所得税存在和发展的基础条件上，用市场经济内在要求的标准对照我国市场经济所具备的条件，在此基础上判断我国个人所得税的地位和其能够发挥的功能作用。

此外，西方国家的个人所得税是建立在以私有制为基础的市场经济上，我国则是建立在以公有制为基础的市场经济上。从短时期看，这种所有制基础的差异也是我国个人所得税的功能和作用不能像西方国家那样得以占主导地位的一个重要原因。因为，在私有制的市场经济中，个人是最重要的市场主体，企业的私有性决定其市场主体的行为可以在一定程度上分解为个人的某些市场行为。在这种前提下的政府行为则是以服务于个人和企业而相应地表现出来的，即政府活动是围绕着为各个私有利益群体设计的政策目标进行的。因此，西方国家发展要调整个人所得税就必然要响应一定时期各个利益群体的呼声，在各个利益群体之间进行权衡。

我国的个人所得税是建立在公有制为基础的市场经济中，由于公有制经济成分在社会经济中占主体，且在公有制经济中，企业的经济行为不可能完全分解为个人的经济行为，企业利益也不可能完全分解为个人利益，所以，政府对个人所得税发展的定位不可能同西方国家那样确定在对各个利益群体的权衡上，至少目前表现为

这种情况。因此，我国个人所得税的功能、作用与地位在一定时期内也就不可能与西方国家相提并论。

**二、我国个人所得税地位的变化趋势**

经济体制改革以来，在个人收入不断增加的同时，个人收入分配差距过大问题也日益突出。必须承认，市场经济体制的确立和发展必然要很大程度上改变旧体制下那种个人收入分配相对平均化的情况，并且，个人收入分配差距拉大也是一种必然现象。从另一个角度讲，由于我国改革时期的财政困难一直困扰着改革的深化发展，如何在经济体制转轨的过程中转换与经济发展变化对应的税源结构和税制结构，是财政税务领域专家学者和业务部门工作者一直在努力解决的问题。

从我国目前个人收入水平不断提高和收入分配差距持续拉大的情况看，个人所得税大力发展既有基础又有必要。从税源结构变化和增加财政收入的角度看，也同样如此。所以，从个人所得税发展的角度看，伴随着个人收入不断提高和税制结构与税源结构的相应调整，个人所得税的财政收入地位和对社会经济的调节地位都会逐步上升，这是一种必然趋势。

须进一步指出的是，随着我国市场经济的不断演进，无论是国有企业还是行政事业单位，其收入分配制度必将市场化或比照市场化，政府用计划方式调节个人收入的情况将相对地越来越少，用经济杠杆手段调节的情况将越来越多。同时，随着社会经济的不断发展，在个人收入水平不断提高的前提下，个人所得税的纳税人必然越来越多，个人所得税的收入地位和调节功能地位在经济生活中也必将越来越突出和重要，这种趋势是必然的。绝对不可忽视个人所得税未来发展的这一重要趋势。

作者：徐进　来源：财贸经济

**思考与分析：**

1. 查阅资料，分析个人所得税法在我国的经济地位。

2. 结合我国个人所得税的法律制度规定，探讨个人所得税法深化改革的政策措施。

3. 我国个人所得税地位的发展趋势对我国市场经济有何影响？

# 第8章 自然资源税法

**学习目标**

理解自然资源税各税种的含义、特点、征税范围及纳税义务人；掌握资源税、土地增值税、城镇土地使用税以及耕地占用税应纳税额的计算；掌握自然资源税各税种的征收管理。

**案例导入**

**我国资源税的税制背景与改革**

**一、产生背景**

中国的资源税开征于1984年。1984年9月28日，财政部发布的《资源税若干问题的规定》指出，从1984年10月1日起，对原油、天然气、煤炭等先行开征资源税，对金属矿产品和其他非金属矿产品暂缓征收。1984年开征资源税主要是为了调节资源开采中的级差收入，促进资源合理开发利用。《资源税若干问题的规定》是以实际销售收入为计税依据，按照矿山企业的利润率实行超率累进征收，其宗旨是调节开发自然资源的单位因资源结构和开发条件的差异而形成的级差收入。公开资料显示，从1994年1月1日起，资源税开始实行从量定额征收的办法。对开采应税矿产品和生产盐的单位，开始实行"普遍征收、级差调节"的新资源税制，征收范围扩大到所有矿种的所有矿山，不管企业是否赢利都要征收。但是，十几年过去了，目前资源税依然采取从量定额征收的办法。以煤炭行业为例，原煤每吨征收资源税2～5元，焦煤8元，综合起来平均每吨3.5元。

**二、资源税改革**

国务院批准的国家发改委《2009年深化经济体制改革工作的意见》中明确提出：研究制订并择机出台资源税改革方案。在财政部2009年6月17日召开的2009年"两会"资源税改革建议提案办理工作座谈会上，财政部副部长王军表示，"将资源税改革类建议提案确定为今年重点办理建议提案"。

**三、计征方式从"从量"到"从价"**

资源税改革除了扩大征收范围，改革计征方式也成为多年来业界的共识。

中国社会科学院财贸所价格与税收研究室副主任张斌认为：征收方式由"从量

征收”改为“从价征收”，或者从量和从价相结合来提高税负，能够通过价格调整改变资源税，应是改革的重点之一。

从量定额征收在价格变动不大的情况下无所谓，可是这几年价格变动很快，煤的价格过去每吨两、三百元，现在变成了上千元。而在价格上涨过程中，那些资源型垄断企业的收入增加很多，而政府的税收却没有增加，对此，政府和老百姓都有意见。从 2008 年上半年开始，资源品价格尤其是肥焦煤的价格像从最低时每吨才 600 多元，达到最高时每吨 2 000 元，这样算下来，资源税征收额不足每吨煤销售价格的 1%。煤炭价格上涨，但是资源税仍然保持不变，也就是说，现有的税率完全不能反映资源价格的变动。资源税税率已经到了必须改革的时候了。

**思考：**

结合科学发展观，思考资源类各税在经济可持续发展中的作用。

# 8.1　资源税法

## 8.1.1　资源税法概述

### 1. 资源税的含义

资源税是对在我国境内从事应税矿产品开采和生产盐的单位和个人课征的一种税，属于自然资源占用课税的范畴。该税种是以各种资源为课税对象、为了调节资源级差收入并体现国有资源有偿使用而征收的一种税。它分为两种，即级差资源税与一般资源税。现行规范依据是 1993 年 12 月国务院颁布的《中华人民共和国资源税暂行条例》和财政部制定的《中华人民共和国资源税暂行条例实施细则》，以及 1994 年 1 月国家税务总局印发的《资源税若干问题的规定》等。

征收资源税的最重要理论依据是地租理论，各国对矿产、石油等资源征税的形式，大致可分为以下三种。

（1）按采矿区面积征收。

（2）按产量或销售收入征收。

（3）按资源丰瘠情况征收。

### 2. 资源税的特点

（1）征税范围较窄。我国现行资源税的征收对象既不是全部的自然资源，也并非所有具有商品属性的资源，而主要是矿产资源。在矿产资源中，还采取了根据矿产品价格和采掘业的实际状况选择品目、分批分步实施征收资源税的办法。具体操作时，对矿产资源的绝大多数主要矿种，采取列举品目的办法征收。未列举品目的矿种主要是资源不大、不具代表性的矿种，这部分品目征收资源税或者缓征资源税的权限应适当下放到地方。随着我国经济的快速发展，对自然资源的合理利用和有效保护将越来越重要，因此，资源税的征税范围应逐步扩大。

（2）纳税环节的一次性。资源税以开采者取得的原料产品级差收入为征税对象，不包括经过加工的产品，因而具有一次课征的特点。同时，资源税按照“资源条件好、收入多的多征，资源条件差、收入少的少征”的原则，根据矿产资源等级分别确定不同的税额，以有效地调节资源级差收入。

（3）具有受益税性质。从自然资源的所有权关系分析，如果应税资源非国家所有，则国家单纯凭借政治权力对资源征税，属于严格意义上的税；反之，如果应税资源属于国家所有，对这类资源征税，那么，资源税具有资源有偿分配性质。

（4）实行源泉课征。不论采掘或生产单位是否属于独立核算，资源税均规定在采掘或生产地源泉控制征收，这样既照顾了采掘地的利益，又避免了税款的流失。这与其他税种由独立核算的单位统一缴纳不同。

### 3. 纳税义务人和扣缴义务人

（1）纳税义务人。资源税的纳税义务人，是指在中华人民共和国境内开采应税资源的矿产品或生产盐的单位和个人。

中外合作开采石油、天然气，按照现行规定只征收矿区使用费，暂不征收资源税。因此，中外合作开采石油、天然气的企业不是资源税的纳税义务人。

对纳税义务人的理解应注意以下三个问题：①进口应税资源矿产品的单位和个人不缴纳资源税；②纳税人包括外商，但中外合作开采石油、天然气的企业暂不征收资源税；③资源税一次性征收，已征过资源税的矿产品再进入流通阶段，不再征收资源税。

（2）扣缴义务人。收购未税矿产品的单位为资源税的扣缴义务人。它具体包括独立矿山、联合企业和其他单位，其他单位也包括收购未税矿产品的个体户在内。

### 4. 资源税的征税范围

资源税采用定额税率，从量定额征收，实施“普遍征收、级差调节”的原则。

普遍征收是指对在我国境内开发的一切应税资源产品征收资源税。级差调节是指运用资源税对因资源贮存状况、开采条件、资源优劣、地理位置等客观存在的差别而产生的资源级差收入，实施差别税额标准进行调节。

资源税税目、税额包括 7 大类，在 7 个税目下面又设有若干个子目。

（1）原油。开采的天然原油征税；人造石油不征税。

（2）天然气。专门开采的天然气和与原油同时开采的天然气征税；煤矿生产的天然气暂不征税。

（3）煤炭。原煤征税；洗煤、选煤和其他煤炭制品不征税。税额为 0.3～5 元/吨。

（4）其他非金属矿原矿，是指原油、天然气、煤炭和井矿盐以外的非金属矿原矿，税额为 0.5～20 元/吨、克拉或者立方米。

（5）黑色金属矿原矿，是指纳税人开采后自用、销售的，用于直接入炉冶炼或作为主产品先入选精矿，制造人工矿，再最终入炉冶炼的黑色金属矿石原矿，包括铁矿石、锰矿石和铬矿石。税额为 2～30 元/吨。

（6）有色金属矿原矿。税额为 0.4～30 元/吨或立方米挖出量。

(7) 盐。一是固体盐，包括海盐原盐、湖盐原盐和井矿盐，税率为 10～60 元/吨；二是液体盐（卤水），是指氯化钠含量达到一定浓度的溶液，是用于生产碱和其他产品的原料，税额为 2～10 元/吨。

硅藻土、珍珠岩、磷矿石和玉石等资源税税额标准如下：硅藻土、玉石每吨 20 元，磷矿石每吨 15 元，膨润土、沸石、珍珠岩每吨 10 元。

纳税人在开采主矿产品的过程中伴采的其他应税矿产品，凡未单独规定适用税额的，一律按主矿产品或视同主矿产品税目征收资源税。

根据税法规定，资源税按照应税资源的地理位置、开采条件、资源优劣等情况，实行地区差别幅度定额征税。对税法未列举名称的纳税人适用的税率，由省、市、自治区人民政府根据纳税人资源状况，参照邻近矿山税率标准，在浮动 30%幅度内核定。具体见表 8-1。

**表 8-1　资源税税目税额表**

| 税　目 | 征收范围（等级） | 税额（元） | 课税单位 |
|---|---|---|---|
| 一、原油 | （一）中国石油天然气公司大庆油田、新疆油田、吐哈油田、塔里木油田、青海油田、塔里木河南勘探公司和中国石化西北分公司 | 30.00 | 吨 |
| | （二）中国石油天然气公司华北油田分公司、长庆油田分公司，延长油矿管理局 | 28.00 | |
| | （三）中国石油天然气公司冀东油田、大港油田、中国石化江汉油田、中原油田、中原油气高新公司 | 24.00 | |
| | （四）中国石油天然气公司辽河油田、吉林油田、中国石化胜利油田、江苏油田、河南油田和华东分公司，吉林省境内的其他石油生产企业，山东省境内的胜利石油管理局所属石油生产企业 | 22.00 | |
| | （五）中国石油天然气公司西南油气田、玉门油田 | 18.00 | |
| | （六）其他石油开采企业 | 16.00 | |
| | （七）各企业的稠油、高凝油 | 14.00 | |
| 二、天然气 | （一）中国石油天然气公司西南油气田 | 15.00 | 千立方米 |
| | （二）中国石油天然气公司大庆油田 | 14.00 | |
| | （三）中国石化胜利油田、中国石油天然气公司辽河油田、山东省境内的胜利石油管理局所属石油生产企业 | 13.00 | |
| | （四）中国石油天然气公司长庆油田 | 12.00 | |
| | （五）中国石油天然气公司华北油田、大港油田、冀东油田、新疆油田、吐哈油田、塔里木油田、吉林油田、中国石化中原油田、河南油田、中原油气高新公司、吉林省境内的其他天然气开采企业 | 9.00 | |
| | （六）其他天然气开采企业 | 7.00 | |

续表

| 税 目 | 征收范围（等级） | 税额（元） | 课税单位 |
|---|---|---|---|
| 三、煤炭 | （一）北京市、浙江省、新疆维吾尔自治区① | 0.50 | 吨 |
| | （二）安徽省 | 2.00 | |
| | （三）黑龙江省、青海省、宁夏回族自治区 | 2.30 | |
| | （四）吉林省、江苏省、福建省、江西省、湖南省、重庆市、四川省、贵州省、云南省② | 2.50 | |
| | （五）辽宁省 | 2.80 | |
| | （六）河北省、湖北省、甘肃省、广西壮族自治区 | 3.00 | |
| | （七）山西省、陕西省、内蒙古自治区 | 3.20 | |
| | （八）山东省、广东省 | 3.60 | |
| | （九）河南省③ | 4.00 | |
| | （十）焦煤 | 8.00 | |
| 四、其他非金属矿原矿 | （一）宝石、宝石级金刚石 | 10.00 | 克拉 |
| | （二）玉石、膨润土 | 5.00 | 吨 |
| | （三）石墨、石英砂、萤石、重晶石、毒重石、蛭石、长石、沸石、滑石、白云石、硅灰石、凹凸棒石黏土、高岭土（瓷土）、耐火黏土、云母 | 3.00 | 吨 |
| | （四）大理石、花岗石 | 3.00～10.00 | 立方米 |
| | （五）石灰石 | 0.50～3.00 | 吨 |
| | （六）菱镁矿、天然碱、石膏、硅线石 | 2.00 | |
| | （七）工业用金刚石 | 2.00 | 克拉 |
| | （八）石棉（一至六等） | 0.50～2.00 | 吨 |
| | （九）硫铁矿、自然碱、磷铁矿 | 1.00 | |
| | （十）未列举名称的其他非金属矿原矿 | 0.50～3.00 | 吨或立方米 |
| 五、黑色金属矿原矿 | （一）铁矿石 | | 吨 |
| | 1. 入选露天矿（重点矿山，一至六等） | 14.00～16.50 | |
| | 2. 入选地下矿（重点矿山，二至六等） | 13.00～15.00 | |
| | 3. 入炉露天矿（重点矿山，一至四等） | 22.00～25.00 | |
| | 4. 入炉地下矿（重点矿山，二至四等） | 21.00～23.00 | |
| | 5. 入选露天矿（非重点矿山，二至六等） | 14.00～16.00 | |
| | 6. 入选地下矿（非重点矿山，三至六等） | 10.00～11.50 | |
| | 7. 入炉露天矿（非重点矿山，二至四等） | 21.00～23.00 | |
| | 8. 入炉地下矿（非重点矿山，三至四等） | 20.00～21.00 | |
| | （二）锰矿石 | 6.00 | |
| | （三）铬矿石 | 3.00 | |

续表

| 税　目 | 征收范围（等级） | 税额（元） | 课税单位 |
|---|---|---|---|
| 六、有色金属矿原矿 | （一）铜矿石（一至五等） | 1.20～1.60 | 吨/立方米控出量 |
| | （二）铅锌矿石（一至五等） | 2.00～4.00 | |
| | （三）铝土矿石（三级） | 20.00 | |
| | （四）钨矿石（三至五等） | 0.40～0.60 | |
| | （五）锡矿石（一至五等） | 0.60～1.00 | |
| | （六）锑矿石（一至五等） | 0.60～1.00 | |
| | （七）钼矿石（一至五等） | 4.00～8.00 | |
| | （八）镍矿石（二至五等） | 9.00～12.00 | |
| | （九）黄金矿石<br>1. 岩金矿石（一至七等）<br>2. 砂金矿石（一至五等） | <br>1.50～7.00<br>1.20～2.00 | |
| | （十）钒矿石 | 12.00 | 吨 |
| | （十一）其他有色金属矿原矿 | 0.40～3.00 | |
| 七、盐④ | （一）北方海盐 | 25.00 | |
| | （二）南方海盐、井矿盐、湖盐 | 12.00 | |
| | （三）液体盐 | 3.00 | |

注：①新疆乌鲁木齐矿务局和哈密矿务局每吨煤炭征收 0.3 元，艾维尔沟煤矿每吨煤炭征收 0.4 元。

②云南省富源县每吨煤炭征收 3.0 元。

③河南省焦作矿务局和鹤壁矿务局每吨煤炭征收 3.0 元，义马矿务局每吨煤炭征收 2.5 元。

④北京海盐暂减按每吨 15 元征收，南方海盐、井矿盐、湖盐暂减按每吨 10 元征收，液体盐暂减按每吨 2.0 元征收。

## 8.1.2　资源税应纳税额的计算

### 1. 确定资源税课税数量

资源税课税数量的确定方法如下。

（1）纳税人开采或者生产应税产品销售的，以销售数量为课税数量。

（2）纳税人开采或者生产应税产品自用的，以自用数量为课税数量。

### 2. 特殊情况课税数量的确定方法

有些具体情况的课税数量采取如下办法。

（1）纳税人不能准确提供应税产品销售数量或移送使用数量的，以应税产品的产量或主管税务机关确定的折算比例换算成的数量为课税数量。

（2）原油中的稠油、高凝油与稀油划分不清或不易划分的，一律以原油的数量为课税数量。

（3）对于连续加工前无法正确计算原煤移送使用量的煤炭，可按加工产品的综合回收率，将加工产品实际销量和自用量折算成原煤数量，以此作为课税数量。

（4）金属和非金属矿产品原矿，因无法准确掌握纳税人移送使用原矿数量的，可将其精矿按选矿比折算成原矿数量，以此作为课税数量，其计算公式为：

$$选矿比=\frac{精矿数量}{耗用原矿数量}$$

(5) 纳税人以自产的液体盐加工固体盐，按固体盐税额征税，以加工的固体盐数量为课税数量。纳税人以外购的液体盐加工成固体盐，其加工固体盐所耗用液体盐的已纳税额准予抵扣。

对于纳税人开采或者生产不同税目应税产品的，应当分别核算；不能准确提供不同税目应税产品的课税数量的，从高适用税额。

**3. 应纳税额的计算**

根据应税产品的课税数量和规定的单位税额可以计算应纳税额，具体计算公式为：

应纳税额＝课税数量×单位税额

代扣代缴应纳税额＝收购未税矿产品的数量×适用的单位税额

课税数量是按初级矿产品的生产销售、使用数量计算的，如果销售的是精加工矿，需要还原成原矿计算。

### 8.1.3 资源税的税收优惠

**1. 减税、免税项目**

(1) 开采原油过程中用于加热、修井等自用的原油，免税。

(2) 纳税人在开采或者生产应税产品过程中因意外事故或者不可抗力等原因遭受重大损失的，可以由省（自治区、直辖市）人民政府酌情决定给予减税或者免税的照顾。

纳税人的减税、免税项目，应当单独核算课税数量；未单独核算或不能准确提供课税数量的，不予减税或免税。

对地面抽采煤层气（也称煤矿瓦斯）暂不征收资源税。

**2. 进口、出口应税资源税的规定**

资源税规定仅针对在中国境内开采或生产应税产品的单位和个人，对进口的矿产品和盐不征收资源税。由于对进口应税产品不征收资源税，相应的对出口应税产品也不免征或退还已纳资源税。

### 8.1.4 资源税的征收管理

**1. 纳税义务发生时间**

(1) 纳税人销售应税产品时，其纳税义务发生时间分别如下。

①纳税人采取分期收款结算方式的，为销售合同规定的收款日期的当天；②纳税人采取预收货款结算方式的，为发出应税产品的当天；③纳税人采取其他结算方式的，为收讫销售款或者取得销售款凭据的当天。

(2) 纳税人自产自用应税产品的纳税义务发生时间，为移送使用应税产品的当天。

(3) 扣缴义务人代扣代缴税款的纳税义务发生时间，为支付首笔货款或者开具应支付货款凭据的当天。

**2. 纳税期限**

纳税期限是纳税人发生纳税义务后缴纳税款的期限。资源税的纳税期限由主管税务机关根据实际情况分别核定，为 1 日、3 日、5 日、10 日、15 日或者 1 个月，不能按固定期限计算纳税额的，可以按次计算纳税。

纳税人以 1 个月为一期纳税的，自期满之日起 10 日内申报纳税；以 1 日、3 日、5 日、10 日或者 15 日为一期纳税的，自期满之日起 5 日内预缴税款，于次月 1 日起 10 日内申报纳税并结清上月税款。

**3. 纳税地点**

(1) 缴纳资源税的纳税人，应当向应税产品的开采或者生产所在地主管税务机关缴纳税款。

(2) 纳税人应纳的资源税属于跨省开采的，其下属生产单位与核算单位不在同一省、自治区、直辖市的，对其开采的矿产品一律在开采地纳税，其应纳税款由独立核算、自负盈亏的单位，按照开采地的实际销售量（或者自用量）及适用的单位税额计算划拨。

(3) 扣缴义务人代扣代缴的资源税，也应当向收购地主管税务机关缴纳。

**4. 纳税申报**

资源税的纳税人应按规定的纳税期限进行纳税申报，并如实填写“资源税纳税申报表”，申报表的内容和格式参见表8-2。

**表8-2 资源税纳税申报表**

纳税人识别号 □□□□□□□□□□□□□□□□□□□□

纳税人名称：　　　　(公章)

税款所属期限：自　年　月　日至　年　月　日

填表日期：　　年　　月　　日　　　　　　金额单位：元（列至角分）

| | 产品名称 | 课税单位 | 课税数量 | 单位税额 | 本期应纳税额 | 本期已纳税额 | 本期应补（退）税额 | 备注 |
|---|---|---|---|---|---|---|---|---|
| | 1 | 2 | 3 | 4 | 5=3×4 | 6 | 7=5−6 | |
| 应纳税项目 | | | | | | | | |
| | | | | | | | | |
| | | | | | | | | |
| | | | | | | | | |
| | | | | | | | | |
| | | | | | | | | |
| 减免税项目 | | | | | | | | |
| | | | | | | | | |
| | | | | | | | | |
| | | | | | | | | |
| | | | | | | | | |

<table>
<tr><td rowspan="5">纳税人或代理人声明：<br>此纳税申报表是根据国家税法规定填报的，我确信它是真实的、可靠的、完整的。</td><td colspan="6">如纳税人填报，由纳税人填写以下各栏</td></tr>
<tr><td>经办人（签章）</td><td></td><td>会计主管（签章）</td><td></td><td>法定代表人（签章）</td><td></td></tr>
<tr><td colspan="6">如委托代理人填报，由代理人填写以下各栏</td></tr>
<tr><td>代理人名称</td><td colspan="2"></td><td colspan="3" rowspan="3">代理人<br><br>（公章）</td></tr>
<tr><td>经办人（签章）</td><td colspan="2"></td></tr>
<tr><td></td><td>联系电话</td><td colspan="2"></td></tr>
<tr><td colspan="7">以下由税务机关填写</td></tr>
<tr><td>受理人</td><td></td><td>受理日期</td><td></td><td colspan="2">受理税务机关（签章）</td><td></td></tr>
</table>

# 8.2 土地增值税法

## 8.2.1 土地增值税概述

### 1. 土地增值税的含义

土地增值税是对有偿转让国有土地使用权及地上建筑物和其他附着物产权，并取得增值收入的单位和个人征收的一种税，是我国现行税种中唯一采用超率累进税率的税种。征收土地增值税的目的在于规范土地市场秩序，合理调节土地增值收益，防止一部分人因炒买炒卖土地而获得暴利。

现行规范依据是1993年12月国务院颁布的《中华人民共和国土地增值税暂行条例》和1995年1月财政部制定的《中华人民共和国土地增值税暂行条例实施细则》等。

### 2. 土地增值税的特点

(1) 以转让房地产取得的增值额为征税对象。我国的土地增值税属于“土地转移增值税”的类型，将土地、房屋的转让收入合并征收。作为征税对象的增值额，是纳税人转让房地产的收入减除税法规定准予扣除项目金额后的余额。

(2) 实行超率累进税率。土地增值税和税率是以转让房地产的增值率高低为依据，按照累进原则设计的，实行分级计税。增值率高的，适用税率高，多纳税；增值率低的，适用税率低，少纳税。税收负担较为合理，便于体现国家政策。

(3) 征税面比较广。凡在我国境内转让房地产并取得收入的单位和个人，除税法规定免税的外，均应依照税法规定缴纳土地增值税。换言之，凡发生应税行为的单位和个人，不论其经济性质，也不分内、外资企业或中、外籍人员，无论专营或兼营房地产业务，均有缴纳土地增值税的义务。

(4) 实行按次征收。土地增值税在房地产发生转让的环节，实行按次征收，每发生一次转让行为，就应根据每次取得的增值税额征一次税。

### 3. 土地增值税的作用

1987年我国对国有土地实行有偿出让、转让的土地使用制度改革，使得国内房地产业得到了迅速发展，这对改善人民居住条件、合理配置土地资源、充分发挥国有土地的资产效益、改善投资环境等起到了很大作用。

(1) 进一步改革和完善税制，增强国家对房地产开发和房地产交易市场的调控。

(2) 抑制炒买炒卖土地获取暴利的行为。

(3) 规范国家参与土地增值收益的分配方式，增加国家财政收入。

### 4. 土地增值税的纳税人

土地增值税的纳税义务人为转让国有土地使用权、地上建筑物及其附着物并取得收入的单位和个人。其中，单位包括各类企事业单位、国家机关和社会团体及其他组织。

概括起来，《中华人民共和国土地增值税暂行条例》对纳税人的规定主要具有以下四个特点。

(1) 不论法人与自然人。即不论是企业、事业单位、国家机关、社会团体及其他组织，还是个人，只要有偿转让房地产，都是土地增值税的纳税人。

(2) 不论经济性质。即不论是全民所有制企业、集体企业、私营企业、个体经营者，还是联营企业、合资企业、合作企业、外商独资企业等，只要有偿转让房地产，都是土地增值税的纳税人。

(3) 不论内资与外资企业、中国公民与外籍个人。

(4) 不论部门。即不论是工业、农业、商业、学校、医院、机关等，只要有偿转让房地产，都是土地增值税的纳税人。

**5. 土地增值税的征收范围**

(1) 征收范围的基本规定。

土地增值税的征收范围包括两个方面：一是转让国有土地使用权；二是地上建筑物及其附着物连同国有土地使用权一并转让。

(2) 征收范围的具体界定。

1) 征收范围的界定标准。土地增值税征收范围的界定标准有以下三条。

①所转让的土地使用权必须属于国家所有。城市的土地属于国家所有；农村和城市郊区的土地属于集体所有。国家所有的土地，其土地使用权转让属于土地增值税的征收范围；而农村集体所有的土地，是不得自行转让的，由国家征用以后变为国家所有时，才能进行转让。

②必须发生房地产权属转让行为。国有土地使用权的转让，是指土地使用者通过交纳土地出让金等方式取得土地使用权后，将土地使用权再转让的行为，包括出售、交换和赠与。它属于土地的二级市场，属于土地增值税的征收范围。

至于国有土地使用权出让，不属于土地增值税的征收范围。国有土地使用权出让，是指国家以土地所有者身份将土地使用权在一定年限内让与土地使用者，并由土地使用者向国家支付国有土地使用权出让金的行为。这种行为属于由政府垄断的土地一级市场，不属于土地增值税的征收范围。

③必须取得收入。土地增值税的征收范围不包括房地产的权属虽转让但未取得收入的行为。例如房地产的继承，就不属于土地增值税的征收范围。

2) 具体情况的判定。

①以继承、赠与方式转让房地产的，不属于土地增值税的征税范围。

②房地产出租。房地产出租，但没有发生房产产权、土地使用权的转让，不属于土地增值税的征税范围。

③房地产的抵押。对房地产的抵押，在抵押期间，产权并没有发生权属的变更，不征收土地增值税。待抵押期满后，对于以房地产抵债而发生房地产权属转让的，应属于土地增值税的征税范围。

④房地产的交换。房地产交换这种行为既发生了房产产权、土地使用权的转移，交换双方又取得了实物形态的收入，属于土地增值税的征税范围；但对个人之间互换自有居住用房地产

的，经当地税务机关核实，可以免征土地增值税。

⑤以房地产进行投资、联营。以房地产进行投资、联营的，投资、联营的一方以土地（房地产）作价入股进行投资或作为联营条件，将房地产转让到所投资、联营的企业中时，暂免征收土地增值税。而对投资、联营企业将上述房地产再转让的，则应征收土地增值税。

⑥合作建房。对于一方出地，一方出资金，双方合作建房，建成后按比例分房自用的，暂免征收土地增值税；建成后转让的，应征收土地增值税。

⑦企业兼并转让房地产。在企业兼并中，对被兼并企业将房地产转让到兼并企业中的，暂免征收土地增值税。

⑧房地产的代建房行为。房地产代建房是指房地产开发公司代客户进行房地产的开发，开发完成后向客户收取代建收入的行为。没有发生房地产权属的转移，其收入属于劳务收入性质，故不属于土地增值税的征税范围。

⑨房地产的重新评估。其既没有发生房地产权属的转移，房产产权、土地使用权人也未取得收入，所以不属于土地增值税的征税范围。

⑩国家收回国有土地使用权、征用地上建筑物及其附着物。这种情况发生了房地产权属的变更，原房产所有人、土地使用权人也取得了一定的收入（补偿金），但可以免征土地增值税。

**6. 土地增值税的税率**

土地增值税实行4级超率累进税率，其具体规定见表8-3。

**表8-3　土地增值税税率表**

| 级数 | 土地增值额占扣除项目金额的比例 | 税　率 | 速算扣除率 |
|---|---|---|---|
| 1 | 未超过50%（含）的部分 | 30% | 0 |
| 2 | 超过50%未超过100%（含）的部分 | 40% | 5% |
| 3 | 超过100%未超过200%（含）的部分 | 50% | 15% |
| 4 | 超过200%的部分 | 60% | 35% |

## 8.2.2　土地增值税应纳税额的计算

### 1. 计税依据

土地增值税的计税依据是纳税人转让房地产所取得的增值额。

（1）增值额。增值额是纳税人转让房地产的收入（包括货币收入、实物收入和其他收入）减去取得土地使用权所支付的土地价款、土地开发成本、地上建筑物成本及有关费用、销售税金等规定扣除项目金额后的余额。

土地增值税的计算公式为：

增值额＝转让房地产收入总额－扣除项目金额

（2）转让房地产取得的收入。纳税人转让房地产取得的应税收入，应包括转让房地产的全部价款及有关的经济收益。从收入的形式来看，它包括货币收入、实物收入和其他收入。

（3）扣除项目的确定。计算土地增值税应纳税额，并不是直接对转让房地产所取得的收入征税，而是要对收入额减除国家规定的各项扣除项目金额后的余额计算征税（这个余额就是纳税人在转让房地产中获取的增值额)。税法准予纳税人从转让收入额中减除的扣除项目包括如下几项。

1) 取得土地使用权所支付的金额。取得土地使用权所支付的金额包括两方面的内容。

①纳税人取得土地使用权所支付的地价款。以协议、招标、拍卖等出让方式取得土地使用权的,地价款为纳税人所支付的土地出让金;以行政划拨方式取得土地使用权的,地价款为按国家有关规定补交的土地出让金;以转让方式取得土地使用权的,地价款为向原土地使用权人实际支付的地价款。

②纳税人在取得土地使用权时按国家统一规定缴纳的有关费用。

2) 房地产开发成本。房地产开发成本是指纳税人房地产开发项目实际发生的成本,包括土地的征用及拆迁补偿费、前期工程费、建筑安装工程费、基础设施费、公共配套设施费、开发间接费用等。

3) 房地产开发费用。房地产开发费用是指与房地产开发项目有关的销售费用、管理费用和财务费用。这三项费用作为期间费用,直接计入当期损益,不按成本核算对象进行分摊,故作为土地增值税扣除项目的房地产开发费用,不按纳税人房地产开发项目实际发生的费用进行扣除,而按《土地增值税暂行条例实施细则》的标准进行扣除。

财务费用中的利息支出,凡能够按转让房地产项目计算分摊并提供金融机构证明的,允许据实扣除,但最高不能超过按商业银行同期贷款利率计算的金额。其他房地产开发费用,按取得土地使用权所支付的金额和房地产开发成本计算的金额之和的5%以内计算扣除。凡不能按转让房地产项目计算分摊利息支出或不能提供金融机构证明的,房地产开发费用按取得土地使用权所支付的金额和房地产开发成本的金额之和的10%以内计算扣除。

4) 与转让房地产有关的税金。与转让房地产有关的税金是指在转让房地产时缴纳的营业税、城市维护建设税、印花税。转让房地产缴纳的教育费附加可以视同税金予以扣除。

房地产开发企业按照有关规定,其在转让时缴纳的印花税因列入管理费用中,故在此不允许单独再扣除。其他纳税人缴纳的印花税(按产权转移数据所载金额的0.5‰贴花)允许在此扣除。

5) 其他扣除项目。对从事房地产开发的纳税人可按《土地增值税暂行条例实施细则》规定的取得土地使用权所支付的金额、房地产开发成本金额之和加计20%的扣除。此条优惠只适用于从事房地产开发的纳税人。

6) 旧房及建筑物的评估价格。旧房及建筑物的评估价格是指在转让已使用的房屋及建筑物时,由政府批准设立的房地产评估机构评定的重置成本价乘以成新度折扣率后的价格。评估价格须经当地税务机关确定。

重置成本价的含义是:对旧房及建筑物,按转让时的建材价格及人工费用计算,建造同样面积、同样层次、同样结构、同样建设标准的新房及建筑物所需花费的成本费用。成新度折扣率的含义是:按旧房的新旧程度作一定比例的折扣。

此外,转让旧房的,应按房屋及建筑物的评估价格、取得土地使用权所支付的地价款和按国家统一规定缴纳的有关费用及在转让环节缴纳的税金作为扣除项目金额计征土地增值税。对取得土地使用权时未支付地价款或不能提供已支付的地价款凭据的,在计征土地增值税时不允许扣除。

(4) 其他规定。纳税人有下列情形之一的，按照房地产评估价格计算征收。

①隐瞒、虚报房地产成交价格的。

②提供扣除项目金额不实的。

③转让房地产的成交价格低于房地产评估价格、又无正当理由的。

**2. 税额计算方法**

土地增值税的计算方法有两种。

第一种：　　应纳税额＝$\sum$（每级距的增值额×适用税率）

第二种，采用速算扣除法计算，其计算公式为：

应纳税额＝增值额×适用税率－扣除项目金额×速算扣除系数

为简化计算，应纳税额可采用速算扣除法计算。

(1) 土地增值额未超过扣除项目金额50%，计算公式为：

应纳税额＝土地增值额×30%

(2) 土地增值额超过扣除项目金额50%，未超过100%，计算公式为：

应纳税额＝土地增值额×40%－扣除项目金额×5%

(3) 土地增值额超过扣除项目金额100%，未超过200%，计算公式为：

应纳税额＝土地增值额×50%－扣除项目金额×15%

(4) 土地增值额超过扣除项目金额200%，计算公式为：

应纳税额＝土地增值额×60%－扣除项目金额×35%

**3. 税款计算程序**

土地增值税的计算程序如下。

(1) 确定转让房地产所取得的收入。

(2) 计算扣除项目金额。

(3) 计算增值额。

(4) 计算增值额与扣除项目金额之比。

(5) 运用计算公式，计算应纳税额。

**4. 土地增值税的优惠**

(1) 纳税人建造普通标准住宅出售，其增值额未超过各项规定扣除项目金额20%的，免征土地增值税；增值额超过扣除项目金额20%的，应就其全部增值额计算缴纳增值税。

普通标准住宅是指按所在地一般民用住宅标准建造的住宅。高级公寓、别墅、度假村等不属于普通标准住宅。普通标准住宅与其他住宅的具体划分界限由各省、自治区、直辖市人民政府规定。

(2) 因城市实施规划、国家建设需要而被政府批准征用的房产或收回的土地使用权；因城市实施规划、国家建设需要而搬迁，由纳税人自行转让原房地产的，可免征土地增值税。

符合上述免税规定的单位和个人，须向房地产所在地税务机关提出免税申请，经税务机关审核后，免予征收土地增值税。

(3) 从2008年11月1日起，对居民和非居民个人转让自有住房（不论是否为普通住宅），均暂免征收土地增值税。

(4) 个人因工作调动或改善居住条件而转让原自有住房，经向税务机关申报核准，凡居住满 5 年或 5 年以上的免予征收土地增值税；居住 3 年以上未满 5 年的，减半征收土地增值税。居住未满 3 年，按规定计征土地增值税。

(5) 在前述的土地增值税征税范围界定中，规定了其中征税或不征税的项目，见表 8-4。

**表 8-4 土地增值税征税范围简表**

| 有关事项 | 界定 | 适用范围 | |
|---|---|---|---|
| | | 征收 | 不征 |
| 1. 继承、赠与 | 征免 | 非公益性赠与 | 继承及公益性赠与<br>赠与直系亲属或承担直接赡养义务人 |
| 2. 房地产出租 | 不征 | | 因无权属转移 |
| 3. 房地产抵押 | 征免 | 抵押期满房地产抵债 | 抵押期及抵押期满偿还债务本息 |
| 4. 房地产交换 | 征免 | 单位之间换房 | 个人互换自住房 |
| 5. 房地产投资 | 征免 | 将投资联营房地产再转让 | 房地产转让到投资联营企业 |
| 6. 合建房地产 | 征免 | 建成后转让 | 建成后自用 |
| 7. 代建房地产 | 不征 | | 因无权属转移 |
| 8. 征用房地产 | 不征 | | 国家依法征用而使土地权属发生转让 |
| 9. 兼用房地产 | 不征 | | 未取得收入 |
| 10. 评估房地产 | 不征 | | 未取得收入 |

## 8.2.3 土地增值税的征收管理

### 1. 纳税申报

纳税人应当自转让房地产合同签订后的 7 日内，到房地产所在地主管税务机关办理纳税申报，并在税务机关核定的纳税期限内缴纳土地增值税。对于纳税人销售房地产所取得的收入，凡当地税务机关规定预征土地增值税的，纳税人应当到主管税务机关办理纳税申报，并按规定比率预缴，待办理结算后，多退少补；凡当地税务机关规定不预征土地增值税的，也应在取得收入时到税务机关登记或备案。纳税申报表的内容及格式，可参见表 8-5 及表 8-6。

### 2. 纳税地点

土地增值税的纳税人应向房地产所在地主管税务机关办理纳税申报。房地产所在地是指房地产的坐落地。纳税人转让的房地产坐落在两个或两个以上地区的，应按房地产所在地分别申报纳税。

在实际工作中，纳税地点的确定又可分为以下两种情况。

(1) 纳税人是法人。当转让的房地产坐落地与其机构所在地或经营所在地一致时，在办理税务登记的原管辖税务机关申报纳税；如果转让的房地产所在地与其机构所在地或经营所在地不一致，则应在房地产所在地所管辖的税务机关申报纳税。

（2）纳税人是自然人。当转让的房地产所在地与其居住所在地一致时，则在住所所在地税务机关申报纳税；当转让的房地产所在地与其居住所在地不一致时，在办理过户手续所在地的税务机关申报纳税。

**表 8-5　土地增值税纳税申报表**

（从事房地产开发的纳税人适用）

税款所属时间：　年　月　日　　　　填表日期：　年　月　日

纳税人编码：　　　　　　金额单位：人民币/元　　　　　　面积单位：平方米

| 纳税人名称 | | 项目名称 | | 项目地址 | | | |
|---|---|---|---|---|---|---|---|
| 业　　别 | | 经济性质 | | 纳税人地址 | | 邮政编码 | |
| 开户银行 | | 银行账号 | | 主管部门 | | 电　话 | |

| 项　　目 | | 行　次 | 金　额 |
|---|---|---|---|
| 一、转让房地产收入总额　1＝2＋3 | | 1 | |
| 其中 | 货币收入 | 2 | |
| | 实物收入及其他收入 | 3 | |
| 二、扣除项目金额合计　4＝5＋6＋13＋16＋20 | | 4 | |
| 1. 取得土地使用权所支付的金额 | | 5 | |
| 2. 房地产开发成本　6＝7＋8＋9＋10＋11＋12 | | 6 | |
| 其中 | 土地征用及拆迁补偿费 | 7 | |
| | 前期工程费 | 8 | |
| | 建筑安装工程费 | 9 | |
| | 基础设施费 | 10 | |
| | 公共配套设施费 | 11 | |
| | 开发间接费用 | 12 | |
| 3. 房地产开发费用　13＝14＋15 | | 13 | |
| 其中 | 利息支出 | 14 | |
| | 其他房地产开发费用 | 15 | |
| 4. 与转让房地产有关的税金等　16＝17＋18＋19 | | 16 | |
| 其中 | 营业税 | 17 | |
| | 城市维护建设税 | 18 | |
| | 教育费附加 | 19 | |
| 5. 财政部规定的其他扣除项目 | | 20 | |
| 三、增值额　21＝1－4 | | 21 | |
| 四、增值额与扣除项目金额之比（%）22＝21÷4 | | 22 | |
| 五、适用税率（%） | | 23 | |
| 六、速算扣除系数（%） | | 24 | |
| 七、应缴土地增值税税额　25＝21×23－4×24 | | 25 | |
| 八、已缴土地增值税税额 | | 26 | |
| 九、应补（退）土地增值税税额　27＝25－26 | | 27 | |

续表

<table>
<tr><td>授权代理人</td><td colspan="5">（如果你已委托代理申报人，请填写下列资料）<br>为代理一切税务事宜，现授权________（地址）________为本纳税人的代理申报人，任何与本报表有关的来往文件都可寄与此人。<br>授权人签字：________</td><td>声明</td><td colspan="3">我声明：此纳税申报表是根据《中华人民共和国土地增值税暂行条例》及其实施细则的规定填报的。我确信它是真实的、可靠的、完整的。<br>声明人签字：________</td></tr>
<tr><td colspan="2">纳税人<br>签 章</td><td></td><td colspan="2">法人代表<br>签 章</td><td></td><td colspan="2">经办人员<br>（代理申报人）签章</td><td>备注</td><td></td></tr>
</table>

（以下部分由主管税务机关负责填写）

<table>
<tr><td colspan="2">主管税务机<br>关收到日期</td><td></td><td>接收人</td><td></td><td>审核日期</td><td></td><td>税务审核<br>人员签章</td><td></td></tr>
<tr><td>审核记录</td><td colspan="6"></td><td>主管税务<br>机关盖章</td><td></td></tr>
</table>

注：本表一式三份，送主管税务机关审核盖章后，两份由地方税务机关留存，一份退纳税单位。

### 表 8-6 土地增值税纳税申报表

（非从事房地产开发的纳税人适用）

税款所属时间：  年  月  日　　　　填表日期：  年  月  日

纳税人编码：　　　　金额单位：人民币/元　　　　面积单位：平方米

<table>
<tr><td>纳税人名称</td><td></td><td>项目名称</td><td></td><td>项目地址</td><td></td></tr>
<tr><td>业　　别</td><td></td><td>经济性质</td><td></td><td>纳税人地址</td><td></td><td>邮政编码</td><td></td></tr>
<tr><td>开户银行</td><td></td><td>银行账号</td><td></td><td>主管部门</td><td></td><td>电　话</td><td></td></tr>
</table>

| 项　目 | | 行次 | 金额 |
|---|---|---|---|
| 一、转让房地产收入总额　1＝2＋3 | | 1 | |
| 其中 | 货币收入 | 2 | |
| | 实物收入及其他收入 | 3 | |
| 二、扣除项目金额合计　4＝5＋6＋9 | | 4 | |
| 1. 取得土地使用权所支付的金额 | | 5 | |
| 2. 旧房及建筑物的评估价格　6＝7×8 | | 6 | |
| 其中 | 旧房及建筑物的重置成本价 | 7 | |
| | 成新度折扣率 | 8 | |
| 3. 与转让房地产有关的税金等　9＝10＋11＋12＋13 | | 9 | |
| 其中 | 营业税 | 10 | |
| | 城市维护建设税 | 11 | |
| | 印花税 | 12 | |
| | 教育费附加 | 13 | |
| 三、增值额　14＝1－4 | | 14 | |
| 四、增值额与扣除项目金额之比（%）$15=\frac{14}{4}$ | | 15 | |

续表

| | | | | | | | |
|---|---|---|---|---|---|---|---|
| 五、适用税率（%） | | | | | | 16 | |
| 六、速算扣除系数（%） | | | | | | 17 | |
| 七、应缴土地增值税税额 18＝14×16－4×17 | | | | | | 18 | |
| 授权代理人 | （如果你已委托代理申报人，请填写下列资料）<br>为代理一切税务事宜，现授权________（地址）________为本纳税人的代理申报人，任何与本报表有关的来往文件都可寄与此人。<br>授权人签字：________ | | | 声明 | 我声明：此纳税申报表是根据《中华人民共和国土地增值税暂行条例》及其实施细则的规定填报的。我确信它是真实的、可靠的、完整的。<br>声明人签字：________ | | |
| 纳税人签章 | | 法人代表签章 | | 经办人员（代理申报人）签章 | | 备注 | |
| （以下部分由主管税务机关负责填写） | | | | | | | |
| 主管税务机关收到日期 | | 接收人 | | 审核日期 | | 税务审核人员签章 | |
| 审核记录 | | | | | | 主管税务机关盖章 | |

# 8.3 城镇土地使用税法

## 8.3.1 城镇土地使用税法概述

### 1. 城镇土地使用税法的定义

城镇土地使用税是以城镇土地为征税对象，以实际占用的土地面积为计税标准，对拥有土地使用权的单位和个人征收的一种税。所称单位，包括国有企业、集体企业、私营企业、股份制企业、外商投资企业、外国企业、其他企事业单位、社会团体、国家机关、军队及其他单位；所称个人，包括个体工商户及其他个人。

开征城镇土地使用税，可以加强对国有土地的管理和有偿使用，还可以有效地提高土地的使用效率，调节不同地区、不同地段之间的土地级差收入，增加地方收入，保证城市建设的资金来源，理顺国家与土地使用者之间的分配关系。

城镇土地使用税法是用以调整国家与城镇土地使用税征收与缴纳之间权利及义务关系的法律规范。它的基本法律依据是2006年12月国务院修订的《中华人民共和国城镇土地使用税暂行条例》、1988年10月国家税务总局签发的《关于城镇土地使用税若干具体问题的解释和暂行规定》和2006年12月国务院发布的《关于修改〈中华人民共和国城镇土地使用暂行条例〉的决定》等。

### 2. 城镇土地使用税的特点

（1）对占用土地的行为征税使用。从广义上讲，土地是一种财产，对土地课税在国外属于财产税。但是，根据我国宪法规定，城镇土地的所有权归国家所有，单位和个人对占用的土地只有使用权而无所有权。

这样，国家既可以凭借政治权力对土地使用人获取的收益进行分配，又可以凭借政治权力对土地使用者进行征税。开征城镇土地使用税，实质上是运用国家政治权力，将纳税人获取的本应属于国家的土地收益集中到国家的手中。

(2) 征税范围有所限定。现行城镇土地使用税征税范围限定在城市、县城、建制镇、工矿区，坐落在农村地区的房地产不属于城镇土地使用税的征税范围。城镇土地使用税在筹集地方财政资金、调节土地使用和收益分配方面，发挥了积极作用。

(3) 实行差别幅度税额。开征城镇土地使用税的主要目的之一，是调节土地的级差收入，而级差收入的产生主要取决于土地的位置。占有土地位置优越的纳税人，可以节约运输和流通费用，扩大销售和经营规模，取得额外经济收益。为了有利于体现国家政策，城镇土地使用税实行差别幅度税额。对不同城镇适用不同税额，对同一城镇的不同地段，根据市政建设状况和经济繁荣程度也确定不同的负担水平。

### 3. 城镇土地使用税的纳税义务人

城镇土地使用税是对在城市、县城、建制镇和工矿区范围内使用土地的单位和个人，按其实际占用的土地面积和规定的土地等级征收的一种税。

城镇土地使用税的纳税人通常包括以下几类。

(1) 拥有土地使用权的单位和个人。

(2) 拥有土地使用权的单位和个人不在土地所在地的，其土地的实际使用人和代管人为纳税人。

(3) 土地所有权未确定或权属纠纷未解决的，其实际使用人为纳税人。

(4) 土地使用权共有的，各共有方都是纳税人，由共有方分别纳税。

几个人或单位共同拥有一块土地的使用权，这块土地的城镇土地使用权的纳税人应该是对土地拥有使用权的每一个人或单位。他们应以其实际使用的土地面积的比例，分别计算缴纳土地使用税。

### 4. 城镇土地使用税的征税范围

城镇土地使用税的征税范围，包括在城市、县城、建制镇和工矿区内的国家所有和集体所有的土地。

上述城镇土地使用税的征税范围中，城市的土地包括市区的土地和郊区的土地，县城的土地是指县人民政府所在地的土地，建制镇的土地是指镇人民政府所在地的土地。

建立在城市、县城、建制镇和工矿区以外的工矿企业则无须缴纳城镇土地使用税。

### 5. 城镇土地使用税的纳税税率

城镇土地使用税采取定额税率，即常用有幅度的差别税额，按大、中、小城市和县城、建制镇、工矿区分别规定每平方米土地使用税年应纳税额。具体标准如下。

(1) 大城市 1.5～30 元。

(2) 中等城市 1.2～24 元。

(3) 小城市 0.9～18 元。

(4) 县城、建制镇、工矿区 0.6～12 元。

经济落后地区土地使用税的适用税额标准可以适当降低，但降低额不得超过上述规定最低税额的30%；经济发达地区的适用税额标准可以适当提高，但须报财政部批准。

## 8.3.2 城镇土地使用税应纳税额计算

### 1. 计税依据

城镇土地使用税以纳税人实际占用的土地面积为计税依据，土地面积计量标准为平方米，即税务机关根据纳税人实际占用的土地面积，按照规定的税额计算应纳税额，向纳税人征收土地使用税。

纳税人实际占用的土地面积按下列办法确定。

（1）凡由省、自治区、直辖市人民政府确定的单位组织测定土地面积的，以测定的面积为准。

（2）尚未组织测量，但纳税人持有政府部门核发的土地使用证书的，以证书确认的土地面积为准。

（3）尚未核发土地使用证书的，应由纳税人申报土地面积，据以纳税，待核发土地使用证以后再作调整。

### 2. 应纳税额的计算

城镇土地使用税以纳税人实际占用的土地面积为计税依据，按照规定的适用税额标准计算应纳税额。应纳税额的计算公式为：

全年应纳税额＝纳税人实际占用的应税土地面积（平方米）×适用税额标准

### 3. 税收优惠

（1）法定免缴。根据税法规定，下列土地可以免缴城镇土地使用税。

①国家机关、人民团体、军队自用的土地。

②由国家财政部门拨付经费的事业单位自用的土地。

③宗教寺庙、公园、名胜古迹自用的土地。

④市政街道、广场、绿化地带等公共用地。

⑤直接用于农、林、牧、渔业的生产用地。

⑥经批准开山填海整治的土地和改造的废弃土地，从使用的月份起，免缴土地使用税5～10年。

⑦对非营利性医疗机构、疾病控制机构和妇幼保健机构等卫生机构自用的土地，免征城镇土地使用税。

⑧企业办的学校、医院、托儿所、幼儿园，其用地能与企业其他用地明确区分的，免征城镇土地使用税。

⑨免税单位无偿使用纳税单位的土地（如公安、海关等单位使用铁路、民航等单位的土地），免征城镇土地税。纳税单位无偿使用免税单位的土地，纳税单位应照章缴纳城镇土地使用税。纳税单位与免税单位共同使用共有使用权土地上的多层建筑，对纳税单位可按其占用的建筑面积占建筑总面积的比例计征城镇土地使用税。

⑩对行使国家行政管理职能的中国人民银行总行（含国家外汇管理局）所属分支机构自用的土地，免征城镇土地使用税。

（2）省、自治区、直辖市地方税务局确定减免。

①个人所有的居住房屋及院落用地。

②房产管理部门在房租调整改革前已经租的居民住房用地。

③免税单位职工家属的宿舍用地。

④民政部门举办的安置残疾人占一定比例的福利工厂用地。

⑤集体和个人办的各类学校、医院、托儿所、幼儿园用地。

⑥对基建项目在建期间使用的土地，原则上应照章征收城镇土地使用税。但对有些基建项目，特别是国家产业政策扶持发展的大型基建项目占地面积大，建设周期长，在建期间又没有经营收入，为照顾其实际情况，对纳税人纳税确有困难的，可由各省、自治区、直辖市地方税务局根据具体情况予以免征或减征土地使用税。

⑦城镇内的集贸市场（农贸市场）用地，按规定应征收城镇土地使用税。为了促进集贸市场的发展及照顾各地的不同情况，各省、自治区、直辖市地方税务局可根据具体情况自行确定对集贸市场用地征收或者免征城镇土地使用税。

⑧房地产开发公司建造商品房用地，原则上应按规定计征城镇土地使用税。但在商品房出售之前纳税确有困难的，其用地是否给予缓征或减征、免征照顾，可由各省、自治区、直辖市地方税务局根据从严的原则结合具体情况确定。

⑨对各类危险品仓库、厂房所需的防火、防爆、防毒等安全防范用地，可由省、自治区、直辖市地方税务局确定暂免征收城镇土地使用税。

⑩企业搬迁后原厂地不使用的、企业范围内荒山等尚未利用的土地，免征城镇土地使用税。

### 8.3.3 城镇土地税法征收管理

**1. 纳税期限**

城镇土地使用税实行按年计算、分期缴纳方法，具体纳税期限由省、自治区、直辖市人民政府确定。

纳税义务人纳税时间的限定，具体包括如下几点。

（1）纳税人购置新建商品房，自房屋交付使用之次月起，缴纳城镇土地使用税。

（2）纳税人购置存量房，自办理房屋权属转移、变更登记手续，房地产权属登记机关签发房屋权属证书之次月起，缴纳城镇土地使用税。

（3）纳税人出租、出借房产，自交付出租、出借房产之次月起，缴纳城镇土地使用税。

（4）房地产开发企业自用、出租、出借本企业建造的商品房，自房屋使用或交付之次月起，缴纳城镇土地使用税。

（5）纳税人新征用的耕地，自批准征用之日起满 1 年时开始缴纳土地使用税。

（6）纳税人新征用的非耕地，自批准征用次月起缴纳土地使用税。

**2. 征收机构**

城镇土地使用税在土地所在地缴纳。纳税人使用的土地属于不同省、自治区、直辖市管辖的，由纳税人分别向土地所在地的税务机关缴纳土地使用税。在同一省、自治区、直辖市管辖范围内，纳税人跨地区使用的土地，其纳税地点由各省、自治区、直辖市地方税务局确定。

城镇土地使用税的纳税人应按税法的有关规定及时办理纳税申报，并如实填写“城镇土地使用税纳税申报表”，申报表的内容及格式参见表 8-7。

**表 8-7 城镇土地使用税纳税申报表**

填表日期： 年 月 日

税款所属时期： 年 月 日至 年 月 日 金额单位：元（列至角分）

| | | | | | | | | | | | | | |
|---|---|---|---|---|---|---|---|---|---|---|---|---|---|
| 纳税人名称 | | | | | | | | | 企业编码 | | | | |
| 地 址 | | | | | | | | | 邮政编码 | | | | |
| 办税员姓名 | | | | | 电话 | | | | 税务登记证号 | | | | |
| 土地所处地点 | 上期占地面积 | 本期增减 | 增减时间 | 本期实际占地面积 | 法定免税面积 | 应税面积 | 土地等级 | 适用税额 | 全年应缴税额 | 年缴纳次数 | 本期 应纳税额 | 本期 已纳税额 | 本期 应补（退）税额 |
| 1 | 2 | 3 | | 4=2+3 | 5 | 6=4−5 | 7 | 8 | 9=7×8 | 10 | $11=\frac{9}{10}$ | 12 | 13=11−12 |
| | | | | | | | | | | | | | |
| | | | | | | | | | | | | | |
| | | | | | | | | | | | | | |
| | | | | | | | | | | | | | |
| | | | | | | | | | | | | | |
| | | | | | | | | | | | | | |
| | | | | | | | | | | | | | |
| | | | | | | | | | | | | | |
| 合计 | | | | | | | | | | | | | |
| 如纳税人填报，由纳税人填写 | | | | | | 如委托代理人填报，由代理人填写以下各栏 | | | | | | | |
| 会计主管（签章） | | 纳税人（公章） | | | | 代理人名称 | | | | | | 代理人（公章） | |
| | | | | | | 代理人地址 | | | | | | | |
| | | | | | | 经办人姓名 | | | | | | 电话 | |
| 以下由税务机关填写 | | | | | | | | | | | | | |
| 收到申报表日期 | | | | | | | | | 接收人 | | | | |

注：本申报表格式为 A4 横式。

# 8.4 耕地占用税法

## 8.4.1 耕地占用税概述

### 1. 耕地占用税的定义

耕地是从事农业生产的基本条件，耕地占用税是对占用耕地建房或从事其他非农业建设的单位和个人，就其占用的耕地面积征收的一种税。开征耕地占用税是加强土地管理、防止乱占耕地、综合治理非农业占用耕地的一种法律和经济手段。

耕地占用税法，是指国家制定的调整耕地占用税征收与缴纳权利义务关系的法律规范。现行耕地占用税的基本规范，是 2007 年 12 月 1 日国务院颁布并于 2006 年修订的《中华人民共和国耕地占用税暂行条例》。

**2. 耕地占用税的特点**

耕地占用税作为一个出于特定目的、对特定土地资源课征的税种，与其他税种相比，具有以下鲜明的特点。

(1) 兼具资源税与特定行为税的性质。耕地占用税以占用农用耕地建房或从事其他非农用建设的行为为征税对象，以约束纳税人占用耕地的行为、促进土地资源的合理运用为课征目的，除具有资源占用税的属性外，还具有明显的特定行为税的特点，在抑制各类消费行为方面起着特殊作用。

(2) 采用地区差别税率。耕地占用税采用地区差别定额税率，根据不同地区的具体情况，分别制定差别税率，具有因地制宜的特点。

(3) 在占用耕地环节一次性课征。耕地占用税只征收一次，不进行重复征收，同时，只在占用耕地环节进行征收。

(4) 税收收入专用于耕地开发与改良。耕地占用税税收收入按规定应用于建立发展农业专项基金，主要用于耕地开发和改良现有耕地之用，以便更大程度地提高对现有耕地的利用，充分体现其“取之于地、用之于地”的补偿性特点。

**3. 耕地占用税的征税范围**

耕地占用税是以占用农用耕地从事其他非农业建设为征税范围。占用前 3 年内曾用于种植农作物的土地，以及鱼塘、园地、菜地和其他农用地（如晒场等），均视为占用耕地。

是否征收耕地占用税的前提条件：一是占用土地的性质为农用耕地；二是占用土地的目的是建房或从事其他非农业建设。两个条件同时具备的，属于耕地占用税的征税范围。对非耕地或占用耕地用于农业生产建设的，则不属于该税的征税范围。

**4. 耕地占用税的纳税人**

占用耕地建房或从事非农业建设的单位或个人，为耕地占用税的纳税人，应当依照规定缴纳耕地占用税。所称单位，包括国有企业、集体企业、私营企业、股份制企业、外商投资企业、外国企业以及其他企业和事业单位、社会团体、国家机关、部队以及其他单位；所称个人，包括个体工商户以及其他个人。

**5. 耕地占用税的税额**

(1) 人均耕地不超过 1 亩的地区（以县级行政区为单位，下同），每平方米为 10～50 元；

(2) 人均耕地超过 1 亩但不超过 2 亩的地区，每平方米为 8～40 元；

(3) 人均耕地超过 2 亩但不超过 3 亩的地区，每平方米为 6～30 元；

(4) 人均耕地超过 3 亩的地区，每平方米为 5～25 元。

国务院财政、税务主管部门根据人均耕地面积和经济发展情况确定各省、自治区、直辖市的平均税额。

各地适用税额，由省、自治区、直辖市人民政府在 (1) 规定的税额幅度内，根据本地区情况核定。各省、自治区、直辖市人民政府核定的适用税额的平均水平，不得低于（2）规定的平均税额。

## 8.4.2 耕地占用税应纳税额计算

**1. 计税依据**

耕地占用税以纳税人实际占用的耕地面积为计税依据。

**2. 应纳税额的计算**

耕地占用税应纳税额计算公式为：

应纳税额＝实际占用耕地面积×适用定额税率

我们所讲的耕地占用税，以纳税人占用耕地的面积为计税依据，计量单位为每平方米。

**3. 税收优惠**

（1）下列情形免征耕地占用税。

①军事设施占用耕地。

②学校、幼儿园、养老院、医院占用耕地。

（2）铁路线路、公路线路、飞机场跑道、停机坪、港口、航道占用耕地，减按2元/平方米的税额征收耕地占用税。

根据实际需要，国务院财政、税务主管部门与国务院有关部门并报国务院批准后，可以对前款规定的情形免征或者减征耕地占用税。

（3）农村居民占用耕地新建住宅，按照当地适用税额减半征收耕地占用税。

农村烈士家属、残疾军人、鳏寡孤独以及革命老根据地、少数民族聚居区和边远贫困山区生活困难的农村居民，在规定用地标准以内新建住宅缴纳耕地占用税确有困难的，经所在地乡（镇）人民政府审核，报经县级人民政府批准后，可以免征或者减征耕地占用税。

（4）依照（1）、（2）条规定免征或者减征耕地占用税后，纳税人改变原占地用途，不再属于免征或者减征耕地占用税情形的，应当按照当地适用税额补缴耕地占用税。

## 8.4.3 耕地占用税征收管理

耕地占用税由地方税务机关负责征收。土地管理部门在通知单位或者个人办理占用耕地手续时，应当同时通知耕地所在地同级地方税务机关。获准占用耕地的单位或个人应当在收到土地管理部门的通知之日起30日内，持县级以上土地管理部门批准文件向财政机关申报纳税（表8-8）。土地管理部门凭耕地占用税完税凭证或者免税凭证和其他有关文件发放建设用地批准书。

纳税人临时占用耕地，应当依照相关规定缴纳耕地占用税。纳税人在批准临时占用耕地的期限内恢复所占用耕地原状的，全额退还已经缴纳的耕地占用税。

占用林地、牧草地、农田水利用地、养殖水面以及渔业水域滩涂等其他农用地建房或者从事非农业建设的，按规定征收耕地占用税。建设直接为农业生产服务的生产设施占用前款规定的农用地的，不征收耕地占用税。

**表 8-8　耕地占用税纳税申报表**

纳税人识别号：　　　　　　　　　　　　　　　　　　　　　　　　单位：元/平方米

| | | | |
|---|---|---|---|
| 纳税人全称 | | 经济类型 | |
| 纳税人地址 | | 邮政编码 | |
| 经办人姓名 | | 联系电话 | |
| 开户银行 | | 银行账号 | |
| 占地位置 | | | |
| 批准占地文号 | | 占地用途 | |
| 批准占地面积 | | 批准占地日期 | |
| 实际占地面积 | | 实际占地日期 | |

| 占地类型 | 计税面积 | 单位税额 | 计征税额 | 减免税额 | 应纳税额 |
|---|---|---|---|---|---|
| | | | | | |
| | | | | | |
| | | | | | |
| | | | | | |
| | | | | | |
| | | | | | |
| | | | | | |
| 小计 | | | | | |
| 应纳合计 | | | | | |

<table>
<tr><td colspan="3">如纳税人填报，<br>由纳税人填写以下各栏</td><td colspan="5">如委托税务代理机构填报，由税务代理机构填写以下各栏</td></tr>
<tr><td colspan="2" rowspan="2">会计主管<br>（签章）</td><td rowspan="2">经办人<br>（签章）</td><td colspan="2">税务代理机构名称</td><td colspan="2"></td><td rowspan="3">税务代理机构<br><br>（公章）</td></tr>
<tr><td colspan="2">税务代理机构地址</td><td colspan="2"></td></tr>
<tr><td rowspan="3">申报声明</td><td colspan="2" rowspan="3">此申报表是根据国家税收法律规定填报的，我确信它是真实的、可靠的。<br>声明人：<br>（法定代表人签字或盖章）<br>（公章）</td><td>代理人<br>（签章）</td><td></td><td>联系<br>电话</td><td></td></tr>
<tr><td colspan="5">以下由税务机关填写</td></tr>
<tr><td>收到申报<br>表日期</td><td colspan="2"></td><td>接收人</td><td></td></tr>
</table>

注：本表为 A4 竖式一式两联，一联纳税人留存，一联主管税务机关留存。

## 本章小结

本章主要介绍了自然资源税法中的资源税法、土地增值税法、城镇土地使用税法和耕地占用税法。

（1）资源税是对在我国境内从事应税矿产品开采和生产盐的单位和个人课征的

一种税，可分为级差资源税和一般资源税，具有征税范围窄、纳税环节的一次性、受益税性质、实行源泉课征等特点。

(2) 土地增值税是对有偿转让国有土地使用权及地上建筑物和其他附着物产权，并取得增值收入的单位和个人征收的一种税。现行列入征税范围的资源税仅限于矿产品和盐，包括原油、天然气、煤炭、其他非金属矿原矿、黑色金属矿原矿、有色金属矿原矿、盐七类产品，并采用从量定额征收。这种税使得国内房地产业得到了迅速发展，这对改善人民居住条件、合理配置土地资源、充分发挥国有土地的资产效益、改善投资环境等起到了很大作用。

(3) 城镇土地使用税是以城镇土地为征税对象，对拥有土地使用权的单位和个人征收的一种税。开征城镇土地使用税，可以加强对国有土地的管理和有偿使用，还可以有效地提高土地的使用效率，调节不同地区、地段之间的土地级差收入，增加地方收入，保证城市建设的资金来源，理顺国家与土地使用者之间的分配关系。

(4) 耕地占用税是对占用耕地建房或从事其他非农业建设的单位和个人，就其占用的耕地面积征收的一种税。开征耕地占用税是加强土地管理、防止乱占耕地、综合治理非农业占用耕地的一种法律和经济手段。耕地占用税作为一个出于特定目的、对特定土地资源课征的税种，与其他税种相比，具有兼具资源税与特定行为税的性质、采用地区差别税率、在占用耕地环节一次性课征、税收收入专用于耕地开发与改良等特点。

## 基础与提高

### 一 单项选择题

1. 某油田2007年12月生产原油6 400吨，当月销售6 100吨，自用5吨，另有2吨在采油过程中用于加热、修井。原油单位税额为每吨8元，该油田当月应缴纳资源税（　　）。

A. 48 840元　　B. 48 856元　　C. 51 200元　　D. 51 240元

2. 某铜矿山10月销售铜矿石原矿50 000吨，移送入选精矿6 000吨，选矿比为20%，该矿山铜矿属于5等，按规定适用1.2元/吨单位税额，对有色金属矿按规定税额的70%征收。该矿山本月应纳资源税税额为（　　）。

A. 42 000元　　B. 25 200元　　C. 67 200元　　D. 87 200元

3. 跨省、自治区、直辖市开采应税资源产品的单位，其下属生产单位与核算单位不在同一省、自治区、直辖市，其应税产品的纳税地点为（　　）。

A. 开采地　　B. 收购地

C. 销售地　　D. 核算单位所在地

4. 下列各项中，应征土地增值税的是（　　）。

A. 赠予社会公益事业的房地产

B. 个人之间互换自有房地产

C. 抵押期满转让给债权人的房地产

D. 兼并企业从被兼并企业得到的房地产

5. 某国有企业 2006 年 5 月在市区购置一栋办公楼，支付价款为 8 000 万元。2008 年 5 月，该企业将办公楼转让，取得收入 10 000 万元，签订产权转移书据。办公楼经税务机关认定的重置成本价为 12 000 万元，成新度折扣率为 70%。则该企业在缴纳土地增值税时计算的增值额为（　　）。

A. 400 万元　　B. 1 485 万元

C. 1 490 万元　　D. 200 万元

6. 土地增值税纳税人转让的房地产其所在地在两个或两个以上地区的，应（　　）主管税务机关申报纳税。

A. 分别向房地产坐落地各方的

B. 向事先选择房地产坐落地某一方的

C. 向房地产坐落地的上一级

D. 向机构所在地人民政府缴纳，再向房地产所在地上一级

7. 下列土地中，应依法缴纳城镇土地使用税的是(　　)。

A. 军队的训练场用地

B. 某中学教学楼占用的土地

C. 名胜古迹中附设的饮食部占用的土地

D. 直接用于农、林、牧、渔业生产用地

8. 城镇土地使用税的纳税人以（　　）的土地面积为计税依据。

A. 实际占用　　B. 拥有

C. 自用　　D. 被税务部门认定

9. 某火电厂总占地面积 80 平方米，其中围墙内占地 40 平方米，围墙外灰场占地面积 3 平方米，厂区及办公楼占地面积 37 平方米，城镇土地使用税为 1.5 元/平方米。则该公司当年应交纳城镇土地使用税（　　）。

A. 55.5 元　　B. 60 元

C. 115.5 元　　D. 120 元

10. 某市肉制品加工企业 2006 年占地 60 000 平方米，其中办公占地 5 000 平方米，生猪养殖基地占地 28 000 平方米，肉制品加工车间占地 16 000 平方米，企业内部道路及绿化占地 11 000 平方米。企业所在地城镇使用的单位税额为每平方米 0.8 元。该企业全年应缴纳城镇土地使用税（　　）。

A. 16 800 元　　B. 25 600 元

C. 39 200 元　　D. 48 000 元

11. 依据《城镇土地使用税暂行条例》及其细则的规定，经批准开山填海整治的土地和改造的废弃土地，从使用的月份起免缴土地使用税 5～10 年。具体免税期在规定的范围内由（　　）确定。

A. 省级地方税务局　　B. 地市级地方税务局

C. 县级地方税务局　　D. 省级人民政府

12. 关于耕地占用税的说法不正确的是（　　）。

A. 耕地占用税是以纳税人实际占用耕地面积为计税依据，按照规定税额一次性征收

B. 耕地占用税实行地区差别幅度比例税率

C. 占用果园、桑园、竹园、药材种植园等园地应照章征税

D. 个人占用耕地建房也应缴纳耕地占用税

13. 下列各项中，减半征收耕地占用税的是（ ）。

A. 纳税人临时占用耕地　　B. 军事设施占用耕地

C. 农村居民占用耕地新建住宅　　D. 公路线路占用耕地

14. 获准占用耕地的单位或者个人应在收到土地管理部门通知之日起（ ）日内缴纳耕地占用税。

A. 7　　B. 15

C. 30　　D. 60

## 二 多项选择题

1. 下列各项中，不征收资源税的有（ ）。

A. 液体盐　　B. 人造原油

C. 洗煤、选煤　　D. 煤矿生产的天然气

2. 下列各项中，属于资源税纳税人的有（ ）。

A. 开采原煤的国有企业

B. 进口铁矿石的私营企业

C. 开采石灰石的个体经营者

D. 开采天然原油的外商投资企业

3. 关于资源税纳税义务发生时间的下列表述中，正确的有（ ）。

A. 采用分期收款结算方式销售应税产品的，为发出应税产品的当天

B. 采用预收货款结算方式销售应税产品的，为收到货款的当天

C. 自产自用应税产品的，为移送使用应税产品的当天

D. 扣缴义务人代扣代缴税款的纳税义务发生时间，为支付首笔货款的当天

4. 下面各项属于土地增值税征税范围的有（ ）。

A. 出售国有土地使用权　　B. 存量房地产的买卖

C. 以继承方式转让房地产　　D. 房地产出租

5. 根据土地增值税法律制度的规定，下列情形中，纳税人应当进行土地增值税清算的有（ ）。

A. 直接转让土地使用权的

B. 整体转让未竣工决算房地产开发项目的

C. 房地产开发项目全部竣工并完成销售的

D. 取得房地产销售（预售）许可证满两年尚未销售完毕的

6. 下列项目中，按税法规定可以免征土地增值税的有（ ）。

A. 国家机关转让自用的房地产

B. 税务机关拍卖欠税单位的房产

C. 对国有企业进行评估增值的房产

D. 由于国家建设需要而被依法征用的房地产

7. 城镇土地使用税的纳税人包括（　　）。

A. 土地的实际使用人

B. 土地的代管人

C. 拥有土地使用权的单位和个人

D. 土地使用权共有的各方

8. 下列各项中，按税法规定免征城镇土地使用税的有（　　）。

A. 寺庙内宗教人员的宿舍用地

B. 国家机关职工家属的宿舍用地

C. 个人所有的居住房屋及院落用地

D. 国有油田职工和家属居住的简易房屋用地

9. 关于城镇土地使用税纳税行为发生时间的下列表述中，正确的有（　　）。

A. 纳税人新征用的耕地，自批准征用之日起缴纳

B. 纳税人新征用的非耕地，自批准征用的次月开始缴纳

C. 纳税人以出让方式有偿取得土地使用权，合同约定交付土地时间的，自合同给定交付土地时间的次月起缴纳

D. 纳税人以出让方式有偿获取土地使用权，合同未约定交付土地时间的，自合同签订的次月起缴纳

10. 下列各项中，属于耕地占用税征税范围的有（　　）。

A. 占用菜地开发花圃

B. 占用两年前的农用土地建造住宅区

C. 占用耕地开发食品加工厂

D. 占用养殖的滩涂修建飞机场跑道

11. 下列关于耕地占用税的规定正确的是（　　）。

A. 耕地占用税实行地区差别幅度定额税率

B. 人均耕地面积越少，耕地占用税单位税额越高

C. 耕地占用税由地方税务机关负责征收

D. 纳税人应当在收到土地管理部门的通知之日起10日内缴纳耕地占用税

## 三 思考题

1. 如何理解资源税的特点？

2. 资源税的征税范围有哪些？

3. 特殊情况资源税课税数额的确定方法有哪些？

4. 土地增值税的征税范围有哪些？

5. 城镇土地使用税的纳税义务人有哪些？

6. 开征耕地占用税有何特定意义？

## 四 计算分析题

1. 某煤矿10月份生产销售原煤50万吨，生产天然气1万立方米。已知该煤矿适用税额为1.2元/吨，煤矿邻近的某石油管理局天然气适用税额为4元/千立方米。计算该煤矿本月应纳资源税税额。

2. 某市宏志房地产开发公司参与开发市内新区建设项目，建成后的普通标准住宅销售收入为5 000万元，综合楼销售收入为18 000万元，公司按税法规定分别缴纳了销售环节各项有关税金及教育费附加（教育费附加征收率为营业税税额的3%，印花税忽略不计）。公司取得土地使用权所支付的金额为2 000万元，其中建造普通标准住宅占用土地支付的金额占全部支付金额的1/4。公司分别计算了普通标准住宅和综合楼的开发成本及开发费用，普通标准住宅增值额占扣除项目金额的18%；综合楼开发成本为6 000万元。另知该公司不能提供金融机构贷款证明，当地省人民政府规定允许扣除的房地产开发费用计算比率为10%。计算该公司应缴纳土地增值税的税额。

3. 甲企业（国有企业）生产经营用地分布于A、B、C三个地域。A的土地使用权属于甲企业，面积10 000平方米，其中幼儿园占地1 000平方米，厂区绿化占地2 000平方米；B的土地使用权属甲企业与乙企业共同拥有，面积5 000平方米，实际使用面积各半；C面积3 000平方米，甲企业一直使用但土地使用权未确定。A、B、C城镇土地使用税的单位税额为每平方米5元。计算甲企业全年应纳城镇土地使用税。

## 技能实训

### 一、实训项目

进行应纳土地增值税的计算。

### 二、实训方式

1. 个人阅读实训材料及实训分析后进行思考，可以分小组计算应纳税额。

2. 分小组讨论结束后，每位同学把讨论结果整理成书面材料上交。

3. 教师评分后总结。

### 三、实训材料

位于市区的某国有工业企业利用厂区空地建造写字楼，2007年发生的相关业务如下。

（1）按照国家有关规定补交土地出让金4 000万元，缴纳相关费用160万元。

（2）写字楼开发成本3 000万元，其中装修费用500万元。

（3）写字楼开发费用中的利息支出为300万元（不能提供金融机构证明）。

（4）写字楼竣工验收，将总建筑面积的1/2销售，签订销售合同，取得销售收入6 500万元；将另外1/2的建筑面积出租，当年取得租金收入15万元。

### 四、实训分析

已知该企业所在省规定，按土地增值税暂行条例规定的高限计算扣除房地产开发费用，要求：

1. 企业计算土地增值税时应扣除的取得土地使用权所支付的金额。

2. 企业计算土地增值税时应扣除的开发成本的金额。

3. 企业计算土地增值税时应扣除的开发费用的金额。
4. 企业计算土地增值税时应扣除的有关税金。
5. 企业应缴纳的土地增值税。

## 案例分析

### 土地增值税核定征收税率2010年11月起上调为3%

商铺投资者们注意了，商铺买卖的税负成本要上升了。2011年11月起二手房(个人住房除外)交易的土地增值税核定征收率将有所调整，由1%上调至3%。

根据市地税局发布的《关于调整二手房交易土地增值税核定征收率的公告》，自2010年11月1日起，单位和个人转让二手房(个人住房除外)及建筑物，应当按规定进行土地增值税清算；如确实无法按规定进行土地增值税清算的，征收机关可核定征收，核定征收率为3%。

市地税局税政科相关人士告诉记者，由于我市(本级)之前对单位和个人转让二手房执行的土地增值税核定征收率过低，已不能客观反映其真实的税负水平，因此市地税局依据《财政部、国家税务总局关于土地增值税若干问题的通知》第二条第二款“对于转让旧房及建筑物，既没有评估价格，又不能提供购房发票的，地方税务机关可以根据《中华人民共和国税收征收管理法》第35条规定，实行核定征收”的规定，确定了我市(本级)土地增值税的核定征收率税率水平。

土地增值税核定征收率调整后，市民买卖、投资商铺等非住宅类二手房时该如何计算自己须缴纳的土地增值税?

假定市民王先生在2008年初以50万元的价格购买了一间商铺，并准备在2010年11月以70万元的价格出售。

第一种情况是，王先生不能提供购房发票证明，又不能提供房屋及建筑物价格评估报告，须按调整公告中明确的核定征收方式来计算自己应缴纳的土地增值税，需要缴纳的土地增值税为21 000(700 000×3%)元。

第二种情况是，王先生能够提供购房发票，发票所载金额为50万元，那么王先生可以按照土地增值税清算方式来计算土地增值税。具体计算方式为，用售价扣除原值50万元、加计金额50万元×15%=75 000元、契税50万元×3%=15 000元、转让时缴纳的营业税70万元×5.5%=38 500元、按核定方式缴纳个人所得税70万元×3%=21 000元、印花税1 050元。算下来，这间商铺的增值额为700 000元-500 000元-75 000元-15 000元-38 500元-21 000元-1 050元=49 450元，由于49 450元未超过扣除项目金额的50%，按照30%的税率计算。因此，王先生应缴纳的土地增值税为49 450元×30%=14 835元。

“像上述案例中第二种情况，交易时商铺的增值额未超过扣除项目金额的50%，土地增值税税率按照30%计算，而实际操作中，很多商铺的增值幅度可能更大，相应的土地增值税税率也有不同档次。”市地税局税政科相关人士告诉记者，如果交易时商铺的增值额超过扣除项目金额的50%但不超过100%，土地增值税税率将上升为增值额的40%；如果交易时商铺的增值额超过扣除项目金额的100%但不超过200%，土地增值税税率将上升为增值额的50%；如果交易时商铺的增值额超过扣除项目金额的200%以上，土地增值税税率将上升为增值额的60%。

**发布日期**：2010.10.19　**资料来源**：**南湖晚报**

**思考与分析：**

1. 土地增值税上调后如何计算土地增值税？
2. 土地增值税上调对现行经济有何意义？

# 第9章 财产行为税法

## 学习目标

理解各税种的定义与特点；熟悉各税种课税对象、纳税义务人、征税范围；掌握各税种应纳税额的计税依据、计算方法及税收优惠；理解各税种的征收管理。

## 案例导入

**财产税**

财产税法是对纳税人所有财产课征的税种的总称。财产税按征税范围或计征方式，可分为一般财产税和个别财产税：前者是对纳税人所有一切财产的综合征收；后者是对纳税人所有的土地、房屋、资本或其他财产的分别课征。财产税按课征财产状态，可分为动态财产税和静态财产税：前者是对财产的转移、变动进行的一次性课征，如遗产税、继承税等；后者是对财产占有者的定期征收，不管其财产的来源和未来的变化。

一般财产税和个别财产税是世界各国的普遍划分方法，为各国所重视和研究。一般财产税在征税时要考虑日常生活必需品的免税、一定货币数量以下的财产免征和负债的扣除等，在征收技术上较为困难；个别财产税主要有对土地课征的土地税，对房屋课征的房产税，对土地与房屋合并课征的房地产税，对土地、房屋同其他不动产合并课征的不动产税，对车、船、金融资产等动产课征的动产税等，在征收技术上较为简便易行。

财产税有着悠久的历史，各国人民都有纳税习惯，它较之开办新税种便于被接受、省力易行。财产税可为地方财政提供稳定的收入来源，世界上许多国家都把财产税作为地方税，甚至视其为地方财政收入的主要来源。但我国目前只开征了个别财产税，如房产税和车船税等，尚未开征一般财产税。在新一轮税制改革中，完善地方税制应以具有相对独立税基的财产税制改革为突破口，并在财产法律法规制度建立、税收管理权限分割及财产评估制度等方面进行配套改革。

**思考：**

查阅资料，分析一般财产税和个别财产税划分方法的主要区别，探讨我国对财产税还需在哪些方面加以完善。

# 9.1 房产税法

## 9.1.1 房产税法概述

### 1. 房产税的定义

房产税是以房屋为征税对象，依据房屋的计税余值或租金收入，向产权所有人征收的一种财产税。

房产税法是指国家制定的调整房产税征收与缴纳之间权利及义务关系的法律规范。它的基本法律依据是1986年9月国务院发布的《中华人民共和国房产税暂行条例》（以下简称《房产税暂行条例》）和财政部税务总局制定的《关于房产税若干具体问题的解释和暂行规定》等。

### 2. 房产税的特点

(1) 房产税属个别财产税。财产税按征税对象的范围不同，可以分为一般财产税与个别财产税。房产税属于财产税中的个别财产税，其征税对象只是房屋。

(2) 房产税征税范围限于城镇的经营性房屋。城镇经营性房屋，如贸易住宅、居民出租的自有房屋。房产税在城市、县城、建制镇和工矿区范围内征收，不涉及农村。

(3) 根据房屋的经营使用方式规定征税办法。拥有房屋的单位和个人，既可以将房屋用于经营自用，又可以把房屋用于出租、出典。房产税根据纳税人经营形式不同，对前一类房屋按房产计税余值征收，对后一类房屋按租金收入计税，使征税办法符合纳税人的经营特点，便于平衡税收负担和征收管理。

### 3. 房产税的征税对象与征收范围

房产税的征税对象是房产。所谓房产，是指有屋面和围护结构（有墙或两边有柱），能够遮风避雨，可供人们在其中生产、学习、工作、娱乐、居住或贮藏物资的场所。

房地产开发企业建造的商品房，在出售前，不征收房产税；但对出售前房地产开发企业已使用或出租、出借的商品房应按规定征收房产税。

房产税的征税范围为城市、县城、建制镇和工矿区，不包括农村。

### 4. 房产税的纳税人

房产税是以房产为征税对象，依据房产计税余值或房产租金收入向房产所有人或经营人征收的一种税。房产税以在征税范围内的房屋的产权所有人为纳税人。

(1) 产权属国家所有的，由经营管理单位纳税；产权属集体和个人所有的，由集体单位和个人纳税。

(2) 产权出典的，由承典人纳税。所谓产权出典，是指产权所有人将房屋、生产资料等的产权，在一定期限内典当给他人使用而取得资金的一种融资业务。这种业务大多发生于出典人急需用款，但又想保留产权回赎权的情况。承典人向出典人交付一定的典价之后，在质典期内即获抵押物品的支配权，并可转典。产权的典价一般要低于卖价。出典人在规定期间内必须归还典价的本金和利息，方可赎回出典房屋等的产权。由于在房屋出典期间，产权所有人已无权支配房屋，所以，税法规定对房屋具有支配权的承典人为纳税人。

(3) 产权所有人、承典人不在房屋所在地的，由房产代管人或者使用人纳税。

(4) 产权未确定及租典纠纷未解决的，亦由房产代管人或者使用人纳税。所谓租典纠纷，是指产权所有人在房产出典和租赁关系上，与承典人、租赁人发生各种争议，特别是权利和义务的争议悬而未决的。

(5) 无租使用其他房产的问题。纳税单位和个人无租使用房产管理部门、免税单位及纳税单位的房产，应由使用人代为缴纳房产税。

**5. 房产税的税率**

房产税采用的是比例税率。由于房产税的计税依据分为从价计征和从租计征两种形式，房产税的税率也分两种：一种是按房产原值一次减除10%～30%后的余值计征，税率为1.2%；另一种是按房产出租的租金收入计征，税率为12%。对个人出租住房，按4%的税率计征房产税再减半；对个人出租住房之外的房屋，按12%的税率计征房产税；对企事业单位、社会团体以及其他组织按市场价格向个人出租用于居住的住房，减按4%的税率征收房产税。

## 9.1.2 房产税应纳税额计算

**1. 计税依据**

房产税的计税依据是房产的计税余值或房产的租金收入。按照房产计税余值征税的，称为从价计征；按照房产租金收入计征的，称为从租计征。

(1) 从价计征。房产税依照房产原值一次减除10%～30%后的余值计算缴纳。各地扣除比例由当地省、自治区、直辖市人民政府确定。

1) 对依照房产原值计税的房产，不论是否记载在会计账簿固定资产科目中，均应按照房屋原价计算缴纳房产税。

房产余值是房产的原值减除规定比例后的剩余价值。应注意以下两点。

①对投资联营的房产，在计征房产税时应予以区别对待。对于以房产投资联营，投资者参与投资利润分红，共担风险的，按房产余值作为计税依据计征房产税；对以房产投资，收取固定收入，不承担联营风险的，实际上是以联营名义取得房产租金，由出租方按租金收入计缴房产税。

②对融资租赁房屋的情况，由于租赁费包括购进房屋的价款、手续费、借款利息等，与一般房屋出租的“租金”内涵不同，且租赁期满后，当承租方偿还最后一笔租赁费时，房屋产权要转移到承租方。这实际上是一种变相的分期付款购买固定资产的形式，所以在计征房产税时应以房产余值计算征收，至于租赁期内房产税的纳税人，由当地税务机关根据实际情况确定。

2) 房屋附属设备和配套设施的计税规定。房屋附属设备和配套设施计征房产税按以下规定执行：

①凡以房屋为载体，不可随意移动的附属设备和配套设施，如给排水、采暖、消防、中央空调、电气及智能化楼宇设备等，无论在会计核算中是否单独记账与核算，都应计入房产原值，计征房产税。

②对于更换房屋附属设备和配套设施的，在将其价值计入房产原值时，可扣减原来相应设备和设施的价值；对附属设备和配套设施中易损坏、需要经常更换的零配件，更新后不再计入房产原值。

3) 居民住宅区内业主共有的经营性房产缴纳房产税。对居民住宅区内业主共有的经营性房产，由实际经营（包括自营和出租）的代管人或使用人缴纳房产税。其中自营的依照房产原值减除10%～30%后的余值计征，没有房产原值或不能将业主共有房产与其他房产的原值准确划分开的，由房产所在地地方税务机关参照同类房产核定房产原值；出租的依照租金收入计征。

（2）从租计征。从租计征是以房产租金收入为房产税的计税依据。

所谓房产的租金收入，是指房屋产权所有人出租房产使用权所得的报酬，包括货币收入和实物收入。

如果以劳务或者其他形式为报酬抵付房租收入，则应根据当地同类房产的租金水平，确定一个标准租金额从租计征。

**2. 应纳税额的计算**

房产税的应纳税额计算分为两种：一是从价计征的计算；二是从租计征的计算。

（1）从价计征的计算。从价计征是按房产的原值减除一定比例后的余值计征，其计算公式为：

$$应纳税额=应税房产原值\times（1-扣除比例）\times 1.2\%$$

房产原值是指“固定资产”账户中记载的房屋原价；减除一定比例是指省、自治区、直辖市人民政府规定的10%～30%的减除比例；计征的适用税率为1.2%。

（2）从租计征的计算。从租计征是按房产的租金收入计征，其计算公式为：

$$应纳税额=租金收入\times 12\%（或4\%）$$

**3. 税收优惠**

根据《房产税暂行条例》及相关政策，下列项目免征房产税。

（1）国家机关、人民团体、军队自用的房产免征房产税。

（2）由国家财政部门拨付事业经费的单位的房产，如学校、医疗卫生单位、托儿所、幼儿园、敬老院，以及文化、体育、艺术等实行全额或差额预算管理的事业单位所有的，本身业务范围内使用的房产免征房产税。

为了鼓励事业单位经济自立，由国家财政部门拨付事业经费的单位，其经费来源实行自收自支后，从事业单位实行自收自支的年度起，免征房产税3年。事业单位自用的房产，是指这些单位本身的业务用房。上述单位所属的附属工厂、商店、招待所等不属于单位公务、业务的用房，应照章纳税。

（3）宗教寺庙、公园、名胜古迹自用的房产免征房产税。

（4）个人所有非营业用的房产免征房产税。

（5）对行使国家行政管理职能的中国人民银行总行（含国家外汇管理局）所属分支机构自用的房产，免征房产税。

## 9.1.3 房产税征收管理

**1. 纳税义务发生时间**

（1）纳税人将原有房产用于生产经营，从生产经营之月起缴纳房产税。

（2）纳税人自行新建房屋用于生产经营，从建成之次月起缴纳房产税。

（3）纳税人委托施工企业建设的房屋，从办理验收手续之次月起缴纳房产税。

（4）纳税人购置新建商品房，自房屋交付使用之次月起缴纳房产税。

（5）纳税人购置存量房，自办理房屋权属转移、变更登记手续，房地产权属登记机关签发房屋权属证书之次月起，缴纳房产税。

（6）纳税人出租、出借房产，自交付出租、出借房产之次月起，缴纳房产税。

（7）房地产开发企业自用、出租、出借本企业建造的商品房，自房屋使用或交付之次月起缴纳房产税。

纳税人因房产的实物或权利状态发生变化而依法终止房产税纳税义务的，其应纳税款的计算应截止到房产的实物或权利状态发生变化的当月末。

**2. 纳税期限**

房产税实行按年计算、分期缴纳的征收方法，具体纳税期限由省、自治区、直辖市人民政府确定。

**3. 纳税地点**

房产税在房产所在地缴纳。房产不在同一地方的纳税人，应按房产的坐落地点分别向房产所在地的税务机关纳税。

**4. 纳税申报**

房产税的纳税人应按照《房产税暂行条例》的有关规定，及时办理纳税申报，并如实填写《房产税纳税申报表》，见表 9-1。

**表 9-1　房产税纳税申报表**

填表日期：　年　月　日

地税纳税代码

税务登记证号：□□□□□□□□□□□□□□□　　金额单位：元（列至角分）

<table>
<tr><td colspan="2">纳税人名称</td><td colspan="4"></td><td colspan="2">税款所属时期</td><td colspan="2"></td></tr>
<tr><td colspan="6">坐落地点</td><td>建筑面积</td><td colspan="3">房屋结构</td></tr>
<tr><td colspan="6"></td><td></td><td colspan="3"></td></tr>
<tr><td colspan="6"></td><td></td><td colspan="3"></td></tr>
<tr><td colspan="6"></td><td></td><td colspan="3"></td></tr>
<tr><td colspan="2">房产原值</td><td rowspan="2">扣除率<br>3%</td><td colspan="2">计税依据</td><td colspan="2">税　率</td><td rowspan="2">年应纳税额</td><td rowspan="2">缴纳<br>次数</td><td rowspan="2">本　期<br>应纳税额</td></tr>
<tr><td>自用</td><td>出租</td><td>房产余值</td><td>租金收入</td><td>自用</td><td>出租</td></tr>
<tr><td>1</td><td>2</td><td>3</td><td>4=1×3</td><td>5</td><td>6</td><td>7</td><td>8=4×6+5×7</td><td>9</td><td>10=8÷9</td></tr>
<tr><td></td><td></td><td></td><td></td><td></td><td></td><td></td><td></td><td></td><td></td></tr>
<tr><td></td><td></td><td></td><td></td><td></td><td></td><td></td><td></td><td></td><td></td></tr>
<tr><td></td><td></td><td></td><td></td><td></td><td></td><td></td><td></td><td></td><td></td></tr>
<tr><td colspan="2">合　计</td><td></td><td></td><td></td><td></td><td></td><td></td><td></td><td></td></tr>
</table>

<table>
<tr><td colspan="3">如纳税人填报，由纳税人填写以下各栏</td><td colspan="3">如委托代理人填报，由代理人填写以下各栏</td></tr>
<tr><td rowspan="3">会计主管<br>（签章）</td><td rowspan="3">办税人员<br>（签章）</td><td rowspan="3">纳税人（签章）</td><td>代理人名称</td><td colspan="2" rowspan="2">（签章）</td></tr>
<tr><td>代理人地址</td></tr>
<tr><td>经办人</td><td>电话</td><td></td></tr>
</table>

<table>
<tr><td colspan="4">以下由税务机关填写</td></tr>
<tr><td>收到申报表日期</td><td></td><td>接　收　人</td><td></td></tr>
<tr><td>完税日期</td><td></td><td>完税凭证号码</td><td></td></tr>
</table>

注：本表一式三份，两份报主管税务机关，一份由纳税人留存。

# 9.2 车船税法

## 9.2.1 车船税概述

### 1. 车船税的定义

车船税是指在我国境内应依法到公安、交通、农业、渔业、军事等管理部门办理登记的，行驶于中国境内公共道路的车辆和航行于中国境内河流、湖泊或邻海的船舶，依法征收的一种税。

车船税法是指国家制定的调整车船税征收与缴纳权利及义务关系的法律规范。现行车船税的基本规范，是 2006 年 12 月 29 日国务院颁布并于 2007 年 1 月 1 日实施的《中华人民共和国车船税暂行条例》。

### 2. 车船税的征税范围

车船税的征税范围具体分为车辆和船舶两大类。

车辆为机动车，即依靠燃油、电力等能源作为动力运行的车辆，包括载客汽车、载货汽车、三轮车、低速货车、摩托车、专项作业车和轮式专用机械车。

船舶为机动船和非机动船。机动船指依靠燃料等能源作为动力运行的船舶，包括客船、货船、气垫船、拖船等；非机动船是指依靠人力或其他力量运行的船。

在机场、港口以及其他企业内部场所行驶或者作业，并在车船管理部门登记的车船，应当缴纳车船税。

### 3. 车船税的纳税人

车船税的纳税人是车辆、船舶的所有人或管理人。其中，所有人是指在我国境内拥有车船的单位和个人；管理人是指对车船具有管理使用权，但不具有所有权的单位。

拥有与使用车船的单位和个人是同一人的，纳税人既是车船使用人，又是车船所有人。租赁关系下车船所有人与使用人不一致时，则应由租赁双方协商确定纳税人；租赁双方未商定的，由车船的使用人纳税。

从事机动车交通事故责任强制保险业务的保险机构为机动车车船税的扣缴义务人，在销售机动车交通事故责任强制保险时代收代缴车船税。

### 4. 车船税纳税的税目与税率

国务院财政部门、税务主管部门可以根据实际情况，在《车船税税目税额表》规定的税目范围和税额幅度内，划分子税目，并明确车辆的子税目税额幅度和船舶的具体适用税额。车船税采用定额税率，即对征税的车船规定单位固定税额，见表 9-2。

**表 9-2 车船税税目税额表**

| 税　目 | 计税单位 | 每年税额（元） | 备　注 |
|---|---|---|---|
| 载客汽车 | 每辆 | 60～660 | 包括电车 |
| 载货汽车专项作业车 | 按自重每吨 | 16～120 | 包括半挂牵引车、挂车 |

续表

| | | | |
|---|---|---|---|
| 三轮汽车、低速货车 | 按自重每吨 | 24～120 | |
| 摩托车 | 每辆 | 36～180 | |
| 船舶 | 按净吨位每吨 | 3～6 | 拖船和非机动驳船分别按船舶税额的 50%计算 |

## 9.2.2　车船税应纳税额计算

### 1. 计税依据

(1) 纳税人在购买机动车交通事故责任强制保险时，应当向扣缴义务人提供地方税务机关出具的本年度车船税的完税凭证或者减免税证明；不能提供完税凭证或者减免税证明的，应当在购买保险时缴纳车船税。

(2) 拖船按照发动机功率每 2 马力折合净吨位 1 吨计算征收车船税。

(3) 载客人数、自重、净吨位、马力等计税标准，以车船管理部门核发的车船登记证书或者行驶证书相应项目所载数额为准。纳税人未按照规定到车船管理部门办理登记手续的，以车船出厂合格证明或者进口凭证相应项目所载数额为准；不能提供车船出厂合格证明或者进口凭证的，由主管地方税务机关根据车船自身状况并参照同类车船核定。

(4) 车辆自重尾数在 0.5 吨以下（含 0.5 吨）的，按照 0.5 吨计算；超过 0.5 吨的，按照 1 吨计算。船舶净吨位尾数在 0.5 吨以下（含 0.5 吨）的不予计算，超过 0.5 吨的按照 1 吨计算。1 吨以下的小型车船，一律按照 1 吨计算。

(5) 这里所称的自重，是指机动车的整备质量。

### 2. 应纳税额的计算方法

购置的新车船，购置当年的应纳税额自纳税义务发生的当月起按月计算。计算公式为：

$$应纳税额=年应纳税额\div 12\times 应纳税月份数$$

### 3. 保险机构代收代缴车船税和滞纳金的计算

在机动车交通事故责任强制保险（以下简称“交强险”）保单中增加了与车船税有关的数据项目。

(1) 特殊情况下车船税应纳税款的计算。

①购买短期“交强险”的车辆。对于境外机动车临时入境、机动车临时上路行驶、机动车距离规定的报废期限不足一年而购买短期“交强险”的车辆，保单中“当年应缴”项目的计算公式为：

$$当年应缴=计税单位\times 年单位税额\times 应纳税月份数\div 12$$

应纳税月份数为“交强险”有效期起始日期的当月至截止日期当月的月份数。

②已向税务机关缴税的车辆或税务机关已批准减免税的车辆。对于已向税务机关缴税或税务机关已经批准减免税的车辆，“当年应缴”项目应为 0；对于税务机关已批准减税的机动车，“当年应缴”项目应根据减税前的应纳税额扣除依据减税证明中注明的减税幅度计算的减税额确定，计算公式为：

减税车辆应纳税额＝减税前应纳税额×（1－减税幅度）

（2）欠缴车船税的车辆补缴税款的计算。保险机构在代收代缴车船税时，应根据纳税人提供的前次保险单，查验纳税人以前年度的完税情况。对于以前年度有欠缴车船税的，保险机构应代收代缴以前年度应纳税款。

纳税人从购置时起一直未缴纳车船税的，保单中“往年补缴”项目的计算公式为：

往年补缴＝购置当年欠缴的税款＋购置年度以后欠缴税款

其中，购置当年欠缴的税款＝计税单位×年单位税额×应纳税月份数÷12。应纳税月份数为车辆登记日期的当月起至该年度终了的月份数。若车辆尚未到车船管理部门登记，则应纳税月份数为购置日期的当月起至该年度终了的月份数。

购置年度以后欠缴税款＝计税单位×年单位税额×（本次缴税年度－车辆登记年度－1）

（3）滞纳金的计算。对于纳税人在应购买“交强险”截止日期以后购买“交强险”的，或以前年度没有缴纳车船税的，保险机构在代收代缴税款的同时，还应代收代缴欠缴税款的滞纳金。

保单中“滞纳金”项目为各年度欠税与应加收滞纳金之和。

每一年度欠税应加收的滞纳金＝欠税金额×滞纳天数×0.5‰

滞纳天数的计算自应购买“交强险”截止日期的次日起到纳税人购买“交强险”当日止。纳税人连续两年以上欠缴车船税的，应分别计算每一年度欠税应加收的滞纳金。

**4. 税收优惠**

（1）法定减免。

①非机动车船（不包括非机动驳船）。非机动车是指以人力或者畜力驱动的车辆，以及符合国家有关标准的残疾人机动轮椅车、电动自行车等车辆；非机动船是指自身没有动力装置，依靠外力驱动的船舶；非机动驳船是指在船舶管理部门登记为驳船的非机动船。

②拖拉机。拖拉机是指在农业部门登记为拖拉机的车辆。

③捕捞、养殖渔船。

④军队、武警专用的车船。

⑤按照有关规定已经缴纳船舶吨税的船舶。

⑥免税的外国驻华使馆、领事馆和国际组织驻华机构及其有关人员的车船。

⑦警用车船。

（2）特定减免。省、自治区、直辖市人民政府可以根据当地实际情况，对城市、农村公共交通车船给予定期减免税。

## 9.2.3 车船税征收管理

**1. 纳税义务发生时间**

车船税的纳税义务发生时间，为车船管理部门核发的车船登记证书或者行驶证书所记载日期的当月。纳税人未按照规定到车船管理部门办理应税车船登记手续的，以车船购置发票所载开具时间的当月作为车船税的纳税义务发生时间。对未办理车船登记手续且无法提供车船购置发票的，由主管地方税务机关核定纳税义务发生时间。

车船税按年申报缴纳。纳税年度自公历 1 月 1 日起至 12 月 31 日止。具体申报纳税期限由省、自治区、直辖市人民政府确定。

**2. 纳税地点**

车船税由地方税务机关负责征收。纳税地点由省、自治区、直辖市人民政府根据当地实际情况确定。

跨省、自治区、直辖市使用的车船，纳税地点为车船的登记地。

**3. 纳税申报**

（1）车船的所有人或者管理人未缴纳车船税的，使用人应当代为缴纳车船税。

（2）从事机动车交通事故责任强制保险业务的保险机构为机动车车船税的扣缴义务人，应当依法代收代缴车船税。

（3）机动车车船税的扣缴义务人依法代收代缴车船税时，纳税人不得拒绝。由扣缴义务人代收代缴机动车车船税的，纳税人应当在购买机动车交通事故责任强制保险的同时缴纳车船税。

（4）纳税人对扣缴义务人代收代缴税款有异议的，可以向纳税所在地的主管地方税务机关提出。

（5）纳税人在购买机动车交通事故责任强制保险时缴纳车船税的，不再向地方税务机关申报纳税。

（6）扣缴义务人在代收车船税时，应当在机动车交通事故责任强制保险的保险单上注明已收税款的信息，作为纳税人完税的证明。除另有规定外，扣缴义务人不再给纳税人开具代扣代收税款凭证。纳税人如有需要，可以持注明已收税款信息的保险单，到主管地方税务机关开具完税凭证。

（7）扣缴义务人应当及时解缴代收代缴的税款，并向地方税务机关申报。

（8）地方税务机关按照规定支付扣缴义务人代收代缴车船税的手续费。税务机关付给扣缴义务人代收代缴手续费的标准由国务院财政部门、税务主管部门制定。

**4. 其他管理规定**

（1）各级车船管理部门应当在提供车船管理信息等方面，协助地方税务机关加强对车船税的征收管理。纳税人应当向主管地方税务机关和扣缴义务人提供车船的相关信息。在一个纳税年度内，已完税的车船被盗抢、报废、灭失的，纳税人可以凭有关管理机关出具的证明和完税证明，向纳税所在地的主管地方税务机关申请退还被盗抢、报废、灭失月份起至该纳税年度终了期间的税款。

已办理退税的被盗抢车船，失而复得的，纳税人应当从公安机关出具相关证明的当月起计算缴纳车船税。

（2）车船税的纳税人应按照条例的有关规定及时办理纳税申报，并如实填写《车船税纳税申报表》，见表 9-3。

## 表 9-3 车船税纳税申报表

纳税人识别号 | | | | | | | | | | | | | | | | | | | |

纳税人名称：（公章）

税款所属期限：自 年 月 日至 年 月 日

填表日期： 年 月 日 金额单位：元

| 车船类别 | | 计税单位 | 税额标准 | 数量 | 吨位 | 本期应纳税额 | 本期已缴税额 | 本期应补（退）税额 |
|---|---|---|---|---|---|---|---|---|
| 载客汽车 | 乘坐人数大于或等于 20 人 | 每辆 | | | | | | |
| | 乘坐人数大于 9 人小于 20 人 | 每辆 | | | | | | |
| | 乘坐人数小于或等于 9 人 | 每辆 | | | | | | |
| | 发动机汽缸总排气量小于等于 1 升 | 每辆 | | | | | | |
| 载货汽车（包括半挂牵引车、挂车） | | 按自重每吨 | | | | | | |
| 三轮汽车 | | 按自重每吨 | | | | | | |
| 低速货车 | | 按自重每吨 | | | | | | |
| 摩托车 | | 每辆 | | | | | | |
| 专项作业车 | | 按自重每吨 | | | | | | |
| 轮式专用机械车 | | 按自重每吨 | | | | | | |
| 小计 | | — | | | | | | |
| 船舶 | 净吨位小于或等于 200 吨 | 每吨 | 3 元 | | | | | |
| | 净吨位 201 吨至 2 000 吨 | 每吨 | 4 元 | | | | | |
| | 净吨位 2 001 吨至 10 000 吨 | 每吨 | 5 元 | | | | | |
| | 净吨位 10 001 吨及其以上 | 每吨 | 6 元 | | | | | |
| | 小计 | — | | | | | | |
| 合计 | | | | | | | | |

<table>
<tr><td rowspan="6">纳税人或代理人声明：<br>此纳税申报表是根据国家税收法律的规定填报的，我确信它是真实的、可靠的、完整的。</td><td colspan="3">如纳税人填报，由纳税人填写以下各栏</td></tr>
<tr><td>经办人（签章）</td><td>会计主管（签章）</td><td>法定代表人（签章）</td></tr>
<tr><td colspan="3">如委托代理人填报，由代理人填写以下各栏</td></tr>
<tr><td>代理人名称</td><td colspan="2"></td></tr>
<tr><td>经办人（签章）</td><td></td><td rowspan="2">代理人（公章）</td></tr>
<tr><td>联系电话</td><td></td></tr>
</table>

以下由税务机关填写

| 受理人 | | 受理日期 | | 受理税务机关（签章） | |
|---|---|---|---|---|---|

# 9.3 车辆购置税法

## 9.3.1 车辆购置税概述

### 1. 车辆购置税的定义

车辆购置税是以在中国境内购置规定的车辆为课税对象，在特定的环节向车辆购置者征收的一种税。车辆购置税的前身是 1985 年经国务院批准在全国范围内征收的专项用于国家公路建设的政府性基金——车辆购置附加费。可以说，车辆购置税是费税改革的产物。

车辆购置税法是指国家制定的用以调整车辆购置税征收与缴纳之间权利及义务关系的法律规范。现行车辆购置税法基本规范，是 2000 年 10 月 22 日国务院颁布并于 2001 年 1 月 1 日实施的《中华人民共和国车辆购置税暂行条例》（以下简称《车辆购置税暂行条例》）。

### 2. 车辆购置税的特点

（1）征收范围单一。车辆购置税以购置的特定车辆为课税对象，征税范围窄，属于特种财产税。

（2）征收环节单一。车辆购置税实行一次性课征制，它不是在生产、经营和消费的每个环节道道征收，而是在消费领域中的特定环节一次征收。

（3）征收税率单一。车辆购置税确定统一比例税率征收，税率具有不随课税对象数额变动的特点，计征简便，负担稳定，有利于依法治税。

（4）征收方法单一。车辆购置税根据纳税人购置应税车辆的计税价格实行从价计征，以价格为计税标准。

（5）征税目的特定。车辆购置税为中央税，它取之于应税车辆，用之于交通建设，其征税具有专门用途。

（6）征收不转嫁税负。征收车辆购置税的商品价格中不含车辆购置税税额，车辆购置税是附加在价格之外的，且税收的缴纳者为最终的税收负担者，税负没有转嫁性。

### 3. 车辆购置税的征收范围

车辆购置税的征税对象是指《车辆购置税暂行条例》规定的应税车辆。征收范围包括汽车、摩托车、电车、挂车、农用运输车。

（1）汽车，包括各类汽车。

（2）摩托车，包括轻便摩托车、二轮摩托车和三轮摩托车。

（3）电车，包括无轨电车和有轨电车。

（4）挂车，包括全挂车和半挂车。

（5）农用运输车，包括三轮农用运输车、四轮农用运输车。

### 4. 车辆购置税的纳税人

车辆购置税的纳税义务人是在中华人民共和国境内购置应税车辆的单位和个人。当纳税人购置应税车辆时，它就发生了应税行为，就要依法纳税。具体包括以下几种情况。

（1）购买使用行为，包括购买使用国产应税车辆和购买使用进口应税车辆。

（2）进口使用行为，指直接进口使用应税车辆的行为。

（3）受赠使用行为，指接受他人馈赠使用应税车辆的行为。对馈赠人而言，在发生财产所有权转移后，应税行为一同转移，不再是纳税人；而作为受赠人在接受使用后，就发生了应税行为，就要承担纳税义务。

（4）自产自用行为，指纳税人将自己生产的应税车辆作为最终消费品用于自己消费的行为。

（5）获奖使用行为，包括从各种奖励形式中取得并使用应税车辆的行为。

（6）其他使用行为，指除上述行为外以其他方式取得并使用应税车辆的行为，如以拍卖、抵债、走私、罚没等方式取得并使用应税车辆的行为。

**5. 车辆购置税的税率**

我国车辆购置税实行统一比例税率，税率为10％。排气量1.6升以下的汽车，车辆购置税税率为7.5％。

## 9.3.2 车辆购置税应纳税额计算

**1. 计税依据**

车辆购置税以应税车辆为征税对象，实行从价定率、价外征收的方法计算应纳税额，应税车辆的价格成为车辆购置税的计税依据。但是，由于应税车辆购置的来源不同，应税行为的发生不同，计税价格的组成也就不一样，车辆购置税的计税依据也就不同。

（1）购买自用应税车辆计税依据的确定。纳税人购买自用的应税车辆以计税价格为计税依据。计税价格的组成为纳税人购买应税车辆而支付给销售者的全部价款和价外费用（不包括增值税税款）。其中，全部价款为销售发票上注明的不含增值税税款的实际销售价格，“价外费用”指销售方在价格外向购买者收取的手续费、违约金、包装费、运输费、保管费、代收款项、代垫款项和其他各种性质的价外收费，但不包括增值税税款。

由于纳税人购买自用的应税车辆是按不含增值税的计税价格征收车辆购置税的，所以，当纳税人购车发票的价格未扣除增值税税款，或者因不得开具机动车辆销售统一发票（或开具其他普通票据）而发生价款与增值税税款合并收取的，在确定车辆购置税计税依据时，应将其换算为不含增值税的销售价格。

其计算公式为：

计税价格＝含增值税的销售价格÷（1＋17％）

（2）进口自用应税车辆计税依据的确定。进口自用应税车辆，是指纳税人直接从境外进口或委托代理进口的自用应税车辆，即以非贸易方式进口自用的应税车辆。纳税人进口自用的应税车辆以组成计税价格为计税依据。其计算公式为：

计税价格＝关税完税价格＋关税＋消费税

进口自用应税车辆的计税价格，由海关审查确认的有关完税证明资料确定。

（3）其他自用应税车辆计税依据的确定。纳税人自产、受赠、获奖和以其他方式取得并自用的应税车辆的计税价格，由主管税务机关参照国家税务总局规定不同类型应税车辆的最低计税价格核定。因此，纳税人自产、受赠、获奖和以其他方式取得并自用的应税车辆以核定的最低计税价格为计税依据。

（4）以最低计税价格为计税依据的确定。纳税人购买自用或者进口自用应税车辆，申报的计税价格低于同类型应税车辆的最低计税价格，又无正当理由的，按照最低计税价格征收车辆购置税。最低计税价格是由国家税务总局制定的计税基础价格，是车辆购置税的计税依据之一。

根据纳税人购置应税车辆的不同情况，国家税务总局对几种特殊情形的应税车辆最低计税价格作了如下规定。

①对已缴纳车辆购置税并办理了登记注册手续的车辆，其底盘发生更换的（包括单一更换地盘，或底盘与发动机同时更换），最低计税价格按同类型新车最低计税价格的 70%计算。

②免税、减税条件消失的车辆，其最低计税价格的计算公式为：

最低计税价格＝同类型新车最低计税价格×［1—（已使用年限÷规定使用年限）］×100%

其中，规定使用年限国产车辆按 10 年计算，进口车辆按 15 年计算。超过使用年限的车辆，不再征收车辆购置税。

③非贸易渠道进口车辆的最低计税价格，为同类型新车最低计税价格。

**2. 应纳税额的计算**

车辆购置税实行从价定率的办法计算应纳税额。

应纳税额的计算公式为：

应纳税额＝计税价格×税率

**3. 税收优惠**

（1）免税、减税。

①外国驻华使馆、领事馆和国际组织驻华机构及其外交人员自用车辆，免税。

②中国人民解放军和中国人民武装警察部队列入军队武器装备订货计划的车辆，免税。

③设有固定装置的非运输车辆，免税。

④有国务院规定予以免税或者减税的其他情形的，按照规定免税或者减税。

（2）退税。

①公安机关车辆管理机构不予办理车辆登记注册手续的，凭公安机关车辆管理机构出具的证明办理退税手续。

②因质量原因发生退回所购车辆的，凭经销商的退货证明办理退税手续。

## 9.3.3　车辆购置税征收管理

**1. 纳税期限**

纳税人购买自用的应税车辆，自购买之日起 60 日内申报纳税；进口自用的应税车辆，应当自进口之日起 60 日内申报纳税；自产、受赠、获奖和以其他方式取得并自用的应税车辆，应当在投入使用前 60 日内申报纳税。这里的“购买之日”是指纳税人购车发票上注明的销售日期。“进口之日”是指纳税人报关进口的当天。车辆购置税税款于纳税人办理纳税申报时一次缴清。

**2. 纳税地点**

纳税人购置应税车辆，应填写“车辆购置税纳税申报表”（表 9-4）并向车辆登记注册地主管税务机关申报纳税；购置不需办理车辆登记注册手续的应税车辆，应当向纳税人所在地的主管机关申报纳税。“车辆登记注册地”是指车辆的上牌落籍地或落户地。

**3. 纳税方法**

车辆购置税缴纳税款的方法主要有以下几种。

（1）自报核缴，即由纳税人自行计算应纳税额，自行填写纳税申报表有关资料，向主管税务机关申报，经税务机关审核后开具完税凭证，由纳税人持完税凭证向当地金库或金库经收处缴纳税款。

(2) 集中征收缴纳，包括两种情况：一是由纳税人集中向税务机关统一申报纳税。它适用于实行集中购置应税车辆的军队武警系统的缴纳和经批准实行代理制经销商的缴纳。二是由税务机关集中报缴税款，即在纳税人向实行集中征收的主管税务机关申报缴纳税款，税务机关开具完税凭证后，由税务机关填写汇总缴款书，将税款集中缴入金库或金库经收处。它适用于税源分散、税额较少、税务部门实行集中征收管理的地区（如县、市级）的缴纳。

(3) 代征、代扣、代收，即扣缴义务人按税法规定代扣代缴。它适用于税务机关委托征收或纳税人依法受托征收税款。

**表 9-4 车辆购置税纳税申报表**

填表日期：　年　月　日　　　　行业代码：　　　　注册类型代码：

纳税人名称：　　　　　　　　　　　　　　　　　　　金额单位：元

| | | | | | |
|---|---|---|---|---|---|
| 纳税人证件名称 | | | 证件号码 | | |
| 联系电话 | | 邮政编码 | | 地址 | |
| 车辆基本情况 | | | | | |
| 车辆类别 | 1. 汽车　2. 摩托车　3. 电车　4. 挂车　5. 农用运输车 | | | | |
| 生产企业名称 | | | 机动车销售统一发票（或有效凭证）价格 | | |
| 厂牌型号 | | | 关税完税价格 | | |
| 发动机号码 | | | 关税 | | |
| 车辆识别代号（车架号码） | | | 消费税 | | |
| 购置日期 | | | 免（减）税条件 | | |

| 申报计税价格 | 计税价格 | 税率 | 免税、减税额 | 应纳税额 |
|---|---|---|---|---|
| 1 | 2 | 3 | 4=2×3 | 5=1×3 或 2×3 |
| | | 10% | | |
| | | | | |

| 申报人声明 | 授权声明 |
|---|---|
| 此纳税申报表是根据《中华人民共和国车辆购置税暂行条例》的规定填报的，我相信它是真实的、可靠的、完整的。<br>声明人签字： | 如果你已委托代理人申报，请填写以下资料：<br>为代理一切税务事宜，现授权（　　），地址（　　）为本纳税人的代理申报人，任何与本申报表有关的往来文件，都可寄予此人。<br>授权人签字： |

| | | | |
|---|---|---|---|
| 纳税人签名或盖章 | 如委托代理人的，代理人应填写以下各栏 | | |
| | 代理人名称 | | 代理人（章） |
| | 地址 | | |
| | 经办人 | | |
| | 电话 | | |

| | |
|---|---|
| 接收人：<br>接收日期： | 主管税务机关（章）： |

注：本表一式二份（一车一表），一份由纳税人留存，一份由主管税务机关留存。

# 9.4 契税法

## 9.4.1 契税法概述

### 1. 契税法的定义

契税是在土地、房屋权属转移时，按照当事人双方签订的合同，向权属承受人一次性征收的一种行为税。契税是一种重要的地方税种，在土地、房屋交易的发生地，不管何人，只要所有权属转移，都要依法纳税。目前，契税已成为地方财政收入的固定来源。在全国，地方契税收入呈迅速上升态势。

契税法是指国家制定的调整契税征收与缴纳之间权利及义务关系的法律规范。它的基本法律依据是 1997 年 7 月国务院发布的《中华人民共和国契税暂行条例》、10 月财政部制定的《中华人民共和国契税暂行条例实施细则》和 11 月国家税务总局印发的《关于契税征收管理若干具体事项的通知》等。

### 2. 契税的特点

契税与其他税种相比具有如下特点。

（1）契税属于财产转移税。契税以发生转移的不动产，即土地和房屋为征收对象，具有财产转移课税性质。土地、房屋产权未发生转移的，不征契税。

（2）契税由财产承受人缴纳。一般税种都确定销售者为纳税人，即卖方纳税。契税则属于土地、房屋产权发生交易过程中的财产税，由承受人纳税，即买方纳税。对买方纳税的主要目的在于承认不动产转移生效，承受人纳税以后，便可拥有转移过来的不动产产权或使用权，法律保护纳税人的合法权益。

### 3. 契税的意义

契税属于地方税种，对产权承受者而不是转让方征收。契税采用有幅度的比例税率，税负较轻。契税对公平税负、规范房地产市场、促进房地产经济的发展和建立良好的房地产市场秩序，以及增加财政收入等方面，都有着十分重要的现实意义。

### 4. 契税的征收范围

（1）国有土地使用权出让。国有土地使用权出让是指土地使用者向国家交付土地使用权出让费用，国家将国有土地使用权在一定年限内让与土地使用者的行为。

（2）土地使用权的转让。土地使用权的转让是指土地使用者以出售、赠与、交换或者其他方式将土地使用权转移给其他单位和个人的行为。土地使用权的转让不包括农村集体土地承包经营权的转移。

（3）房屋买卖。以下几种情况，视同买卖房屋。

①以房产抵债或以实物交换房屋。以房产抵债或以实物交换房屋，均视同房屋买卖，应由产权承受人按房屋现值缴纳契税。如以实物（金银首饰等等价物品）交换房屋，应视同以货币购买房屋。

②以房产作投资或作股权转让。这种交易业务属房屋产权转移，应根据国家房地产管理的

有关规定，办理房屋产权交易和产权变更登记手续，视同房屋买卖，由产权承受方按契税税率计算缴纳契税。例如，甲某以自有房产投资于乙企业，其房屋产权变为乙企业所有，故产权所有人发生变化，乙企业在办理产权登记手续后，按甲某入股房产现值（国有企事业房产须经国有资产管理部门评估核价）缴纳契税。如丙某以股份方式购买乙企业房屋产权，丙某在办理产权登记后，按房产买价缴纳契税。

以自有房产作股投入本人独资经营企业，免纳契税。因为以自有的房地产投入本人独资经营的企业，产权所有人和使用权使用人未发生变化，不需办理房产变更手续，也不办理契税手续。

③买房拆料或翻建新房。例如，甲某购买乙某的房产，不论其目的是取得该房产的建筑材料还是翻建新房，实际构成房屋买卖。甲某应首先办理房屋产权变更手续，并按买价缴纳契税。

（4）房屋赠与。房屋赠与是指房屋产权所有人将房屋无偿转让给他人所有。其中，将自己的房屋转交给他人的法人和自然人，称为房屋赠与人；接受他人房屋的法人和自然人，称为受赠人。房屋赠与的前提必须是产权无纠纷，赠与人和受赠人双方自愿。房屋的受赠人要按规定缴纳契税。

（5）房屋交换。房屋交换是指房屋所有者之间互相交换房屋的行为。

有些以特殊方式转移土地、房屋权属的，也视同土地使用权转让、房屋买卖或者房屋赠与。一是以土地、房屋权属作价投资、入股；二是以土地、房屋权属抵债；三是以获奖方式承受土地、房屋权属；四是以预购方式或者预付集资建房款方式承受土地、房屋权属。

对承受国有土地使用权所应支付的土地出让金，要计征契税。不得因减免土地出让金而减免契税。

**5. 契税的纳税义务人**

契税的纳税义务人是境内转移土地、房屋权属承受的单位和个人。土地、房屋权属是指土地使用权和房屋所有权。

**6. 契税的税率**

契税实行3%～5%的幅度税率。实行幅度税率是考虑到我国经济发展的不平衡，各地经济差别较大的实际情况。因此，各省、自治区、直辖市人民政府可以在3%～5%的规定幅度税率范围内，按照本地区的实际情况决定。

## 9.4.2 契税应纳税额计算

**1. 计税依据**

（1）国有土地使用权出让、土地使用权出售、房屋买卖，以成交价格为计税依据。成交价格是指土地、房屋权属转移合同确定的价格，包括承受者应交付的货币、实物、无形资产或者其他经济利益。

对纳税人因改变土地用途而签订土地使用权出让合同变更协议或者重新签订土地使用权出让合同的，应征收契税。计税依据为因改变土地用途应补缴的土地收益金及应补缴政府的其他费用。

（2）土地使用权赠与、房屋赠与的计税依据由征收机关参照土地使用权出售、房屋买卖的市场价格核定。

(3) 土地使用权交换、房屋交换的计税依据为所交换的土地使用权、房屋的价格差额。也就是说，交换价格相等时，免征契税；交换价格不等时，由多交付货币、实物、无形资产或者其他经济利益的一方缴纳契税。

(4) 以划拨方式取得土地使用权，经批准转让房地产时，由房地产转让者补交契税。计税依据为补交的土地使用权出让费用或者土地收益。

成交价格明显低于市场价格并且无正当理由的，征收机关可以参照市场价格核定计税依据。

(5) 房屋附属设施征收契税的依据如下。

①采取分期付款方式购买房屋附属设施土地使用权、房屋所有权的，应按合同规定的总价款计征契税。

②承受的房屋附属设施权属如为单独计价的，按照当地确定的适用税率征收契税；如与房屋统一计价的，适用与房屋相同的契税税率。

(6) 个人无偿赠与不动产（法定继承人除外），应对受赠人全额征收契税。在缴纳契税时，纳税人必须提交经税务机关审核并签字盖章的《个人无偿赠与不动产登记表》，税务机关应在纳税人的契税完税凭证上加盖“个人无偿赠与”印章，在《个人无偿赠与不动产登记表》中签字并将该表格留存。

**2. 应纳税额的计算**

契税应纳税额的计算公式为：

$$应纳税额=计税依据\times税率$$

**3. 契税优惠**

(1) 国家机关、事业单位、社会团体、军事单位承受土地、房屋用于办公、教学、医疗、科研和军事设施的，免征契税。

(2) 城镇职工按规定第一次购买公有住房，免征契税。按照房改政策出售给本单位职工的，如属职工首次购买住房，可免征契税。

(3) 因不可抗力灭失住房而重新购买住房的，酌情减免。

(4) 土地、房屋被县级以上人民政府征用、占用后，重新承受土地、房屋权属的，由省级人民政府决定是否减免。

(5) 承受荒山、荒沟、荒丘、荒滩土地使用权，并用于农、林、牧、渔业生产的，免征契税。

(6) 对拆迁居民因拆迁重新购置住房的，对购房成交价格中相当于拆迁补偿款的部分免征契税，成交价格超过拆迁补偿款的，对超过部分征收契税。

对廉租住房经营管理单位购买住房作为廉租住房、经济适用住房经营管理单位回购经济适用住房继续作为经济适用住房房源的，免征契税。

对个人购买经济适用住房的，在法定税率基础上减半征收契税。

## 9.4.3 契税征收管理

**1. 纳税义务发生时间**

契税的纳税义务发生时间是纳税人签订土地、房屋权属转移合同的当天，或者纳税人取得其他具有土地、房屋权属转移合同性质凭证的当天。

**2. 纳税期限**

纳税人应当自纳税义务发生之日起 10 日内，向土地、房屋所在地的契税征收机关办理纳税申报，并在契税征收机关核定的期限内缴纳税款，申报表的内容与格式见表 9-5。

**3. 纳税地点**

契税在土地、房屋所在地的征收机关缴纳。

**4. 契税征收**

纳税人办理纳税事宜后，征收机关应向纳税人开具契税完税凭证。纳税人持契税完税凭证和其他规定的文件材料，依法向土地管理部门、房产管理部门办理有关土地、房屋的权属变更登记手续。土地管理部门和房产管理部门应向契税征收机关提供有关资料，并协助契税征收机关依法征收契税。

**表 9-5 契税纳税申报表**

填表日期： 年 月 日

| | | | | |
|---|---|---|---|---|
| 承受方 | 名 称 | | 识别号 | |
| | 地址 | | 联系电话 | |
| 转让方 | 名 称 | | 识别号 | |
| | 地址 | | 联系电话 | |
| 土地、房屋权属转移 | 合同签订时间 | | | |
| | 土地、房屋地址 | | | |
| | 权属转移类别 | | | |
| | 权属转移面积 | | 平方米 | |
| | 成交价格 | | 元 | |
| 适用税率 | | | | |
| 计征税额 | | 元 | | |
| 减免税额 | | 元 | | |
| 应纳税额 | | 元 | | |
| 纳税人员签章 | | 经办人员签章 | | |
| (以下部分由征收机关负责填写) | | | | |
| 征收机关收到日期 | | 接收人 | | 审核日期 |
| 审核记录 | | | | |
| 审核人员签章 | | 征收机关签章 | | |

注：本表 A4 竖式，一式两份：第一联为纳税人保存；第二联由主管征收机关留存。

# 9.5　印花税法

## 9.5.1　印花税概述

### 1. 印花税的定义

印花税是对经济活动和经济交往中书立、使用、领受具有法律效力的应税凭证的单位和个人征收的一种行为税。印花税由纳税人按规定应税的比例和定额自行购买并粘贴印花税票，即完成纳税义务。证券交易印花税，是印花税的一部分，根据书立证券交易合同的金额对卖方计征，税率为1‰。

印花税法是指国家制定的调整印花税征收与缴纳权利义务关系的法律规范。现行印花税法的基本规范，是1988年8月6日国务院发布并于同年10月1日实施的《中华人民共和国印花税暂行条例》。

### 2. 印花税的特点

(1) 征收范围广泛。印花税的征收范围是极其广泛的，凡税法列举的合同或具有合同性质的凭证，产权转移书据，营业账簿及权利、许可证照等，都必须依法纳税。印花税的应税凭证共有5大类、13个税目，涉及经济活动的各个领域和各个环节，充分体现了税源的广泛性和征收的普遍性。而且，随着市场经济的发展和经济法制的逐步健全，依法书立经济凭证的现象将会愈来愈普遍。因此，印花税的征收面将更加广阔。

(2) 税收负担比较轻。印花税采用从价定率和从量定额进行征收，比例税率最高税率为1‰、最低税率为0.5‰，按定额税率征税每件只有5元。同时采用自行贴花、汇贴或汇缴、委托代征三种纳税办法。与其他税种相比，印花税税负极低，计算方便，易为征纳双方所接受，具有广集资金、积少成多的财政效应。

(3) 自行完税、征收简便。由纳税人自行计算、购买并粘贴印花税票的方法完成纳税义务，并在印花税票和凭证的骑缝处自行盖戳注销或画销。而对于其他税种，则一般先由纳税人申报纳税，再由税务机关审核确定其纳税额，然后由纳税人办理缴纳税款手续。

(4) 兼有凭证税和行为税性质。印花税是对单位和个人书立、领受的应税凭证征收的一种税，具有凭证税性质。另外，任何一种应税经济凭证反映的都是某种特定的经济行为，因此，对凭证征税实际上是对经济行为的课税。

### 3. 印花税的征税范围

印花税共14个税目，分为5大类。

(1) 购销、加工承揽、建设工程勘察设计、建筑安装工程承包、财产租赁、货物运输、仓储保管、借款、财产保险、技术合同或具有合同性质的凭证。

(2) 产权转移书据。产权转移书据包括财产所有权和版权、商标专用权、专利权、专有技术使用权等转移书据以及因股票买卖、继承、赠与而书立的股权转让书据（包括A股和B股）。税法规定，土地使用权出让合同、土地使用权转让合同、商品房销售合同按照产权转移书据征收印花税。

(3) 营业账簿。营业账簿是指单位和个人记载生产经营活动的各种财务会计核算账簿。营业账簿按其反映内容的不同，可分为记载资金的账簿和其他账簿。

(4) 权利、许可证照。权利、许可证照包括政府部门发给的房屋产权证、工商营业执照、商标注册证、专利证、土地使用证等。

(5) 经财政部确定征税的其他凭证。印花税的征税范围还包括在境外书立、领受但在我国境内使用且具有法律效力、受我国法律保护的凭证。

纳税人以电子形式签订的上述各类应税凭证，按规定征收印花税。

**4. 印花税的纳税义务人**

印花税的纳税义务人，是在中国境内书立、使用、领受印花税所列举的凭证并应依法履行纳税义务的单位和个人。

纳税义务人可分为立合同人、立据人、立账簿人、领受人和使用人五种。

(1) 立合同人。立合同人是指合同的当事人。所谓当事人，是指对凭证有直接权利义务关系的单位和个人，不包括合同的担保人、证人、鉴定人。凡书立各类合同和具有合同性质的凭证的，以立合同人为纳税义务人。当事人的代理人有代理纳税的义务，其与纳税义务人负有同等的税收法律义务和责任。

(2) 立据人。立据人是指书立产权转移书据的单位和个人。

(3) 立账簿人。立账簿人是指设立并使用营业账簿的单位和个人。

(4) 领受人。领受人是指领取或接受并持有权利、许可证照的单位和个人。如领取营业执照的单位和个人，即为印花税的纳税人。

(5) 使用人。使用人是指在国外书立、领受，但在国内使用应税凭证的单位和个人。

**5. 印花税的税率**

印花税的税率有两种形式，即比例税率和定额税率。

(1) 比例税率。在印花税的14个税目中，各类合同和具有合同性质的凭证、产权转移书据、营业账簿中记载资金的账簿，适用比例税率。

①适用0.05‰税率的为“借款合同”。

②适用0.3‰税率的为“购销合同”、“建筑安装工程承包合同”、“技术合同”。

③适用0.5‰税率的为“加工承揽合同”、“建筑工程勘察设计合同”、“货物运输合同”、“产权转移书据”、“营业账簿”税目中记载资金的账簿。

④适用1‰税率的为“财产租赁合同”、“仓储保管合同”、“财产保险合同”、“股权转让书据”。

(2) 定额税率。在印花税的14个税目中，“权利、许可证照”和“营业账簿”税目中的其他账簿，适用定额税率，均为按件贴花，税额为5元。

## 9.5.2 印花税应纳税额计算

**1. 计税依据**

(1) 计税依据的一般规定。合同或具有合同性质的凭证，以凭证所载金额作为计税依据。具体包括购销金额、加工或承揽收入、建筑勘察设计收取的费用、建筑安装工程承包金额、财产租赁金额、运输费用、仓储保管费用、借款金额、保险费等。

1) 购销合同的计税依据为购销金额。如果是以以物易物方式签订的购销合同，计税金额为合同所载的购、销金额合计数，适用税率为0.3‰。

2）加工承揽合同的计税依据为加工或承揽收入。

①对于由受托方提供原材料的加工、定做合同，凡在合同中分别记载加工费和原材料金额的，应分别按“加工承揽合同”、“购销合同”计税，两项税额之和即为合同应贴印花；若合同中未分别记载，则应就全部金额依照加工承揽合同计税贴花。

②对于由委托方提供主要材料或原料，受托方只提供辅助材料的加工合同，无论加工费和辅助材料金额是否分别记载，均以辅助材料与加工费的合计数，依照加工承揽合同计税贴花。对委托方提供的主要材料或原料金额不计税。

3）建设工程勘察设计合同的计税依据为勘察、设计收取的费用（即勘察、设计收入）。

4）建筑安装工程承包合同的计税依据为承包金额，不得扣除任何费用。施工单位将自己承包的建设项目分包或转包给其他施工单位所签订的分包合同或转包合同，应以新的分包合同或转包合同所载金额为依据计算应纳税额。

5）财产租赁合同的计税依据为租赁金额。税额不足 1 元的，按 1 元贴花。

6）货物运输合同的计税依据为取得的运输费（运费收入），但不包括所运货物的金额、装卸费和保险费等。

7）仓储保管合同的计税依据为仓储保管的费用（即保管费收入）。

8）借款合同的计税依据为借款金额。对银行及其他金融组织的融资租赁业务签订的融资租赁合同，应按合同所载租金总额，暂按借款合同计税。

9）财产保险合同的计税依据为支付（收取）的保险费，不包括所保财产的金额。

10）技术合同的计税依据为合同所载的价款、报酬或使用费。为了鼓励技术研究开发，对技术开发合同，只就合同所载的报酬金额计税，研究开发经费不作为计税依据。单对合同约定按研究开发经费一定比例作为报酬的，应按一定比例的报酬金额贴花。

11）产权转移书据的计税依据为书据中所载的金额。

12）购买、继承、赠与所书立的股权转让书据，均依书立时证券市场当日实际成交价格为计税依据，由立据双方当事人分别按 1‰的税率缴纳印花税。

13）营业账簿中记载资金的账簿，以“实收资本”与“资本公积”两项的合计金额为其计税依据。其他营业账簿的计税依据为应税凭证件数。

14）权利、许可证照的计税依据为应税凭证件数，每件 5 元。

（2）计税依据的特殊规定。

1）凭证以金额、收入、费用作为计税依据的，应当全额计税，不得作任何扣除。

2）载有两个或两个以上应适用不同税目税率经济事项的同一凭证，分别记载金额的，应分别计算应纳税额，相加后按合计税额贴花；未分别记载金额的，按税率高的计税贴花。

3）按金额比例贴花的应税凭证，未标明金额的，应按照凭证所载数量及国家牌价计算金额；没有国家牌价的，按市场价格计算金额，然后按规定税率计算应纳税额。

4）应税凭证所载金额为外国货币的，应按照凭证书立当日国家外汇管理局公布的外汇牌价折合成人民币，然后计算应纳税额。

5）应纳税额不足 1 角的，免纳印花税；1 角以上的，其税额尾数不满 5 分的不计，满 5 分的按 1 角计算。

6）合同在签订时无法确定计税金额，如技术转让合同中的转让收入，是按销售收入的一定比例收取或是按实现利润分成的；财产租赁合同，只是规定了月（天）租金标准而无租赁期限。对这类合同，可在签订时先按定额 5 元贴花，以后结算时再按实际金额计税，补贴印花。

7）应税合同在签订时纳税义务即已产生，应计算应纳税额并贴花。所以，不论合同是否兑现或是否按期兑现，均应贴花。对已履行并贴花的合同，所载金额与合同履行后实际结算金额不一致的，只要双方未修改合同金额，一般不再办理完税手续。

8）对有经营收入的事业单位，凡属于由国家财政拨付事业经费、实行差额预算管理的单位，其记载经营业务的账簿，按其他账簿定额贴花，不记载经营业务的账簿不贴花；凡属于经费来源实行自收自支的单位，其营业账簿，应对记载资金的账簿和其他账簿分别计算应纳税额。

9）对国内各种形式的货物联运，凡在起运地统一结算全程运费的，应以全程运费作为计税依据，由起运地运费结算双方缴纳印花税；凡分程结算运费的，应以分程的运费作为计税依据，分别由办理运费结算的各方缴纳印花税。由外国运输企业运输进出口货物的，外国运输企业所持的一份运费结算凭证免纳印花税。

**2. 应纳税额的计算**

（1）实行比例税率的凭证，印花税应纳税额的计算公式为：

应纳税额＝应税凭证计税金额×比例税率

（2）实行定额税率的凭证，印花税应纳税额的计算公式为：

应纳税额＝应税凭证件数×定额税率

（3）营业账簿中记载资金的账簿，印花税应纳税额的计算公式为：

应纳税额＝（实收资本＋资本公积）×5‰

其他账簿按件贴花，每件 5 元。

**3. 税收优惠**

（1）凭证的正式签署本已按规定缴纳了印花税，其副本或者抄本对外不发生权利义务关系，只是留存备查。但以副本或者抄本视同正本使用的，则应另贴印花。

（2）对财产所有人将财产赠给政府、社会福利单位、学校所立的书据免税。

（3）对国家指定的收购部门与村民委员会、农民个人书立的农副产品收购合同免税。

（4）对无息、贴息贷款合同免税。无息、贴息贷款合同，是指我国的各专业银行按照国家金融政策发放的无息贷款，以及由各专业银行发放并按有关规定由财政部门或中国人民银行给予贴息的贷款项目所签订的贷款合同。

（5）对外国政府或者国际金融组织向我国政府及国家金融机构提供优惠贷款所书立的合同免税。该类合同是就具有援助性质的优惠贷款而成立的政府间协议，对其免税有利于引进和利用外资，以推动我国经济与社会的快速发展。

（6）对房地产管理部门与个人签订的用于生活居住的租赁合同免税。

（7）对农牧业保险合同免税。

（8）军事物资运输凭证、抢险救灾物资运输凭证、新建铁路的工程临管线运输凭证（即为新建铁路运输施工所需物料，使用工程临管线专用的运费结算凭证）免税。

（9）对廉租住房、经济适用住房经营管理单位与廉租住房、经济适用住房相关的印花税以及廉租住房承租人、经济适用住房购买人涉及的印花税予以免征。

开发商在经济适用住房、商品住房项目中配套建造廉租住房，在商品住房项目中配套建造经济适用住房，如能提供政府部门出具的相关材料，可按廉租住房、经济适用住房建筑面积占总建筑面积的比例免征开发商应缴纳的印花税。

(10) 对个人出租、承租住房签订的租赁合同免征印花税。

(11) 自 2008 年 11 月 1 日起，对个人销售或购买住房暂免征收印花税。

## 9.5.3　印花税征收管理

**1. 纳税期限**

印花税的纳税期限（贴花时间）根据凭证种类分别确定，各种合同应于合同正式签订时贴花；各种产权转移书据，应于立据时贴花；对各种营业账簿，应于账簿正式启用时贴花；各种权利、许可证照，应于证照领受时贴花。

**2. 纳税地点**

印花税一般实行就地纳税。对于全国性商品物资订货会（包括展销会、交易会等）上所签订合同应纳的印花税，由纳税人回其所在地后及时办理贴花完税手续；对地方主办、不涉及省际关系的订货会、展销会上所签合同的印花税，其纳税地点由各省、自治区、直辖市人民政府自行确定。

**3. 纳税办法**

我国印花税票为有价证券，面额有人民币 1 角、2 角、5 角、1 元、2 元、5 元、10 元、50 元、100 元九种。

印花税采取如下四种纳税办法。

(1) 自行贴花。纳税义务人在书立、领受或使用应税凭证时，根据税法规定，自行计算应纳税额，自行向税务机关或指定的代售单位购买印花税票，自行一次贴足印花税票并加以注销或画销，即通常所说的“三自”（自算、自购、自贴销）纳税办法。对于已贴花的凭证，修改后所载金额增加的，其增加部分应当补贴印花税票，但多贴印花税票者，不得申请退税或者抵用。这是印花税通常的纳税方法，适用于应税凭证较少或者贴花次数较少的纳税义务人。

(2) 以缴款书或完税证代替贴花，即通常所说的“汇贴”办法。一份凭证应纳税额超过 500 元的，如资金账簿、大宗货物的购销合同、建筑工程承包合同等，贴用印花税票不方便的，可向当地税务机关申请填写缴款书或者完税证，将其中一联粘贴在凭证上或者由税务机关在凭证上加注完税标记（如“印花税收讫专用章”等）代替贴花。此种方法一般适用于应纳税额较大的纳税义务人。

(3) 按期汇总缴纳。对同一种类应税凭证，需要频繁贴花的，纳税义务人可向当地税务机关申请按期汇总缴纳印花税。税务机关对核准汇总缴纳印花税的单位，应当发给汇缴许可证，汇总缴纳的期限由当地税务机关确定，但最长不得超过 1 个月。此种方法一般适用于贴花次数频繁的纳税义务人。

(4) 委托代征。委托代征办法主要是通过税务机关的委托，经由发放或者办理应纳税凭证的单位代为征收印花税税款。所谓发放或者办理应纳税凭证的单位，是指发放权利、许可证照的单位和办理凭证的鉴证、公证及其他有关事项的单位。如按照印花税法规定，工商行政管理机关核发各类营业执照和商标注册证的同时负责代售印花税票，征收印花税税款，并监督领受单位或个人负责贴花。税务机关委托工商行政管理机关代售印花税票，按代售金额 5% 的比例支付代售手续费。税务机关应与代征单位签订代征委托书。

**4. 纳税申报**

纳税人应按照税法的有关规定及时办理纳税申报，并如实填写印花税纳税申报表，见表9-6。

**表 9-6　印花税纳税申报表**

税款所属日期：　　年　　月　　日—　　月　　日

单位：元（列至角分）

<table>
<tr><td colspan="2">单位名称</td><td colspan="4"></td></tr>
<tr><td colspan="2">税　目</td><td>份数</td><td>计税金额</td><td>税率</td><td>已纳税额</td></tr>
<tr><td colspan="2">购销合同</td><td></td><td></td><td>0.3‰</td><td></td></tr>
<tr><td colspan="2">加工承揽合同</td><td></td><td></td><td>0.5‰</td><td></td></tr>
<tr><td colspan="2">建设工程勘察设计合同</td><td></td><td></td><td>0.5‰</td><td></td></tr>
<tr><td colspan="2">建筑安装工程承包合同</td><td></td><td></td><td>0.3‰</td><td></td></tr>
<tr><td colspan="2">财产租赁合同</td><td></td><td></td><td>1‰</td><td></td></tr>
<tr><td colspan="2">货物运输合同</td><td></td><td></td><td>0.5‰</td><td></td></tr>
<tr><td colspan="2">仓储保管合同</td><td></td><td></td><td>1‰</td><td></td></tr>
<tr><td colspan="2">借款合同</td><td></td><td></td><td>0.05‰</td><td></td></tr>
<tr><td colspan="2">财产保险合同</td><td></td><td></td><td>1‰</td><td></td></tr>
<tr><td colspan="2">技术合同</td><td></td><td></td><td>0.3‰</td><td></td></tr>
<tr><td colspan="2">产权转移书据</td><td></td><td></td><td>0.5‰</td><td></td></tr>
<tr><td rowspan="2">账簿</td><td>资金账簿</td><td></td><td></td><td>0.5‰</td><td></td></tr>
<tr><td>其他账簿</td><td>件</td><td></td><td>5元</td><td></td></tr>
<tr><td colspan="2">权利许可证照</td><td>件</td><td></td><td>5元</td><td></td></tr>
<tr><td colspan="2">其他</td><td></td><td></td><td></td><td></td></tr>
<tr><td colspan="2">合计</td><td></td><td></td><td></td><td></td></tr>
<tr><td colspan="6">根据印花税暂行条例规定应缴纳印花税的凭证在书立和领受时贴花完税，我单位应纳税凭证均已按规定缴纳，本报表中已纳税额栏填写数字与应纳税额是一致的。<br>经办人（章）：</td></tr>
<tr><td colspan="2">登记申报单位<br>（盖章）</td><td colspan="2">企业财务负责人<br>（盖章）</td><td colspan="2">税务机关受理申报日期：<br>受理人（章）：<br>年　月　日</td></tr>
</table>

## 本章小结

本章为多税种章节，包括房产税法、车船税法、车辆购置税法、契税法和印花税法等五部税法。

(1) 房产税是以房产为征税对象，依据房产计税余值或房产租金收入向房产所有人或经营人征收的一种税。房产税以在征税范围内的房屋产权所有人为纳税人。

房产税的计税依据是房产的计税余值或房产的租金收入。房产税实行按年计算、分期缴纳的征收方法。房产税在房产所在地缴纳。

(2) 车船税是指对在我国境内应依法到公安、交通、农业、渔业、军事等管理部门办理登记的车辆、船舶，根据其中种类，按照规定的计税依据和年税额标准计算征收的一种财产税。在中国境内拥有并且使用车船的单位和个人，原则上为车船税的纳税人。对车船分别确定为辆、净吨位和载重吨位，实际从量定额计征，并实行按年计算、分期缴纳的征收办法。

(3) 车辆购置税是以在中国境内购置规定的车辆为课税对象，在特定的环节向车辆购置者征收的一种税。其征收范围包括汽车、摩托车、电车、挂车、农用运输车。纳税义务人是在我国境内购置应税车辆的单位和个人。纳税人购买自用的应税车辆以计税价格为计税依据，进口自用的应税车辆以组成计税价格为计税依据，自产、受赠、获奖和以其他方式取得并自用的应税车辆以核定的最低计税价格为计税依据。

(4) 契税是在土地、房屋权属转移时，按照当事人双方签订的合同向权属承受人一次性征收的一种行为税。契税的征税对象是境内转移的土地、房屋权属。契税的纳税义务人是境内转移土地、房屋权属承受的单位和个人。契税实行 3%～5%的幅度税率。契税在土地、房屋所在地的征收机关缴纳。

(5) 印花税是对经济活动和经济交往中书立、使用、领受具有法律效力的应税凭证的单位和个人征收的一种行为税。其征收范围分为 5 类、14 个税目，分别采用从价定率和从量定额进行征收。印花税的纳税义务人，是在中国境内书立、使用、领受印花税所列举的凭证并应依法履行纳税义务的单位和个人。印花税的计税依据为各种应税凭证上记载的金额。纳税义务人的应纳税额，根据应税凭证的不同，分别按比例税率或者定额税率计算。印花税应当在书立或领受时贴花。印花税一般实行就地纳税。

## 基础与提高

### 一、单项选择题

1. 下列属于房产税征税对象的有（　）。

A. 塑膜暖房　　B. 围墙　　C. 游泳池　　D. 房屋

2. 下列各项中符合房产税纳税义务人规定的是（　）。

A. 产权属于集体的由承典人缴纳

B. 房屋产权出典的由出典人缴纳

C. 产权纠纷未解决的由代管人或使用人缴纳

D. 产权属于国家所有的不缴纳

3. 纳税人自行新建的房屋用于生产经营，应从（　）起，缴纳房产税。

A. 建成之次月　　B. 生产经营当月

C. 生产经营次月　　D. 验收完之次月

4. 某企业的经营用房原值为 6 000 万元，按照当地规定允许减除 20%后余值计税，适用税率为 1.2%。其应纳房产税税额是（　）。

A. 57.6 万元　　B. 72 万元　　C. 48 万元　　D. 56.7 万元

5. 甲公司委托某施工企业建造一幢办公楼，工程于 2009 年 12 月完工，2010 年 1 月办妥（竣工）验收手续，4 月付清全部价款。甲公司此幢办公楼房产税的纳税义务发生时间是(　　)。

A. 2009 年 12 月　　B. 2010 年 1 月　　C. 2010 年 2 月　　D. 2010 年 4 月

6. 下列情况应纳车船税的有（　　）。

A. 用于农业生产的拖拉机

B. 押送犯人的警用车辆

C. 人力三轮车

D. 企业接送职工上下班的班车

7. 某运输公司拥有载货汽车 10 辆（货车载重净吨位全部为 10 吨）、载客大客车 30 辆、小客车 20 辆。已知载货汽车每吨年税额为 80 元，载客大客车每辆年税额为 500 元，小客车每辆年税额为 400 元，则该公司应纳车船税为(　　)。

A. 8000 元　　B. 23 000 元　　C. 31 000 元　　D. 15 000 元

8. 下列免征车船税的项目是(　　)。

A. 个人拥有小轿车　　B. 运输公司运货车

C. 个人拥有自行车　　D. 搬家公司搬家车辆

9. 下列不属于车辆购置税纳税义务人的是（　　）。

A. 应税车辆的馈赠人　　B. 应税车辆的购买者

C. 免税车辆的受赠者　　D. 应税车辆的进口使用者

10. 王某于 2009 年 6 月购买一辆轿车，支付含税价款 90 000 元，另支付代收临时牌照费 200 元，购买工具件及零配件共计 3 100 元，其应纳车辆购置税为(　　)元。

A. 9 000　　B. 7 974.36　　C. 9 425　　D. 9 248

11. 根据《车辆购置税暂行条例》的规定，下列车辆中可以减免车辆购置税的是(　　)。

A. 挂车　　B. 电车

C. 农用运输车　　D. 防汛部门专用车

12. 下列各项中，应征收契税的是(　　)。

A. 法定继承人承受房屋权属

B. 企业以行政划拨方式取得土地使用权

C. 承包者获得农村集体土地承包经营权

D. 运动员因成绩突出获得国家奖励的住房

13. 居民甲某共有三套房产，2007 年他将第一套市价为 80 万元的房产与乙某交换，并支付给乙某 15 万元；将第二套市价为 60 万元的房产折价给丙某抵偿了 50 万元的债务；将第三套市价为 30 万元的房产作股投入本人独资经营的企业。若当地确定的契税税率为 3%，甲某应缴纳契税(　　)万元。

A. 0.45　　B. 1.95　　C. 2.25　　D. 2.85

14. 根据《契税暂行条例》的规定，可以享受减免契税优惠待遇的是(　　)。

A. 城镇职工购买公有住房的

B. 房屋所有者之间互相交换房屋的

C. 因不可抗力灭失住房而重新购买住房的

D. 取得荒山土地使用权，用于工业园建设的

15. 下列各项中，不属于印花税应税凭证的是(　　)。

A. 无息、贴息贷款合同

B. 发电厂与电网之间签订的电力购销合同

C. 财产所有人将财产赠与社会福利单位的书据

D. 银行因内部管理需要设置的现金收付登记簿

16. 某施工企业 2010 年 1 月份向某单位承包了一项建筑工程，工程总造价为 1 000万元，双方签订了建筑安装工程承包合同。2010 年 6 月，该施工企业又将其承包的建设项目的一部分转包给另一施工企业，分包工程造价为 500 万元，共应纳的印花税税额为(　　)元。

A. 4 300　　B. 4 500　　C. 4 800　　D. 5 200

## 二 多项选择题

1. 下列各项中，应当征收房产税的有(　　)。

A. 城市居民出租的房产　　B. 城市居民投资联营的房产

C. 城市居民所有的自住用房　　D. 城市居民拥有的营业用房

2. 下列单位中，免征房产税的有(　　)。

A. 高校后勤实体　　B. 妇幼保健机构

C. 疾病控制机构　　D. 非营利性医疗机构

3. 下列各项中，符合房产税纳税义务发生时间规定的有(　　)。

A. 纳税人购置新建商品房，自房屋交付使用之次月起缴纳房产税

B. 纳税人委托施工企业建设的房屋，自建成之次月起缴纳房产税

C. 纳税人将原有房产用于生产经营，自生产经营之次月起缴纳房产税

D. 纳税人购置存量房，自房地产权属登记机关签发房屋权属证书之次月起缴纳房产税

4. 下列车辆应缴纳车船税的有(　　)。

A. 公园供游人使用的机动船　　B. 外商投资企业的经营用车

C. 报停的车船　　D. 主要从事运输业务的拖拉机

5. 根据车船税法律制度的规定，下列车船中，免征车船税的有(　　)。

A. 在农业部门登记的拖拉机　　B. 无轨电车

C. 武警专用车辆　　D. 远洋货船

6. 下列各项中，符合车船税征收管理规定的有(　　)。

A. 车船税的申报纳税期限由省级人民政府确定

B. 车船税的纳税地点为车船所有人的住所所在地

C. 车船所有人没有缴纳车船税的，使用人应当代为缴纳车船税

D. 车船税纳税义务发生时间为车船管理部门核发的登记证书上记载日期的当月

7. 车辆购置税的特点包括(　　)。

A. 征收范围单一　　B. 征收环节单一

C. 征税具有特定目的　　D. 价外征收，不转嫁税负

8. 按照现行车辆购置税的有关规定，下列说法正确的有(　　)。

A. 征税环节选择在使用环节

B. 自购买之日起30日内申报纳税

C. 车辆购置税税款可以分次缴清

D. 获奖的应税车辆应自投入使用前60日内申报纳税

9. 下列各项中，应当征收契税的有(　　)。

A. 以房产抵债　　B. 将房产赠与他人

C. 以房产作投资　　D. 子女继承父母房产

10. 下列各项中，免征或不征契税的有(　　)。

A. 国家出让国有土地使用权

B. 受赠人接受他人赠与的房屋

C. 法定继承人继承土地、房屋权属

D. 承受荒山土地使用权用于林业生产

11. 下列各项中，应按"产权转移书据"税目征收印花税的有(　　)。

A. 商品房销售合同　　B. 土地使用权转让合同

C. 专利申请权转让合同　　D. 个人无偿赠与不动产登记表

12. 甲公司于2007年8月与乙公司签订了数份以货易货合同，以共计75万元的钢材换取65万元的水泥，甲公司取得差价10万元。下列各项中表述正确的有(　　)。

A. 甲公司8月应缴纳的印花税为225元

B. 甲公司8月应缴纳的印花税为420元

C. 甲公司可对易货合同采用汇总方式缴纳印花税

D. 甲公司可对易货合同采用汇贴方式缴纳印花税

13. 下列选项中，属于印花税免税项目的有(　　)。

A. 某企业将自有不动产赠给体育明星所立的书据

B. 企业现金和银行存款日记账

C. 房管局与个人签订的住宅租赁合同

D. 房屋产权证副本

## 三 思考题

1. 简述财产行为税中各税种的定义与特点。

2. 简述财产行为税中各税种的征税范围。

3. 财产行为税中各税种如何计算税额？

4. 财产行为税中各税种的征收管理规定有哪些？

## 四 计算分析题

1. 某国有企业在其所在城市市区有房屋三幢，其中两幢用于本企业生产经营，该两幢房产账面原值共为400万元；另外一幢房屋租给某私营企业，年租金收入为20万元。计算该企业当年应纳房产税。(当地政府规定允许按房产原值一次扣除30%后计税)

2. 某运输公司2009年拥有并使用以下车辆和船舶。

(1) 从事运输用的自重2吨的三轮汽车5辆。

(2) 自重5吨的载货卡车10辆。

(3) 净吨位为4吨的拖船5辆。

(4) 2辆客车，乘载人数为20人。

当地政府规定，载货汽车和载货三轮汽车的车辆税额为60元/吨，乘载20人的客车税额为500元/辆，船舶每年税额为6元/吨。计算该公司当年应纳车船税。

3. 张某2010年5月1日从上海大众汽车有限公司购买一辆轿车供自己使用，支付含增值税车价款106 000元，另支付代收临时牌照费150元，代收保险费352元，购买工具件和零配件价款2 035元，车辆装饰费250元。支付的各项价费款均由上海大众汽车有限公司开具机动车销售统一发票和有关票据。计算车辆购置税应纳税额。

4. 某国有企业A将名下一划拨用地经补缴土地出让金和其他出让费用后转为出让用地，补缴的土地出让金和其他出让费用共500万元。之后A又将此出让用地以1 000万元的价格转让给某公司B。请问应如何缴纳契税？

5. 甲公司与乙公司签订一份加工合同，委托方甲公司提供价值180万元的原材料，受托方乙公司提供价值50万元的辅助材料并收取加工费30万元。试分析本案中甲、乙公司如何缴纳印花税。

## 技能实训

**一、实训项目**

进行应纳税的计算。

**二、实训方式**

1. 个人阅读实训材料及实训分析后进行思考，可以分小组计算应纳税额。

2. 分小组讨论后，每位同学把讨论结果整理成书面材料上交。

3. 教师评分后总结。

**三、实训材料**

位于建制镇的某公司主要经营农产品采摘、销售、观光业务，公司占地3万平方米，其中采摘、观光的种植用地2.5万平方米，职工宿舍和办公用地0.5万平方米，房产原值300万元。公司2007年发生以下业务。

(1) 全年取得旅游观光业务收入150万元，农产品零售收入180万元。

(2) 6月30日签订房屋租赁合同一份，将价值50万元的办公室从7月1日起出租给他人使用，租期12个月，月租金0.2万元，每月收租金1次。

(3) 8月与保险公司签订农业保险合同一份，支付保险费3万元。

(4) 9月与租赁公司签订融资租赁合同一份，租赁价值30万元的鲜果拣选机一台，租期5年，租金共计40万元，每年支付8万元。

**四、实训分析**

已知适用城镇土地使用税税率为每平方米5元，公司所在省规定计算房产余值的扣除比例为30%，金额以元为单位计算，要求：

1. 公司2007年应缴纳的城镇土地使用税。

2. 公司2007年应缴纳的房产税。

3. 公司2007年应缴纳的营业税。

4. 公司2007年应缴纳的印花税。

5. 公司2007年应缴纳的城市维护建设税和教育费附加。

## 案例分析

### 房地产公司该怎样缴纳土地增值税

2010年3月30日，某房地产开发公司转让写字楼一幢，共取得转让收入5 000万元，该公司即按税法规定缴纳了有关税金30万元。已知该公司为取得土地使用权而支付的地价款和按国家统一规定缴纳的有关费用为600万元；投入房地产开发成本为1 400万元；房地产开发费用中的利息支出为110万元（能够按转让房地产项目计算分摊并提供金融机构证明），比按工商银行同类同期贷款利率计算的利息多出10万元。该公司所在地政府规定的其他房地产开发费用的计算扣除比例为5%。

**思考与分析：**

假如你是该房地产开发公司的会计，请你计算该公司转让此楼应缴纳的土地增值税。

# 第10章 税收征收管理法

## 学习目标

明确税收征收管理法的立法目的和适用范围；掌握税收征收管理的程序与要求；熟悉纳税人、扣缴义务人和税务人员税务违法处理法则。

## 案例导入

**税收征管法增加人性化条款**

《税收征管法实施细则》第五十九条规定：税收征管法第三十八条、第四十条所称其他财产，包括纳税人的房地产、现金、有价证券等不动产和动产。

机动车辆、金银饰品、古玩字画、豪华住宅或者一处以外的住房不属于税收征管法第三十八条、第四十条、第四十二条所称个人及其所扶养家属维持生活必需的住房和用品。

税务机关对单价5 000元以下的其他生活用品，不采取税收保全措施和强制执行措施。“看似冰冷的税法，因为这个条款，而多了几分温情，多了几分人文关怀。”2002年10月15日，中国人民大学教授钱晟用诗一样的语言评价新《税收征管法实施细则》中的一个“明确公民生存权标准”的突破性条款。

如今，各地税官走上街头，走进乡村，为开始正式实施的《税收征管法实施细则》做宣传。《细则》第五十九条的人性化条款吸引了媒体的注意：司法、执法部门在采取保全或强制执行措施时，不得查封、扣押纳税人个人及其所扶养家属维持生活的住房和用品。

税制专家钱教授说：“这意味着，虽然偷税行为该处罚，但是执法部门不能为解决偷税行为，而剥夺了人的基本生存条件。”

评论认为，这个条款明确了“税收征管中长期未能解决的公民生存权认定标准问题”，被称为新《税收征管法实施细则》最大的突破是在我国法治建设史上开了先河。其第二款规定：机动车辆、金银饰品、古玩字画、豪华住宅或者一处以外的住房不属于维持生活所必需的住房和用品。第三款规定：税务机关对单价在5 000元以下的其他生活用品，不采取税收保全和强制执行措施。

钱晟教授说：“这说明，不能为了执行税法，就把老百姓家里的电视机也抱走了，也不能出现有人卖了房子缴税之后，就露宿在街头的情况。这样做，容易让公民对税产生误解，更容易产生抗税心理。”此前，媒体上曾经出现过这样的报道：农民家中最值钱的电视机被抱走抵税之后，有农民愤而服毒自杀。

钱晟教授举例分析说：“这个平等的条款对老百姓和名人一视同仁。如果认定某人偷税了，并且有证据表明她确实只有一处住所，那么依照新法，也应该保留。但是玫瑰园别墅这样的豪华住宅，法规另有说法。”

“以前，无论是税务官员，还是普通百姓，都不会这么考虑：偷税逃税犯法了，还要照顾你的生存权?”钱晟教授透露，修法过程中，这个条款没有引起太多争论。“这说明我们的立法符合民主的进程。”

钱晟教授曾经参与讨论《税收征管法》的修改。实施细则是为《税收征管法》配套的法规，此前以国务院令的形式发布。“立法部门特别害怕，加强税务机关权力的同时，公民的基本权利受到了影响。这不符合我们的立法精神。”

这位税制专家认为，保障纳税人权利的新《税收征管法》对税官执法提出了挑战。“如何既严格执法，同时又很好地保障纳税人的权利，这是需要改变过去思维的新问题。”

资料来源：《中国青年报》

**思考：**

税收征管法制化建设人性化后有何重大意义?

# 10.1 税收征收管理概述

税收征收管理是指税务机关代表国家行使征税权，指导纳税人和其他税务当事人正确履行义务，并对税务活动进行规划、组织、控制、监督、检查的一系列相互联系的活动。税收征收管理包括税务管理、税款征收和税务检查等活动。纳税人、扣缴义务人和其他有关单位是税务行政管理的相对人。

税收征收管理法是调整、规范税收征收管理的法律规范的总称。《中华人民共和国税收征收管理法》于1992年9月4日第七届全国人民代表大会常务委员会第二十七次会议通过，1993年1月1日起施行，1995年2月28日第八届全国人民代表大会常务委员会第十二次会议修正。2001年4月28日第九届全国人民代表大会常务委员会第二十一次会议通过了修订后的《中华人民共和国税收征收管理法》（以下简称《税收征管法》），并于2001年5月1日起施行。

## 10.1.1 税收征收管理法的立法目的

《税收征管法》第一条对立法目的作了高度概括：“为了加强税收征收管理，规范税收征收和缴纳行为，保障国家税收收入，保护纳税人的合法权益，促进经济和社会发展，制定本法。”此条规定对《税收征管法》的立法目的做了明确阐释。

**1. 加强税收征收管理**

税收征收管理是国家征税机关依据国家税收法律、行政法规的规定，按照统一的标准，通过一定的程序，对纳税人应纳税额组织入库的一种行政活动。

**2. 规范征收和缴纳行为**

税务机关、税务人员必须依照该法的规定进行税收征收，其一切行为都要依法进行，违者要承担法律责任；同时纳税人只有按照法律规定的程序和办法缴纳税款，才能更好地保障自身的权益。

**3. 保障国家税收收入**

《税收征管法》是税收征收管理的标准和规范，其根本目的是保证税收收入的及时、足额入库。

**4. 保护纳税人的合法权益**

税收征收管理一方面要维护国家的利益，另一方面要保护纳税人的合法权益不受侵犯。保护纳税人的合法权益一直是《税收征管法》的立法目的。

### 10.1.2　税收征收管理法的适用范围

《税收征管法》第二条规定："凡依法由税务机关征收的各种税收的征收管理，均适用本法。"这就明确界定了《税收征管法》的适用范围。

我国税收的征收机关有税务、海关、财政等部门，税务机关征收各种工商税收，海关征收关税。《税收征管法》只适用于由税务机关征收的各种税收的征收管理。

农税征收机关负责征收的耕地占用税、契税的征收管理，由国务院另行规定；海关征收的关税及代征的增值税、消费税，适用其他法律、法规的规定。

目前还有一部分暂由税务机关征收，如教育费附加，这些费不适用该法。

### 10.1.3　税收征收管理法的主体

《税收征管法》第五条规定："国务院税务主管部门主管全国税收征收管理工作。各地国家税务局和地方税务局应当按照国务院规定的税收征收管理范围分别进行征收管理。""地方各级人民政府应当依法加强对本行政区域内税收征收管理工作的领导或者协调，支持税务机关依法执行职务，依照法定税率计算税额，依法征收税款。""各有关部门和单位应当支持、协助税务机关依法执行职务。""税务机关依法执行职务，任何单位和个人不得阻挠。"

第十四条规定："本法所称税务机关是指各级税务局、税务分局、税务所和按照国务院规定设立的并向社会公告的税务机构。"

**1. 税务行政主体——税务机关**

国务院税务主管部门主管全国税收征收管理工作。税务机关包括各级税务局、税务分局、税务所和省以下税务局的稽查局。稽查局专司偷税、逃避追缴欠税、骗税、抗税案件的查处。国家税务总局应明确划分税务局和稽查局的职责，避免职责交叉。

**2. 税务行政管理相对人——纳税人、扣缴义务人和其他有关单位**

法律、行政法规规定负有纳税义务的单位和个人为纳税人。法律、行政法规规定负有代扣代缴、代收代缴税款义务的单位和个人为扣缴义务人。

### 10.1.4　税收征收管理权利和义务的设定

**1. 税务机关和税务人员的权利和义务**

（1）税务机关和税务人员的权利。税务机关和税务人员负责税收征收管理工作；税务机关依法执行职务，任何单位和个人不得阻挠。

（2）税务机关和税务人员的义务。税务机关应当广泛宣传税收法律、行政法规，普及纳税知识，无偿为纳税人提供纳税咨询服务；税务机关应当加强队伍建设，提高税务人员的政治业务素质；税务机关、税务人员必须秉公执法、尊重和保护纳税人、扣缴义务人的权利，依法接受监督；税务人员不得索贿受贿、徇私舞弊、玩忽职守，不征或者少征应征税款；不得滥用职权多征税款或者故意刁难纳税人和扣缴义务人；各级税务机关应当建立、健全内部制约和监督管理制度；上级税务机关应当对下级税务机关的执法活动依法进行监督；各级税务机关应当对其工作人员执行法律、行政法规和廉洁自律准则的情况进行监督检查；税务机关负责征收、管理、稽查。行政复议的人员的职责应当明确，并相互分离、相互制约；税务机关应为检举人保密，并按照规定给予奖励；税务人员在核定应纳税额、调整税收定额、进行税务检查、实施税务行政处罚、办理税务行政复议时实行回避制度。

**2. 纳税人、扣缴义务人的权利与义务**

（1）纳税人、扣缴义务人的权利。纳税人、扣缴义务人有权向税务机关了解国家税收法律、行政法规的规定以及与纳税程序有关的情况；纳税人、扣缴义务人有权要求税务机关为纳税人、扣缴义务人的情况保密，税务机关应当为纳税人、扣缴义务人的情况保密。保密是指纳税人、扣缴义务人的商业秘密及个人隐私，纳税人、扣缴义务人的税收违法行为不属于保密范围。

纳税人依法享有申请减税、免税、退税的权利；纳税人、扣缴义务人对税务机关所作出的决定，享有陈述权、申辩权；依法享有申请行政复议、提起行政诉讼、请求国家赔偿等权利；有权控告和检举税务机关、税务人员的违法违纪行为。

（2）纳税人、扣缴义务人的义务。纳税人、扣缴义务人必须依照法律、行政法规的规定缴纳税款、代扣代缴、代收代缴税款；纳税人、扣缴义务人和其他有关单位应当按照国家有关规定如实向税务机关提供与纳税和代扣代缴、代收代缴税款有关的信息；纳税人、扣缴义务人和其他有关单位应当接受税务机关依法进行的税务检查。

## 10.2　税收征收管理程序

### 10.2.1　税务登记管理

税务登记是税务机关对纳税人的生产、经营活动进行登记并据此对纳税人实施税务管理的一种法定制度。税务登记又称纳税登记，它是税务机关对纳税人实施税收管理的首要环节和基础工作。

县以上（含本级，下同）国家税务局（分局）、地方税务局（分局）是税务登记的主管税务机关，负责税务登记的开业登记，变更登记，注销登记，停业、复业登记，外出经营报验登记以及非正常户处理等有关事项。

**1. 开业税务登记**

（1）开业税务登记的对象。

①领取营业执照从事生产、经营的纳税人，包括企业，企业在外地设立的分支机构和从事生产、经营的场所，个体工商户，从事生产、经营的事业单位，在设立时，应向生产、经营所在地税务机关申报办理税务登记。

②其他纳税人，指不从事生产、经营，但依照法律、法规的规定负有纳税义务的单位和个人，除临时取得应税收入或发生应税行为以及只缴纳个人所得税、车船税的外，也应按规定向税务机关办理税务登记。

（2）开业税务登记的时间和地点。

①从事生产、经营的纳税人，应当自领取营业执照之日起 30 日内，向生产、经营地或者纳税义务发生地的主管税务机关申报办理税务登记，如实填写税务登记表并按照税务机关的要求提供有关证件、资料。

②扣缴义务人应当自扣缴义务发生之日起 30 日内，向所在地的主管税务机关申报办理扣缴税款登记，领取扣缴税款登记证件；税务机关对已办理税务登记的扣缴义务人，可以只在其税务登记证件上登记扣缴税款事项，不再发给扣缴税款登记证件。

③跨地区的非独立核算分支机构应当自设立之日起 30 日内，向所在地税务机关办理注册税务登记。

④有独立的生产经营权、在财务上独立核算并定期向发包人或者出租人上交承包费或租金的承包承租人，应当自承包承租合同签订之日起 30 日内，向其承包承租业务发生地税务机关申报办理税务登记，税务机关核发临时税务登记证及副本。

⑤从事生产、经营的纳税人外出经营，在同一县（市）连续 12 个月内累计超过 180 天的，应当自期满之日起 30 日内，向生产、经营所在地税务机关申报办理税务登记，税务机关核发临时税务登记证及副本。

⑥境外企业在中国境内承包建筑、安装、装配、勘探工程和提供劳务的，应当自项目合同或协议签订之日起 30 日内，向项目所在地税务机关申报办理税务登记，税务机关核发临时税务登记证及副本。

⑦除上述以外的其他纳税人，除国家机关和个人外，应当自纳税义务发生之日起 30 日内，持有关证件向所在地主管税务机关申报办理税务登记。

（3）开业税务登记的程序。

①税务登记的申请。纳税人必须严格按照规定的期限，向当地主管税务机关及时申报办理税务登记手续，如实填写税务登记表，并如实回答税务机关提出的问题。纳税人所属的本县（市）以外的非独立经济核算的分支机构，除由总机构申报办理税务登记外，还应当自设立之日起 30 日内，向分支机构所在地税务机关申报办理注册税务登记。在申报办理税务登记时，纳税人应认真填写《税务登记表》（表 10-1）。

表 10-1 税务登记表

# 申请新设税务登记

税务局：

（适用于单位纳税人）

我单位于______年____月____日办理工商营业登记（发生纳税义务），地址____________________，法定代表人（负责人）____________，注册资本____________万元，主要经营________________________，按照《中华人民共和国税收征收管理法》有关规定，特申请办理新设税务登记，请受理。

| | | |
|---|---|---|
| 请将法定代表人（负责人）<br>身份证或其他合法身份证件复印件粘贴此处 | | |
| 法定代表人（负责人）：<br>姓名…………　性别…………　职务<br>年龄………　户籍地（国别）…………　身份证件名称…………<br>联系电话…………<br>身份证件号码：□□□□□□□□□□□□□□□□□□□□ | | |
| 财务负责人：<br>姓名…………　性别　年龄…………　职务<br>联系电话…………<br>身份证件号码：□□□□□□□□□□□□□□□□□□□□ | | |
| 办税人员：<br>姓名…………　性别…………　年龄…………　职务<br>联系电话…………<br>身份证件号码：□□□□□□□□□□□□□□□□□□□□ | | |
| 经办人（签章）： | 法定代表人或负责人<br>（签章）： | 纳税人（公章）：<br><br>填表日期：……年…月…日 |

续表

纳税人名称（中文）……………………………… 电话 ……………………………………
纳税人名称（英文）………………………………………………………………………
办理税务登记地址 …………………………………………………… 邮政编码□□□□□□
（单位注册地址）……………………………………………………… 邮政编码□□□□□□
登记注册类型 …………………………………………………………………………… □□□
经营行业 ………………………………………………………………………………… □□
兼营 …………………………………………………………………………………… □□
………………………………………………………………………………………… □□
………………………………………………………………………………………… □□
………………………………………………………………………………………… □□
核算方式 ………………………………………………………………………………… □□
01 独立核算　02 非独立核算
是否采用会计电算化系统核算 ………………………………………………………… □□
01 不使用　02 使用统一的电算化系统　03 使用本单位开发的系统
适用财务制度 …………………………………………………………………………… □□
房产性质 ………………………………………………………………………………… □□
01 自有　02 租赁
从业人数 ………………… 其中外籍人员从业人数 ……………………

**有关证照情况**

工商营业执照或其他有关证照：
证照名称 …………………………… 注册号（编号）……………………………
颁发机关 …………………………… 颁发日期 ………………………………
开业（成立）日期 ………… 经营期限 …… 年 … 月 … 日至 …… 年 … 月 … 日
注册资金（资本）…………………………………………………………………
实收资本 ………………………………………………………………………………
筹资方式 ……………………………………………………………………………… □□
01 国有独资　02 责任股份　03 发行股票　04 合作　05 合伙　06 其他
单位性质 ……………………………………………………………………………… □□
01 企业　02 事业单位　03 社会团体　04 民办非企业单位　05 其他

全国组织机构统一代码证书：
证书类型 ……………………………… 代码 □□□□□□□□□□
颁发机关 ……………………………… 证号 ……………………………………

续表

| 涉外企业设立合同批准机关 | 名　称 | 批准文号及日期 |
|---|---|---|
| | | |

资 本 投 入 情 况

| 是否国有控股 | | 控股形式 | | 控股比例 | |
|---|---|---|---|---|---|

| 中方投资总额 | 占总资本比例 | 外方投资总额 | 占总资本比例 | 协议出资日期 |
|---|---|---|---|---|
| | | | | |

| | 投资方名称 | 纳税人识别号（身份证件号） | 地址或国籍 | 投资额 | 投资币种 | 占总资本比例 |
|---|---|---|---|---|---|---|
| 中方前三位股东 | | | | | | |
| | | | | | | |
| | | | | | | |
| 外方前三位股东 | | | | | | |
| | | | | | | |
| | | | | | | |

分 支 机 构 情 况

| 境内分支机构数量 | 境外分支机构数量 | 分支机构总数 | 独立核算的分支机构数量 | 非独立核算的分支机构数量 |
|---|---|---|---|---|
| | | | | |

| 分支机构名称 | 纳税人识别号 | 地　址 | 负责人 | 核算方式 | 业务范围 |
|---|---|---|---|---|---|
| | | | | | |
| | | | | | |
| | | | | | |
| | | | | | |
| | | | | | |

| 总机构情况 | | | | | |
|---|---|---|---|---|---|
| | 名　称 | | | 纳税人识别号 | |
| | 地　址 | | 电话 | 邮　编 | |
| | 资本总额 | | | 法定代表人 | |
| | 经营范围 | | | | |

| 附送件 | | |
|---|---|---|
| | 1. | 2. |
| | 3. | 4. |
| | 5. | 6. |

纳税人在申报办理税务登记时，应当根据不同情况向税务机关如实提供以下证件和资料：营业执照或其他核准执业证件及工商登记表，或其他核准执业登记表复印件；有关机关、部门批准设立的文件；有关合同、章程、协议书；法定代表人和董事会成员名单；法定代表人（负责人）或业主居民身份证、护照或其他证明身份的合法证件；组织机构统一代码证书；住所或经营场所证明；委托代理协议书复印件；属于享受税收优惠政策的企业，还应包括需要提供的相应证明、资料，税务机关需要的其他资料、证件。企业在外地的分支机构或者从事生产、经营的场所，在办理税务登记时还应当提供由总机构所在地税务机关出具的在外地设立分支机构的证明。

②税务登记的受理、审核。税务机关对纳税人填报的税务登记表、提供的证件和资料，应当在收到之日起 30 日内审核完毕，符合规定的予以登记；对不符合规定的不予登记，也应在 30 日内予以答复。

③税务登记证的核发。税务机关对纳税人填报的税务登记表及附送资料、证件审核无误的，应在 30 日内发给税务登记证件。具体规定包括：对从事生产、经营并经工商行政管理部门核发营业执照的纳税人，核发税务登记证及其副本；对未取得营业执照或工商登记核发临时营业执照从事生产经营的纳税人，暂核发税务登记证及其副本，并在正副本右上角加盖“临时”章；对纳税人非独立核算的分支机构及非从事生产经营的纳税人（除临时取得应税收入或发生应税行为以及只缴纳个人所得税、车船税的外），核发注册税务登记证及其副本；对外商投资企业、外国企业及外商投资企业分支机构，分别核发外商投资企业税务登记证及其副本、外国企业税务登记证及其副本、外商投资企业分支机构税务注册证及其副本；对既没有税收纳税义务又不需领用收费（经营）票据的社会团体等，可以只登记不发证。

税务登记证件包括税务登记证及其副本、临时税务登记证及其副本。扣缴税款登记证件包括扣缴税款登记证及其副本。税务登记证件的主要内容包括纳税人名称、税务登记代码、法定代表人或负责人、生产经营地址、登记类型、核算方式、生产经营范围（主营、兼营）、发证日期、证件有效期等。

**2. 变更税务登记**

变更税务登记是纳税人税务登记内容发生重要变化时向税务机关申报办理的税务登记手续。

纳税人办理税务登记后，如发生下列情形之一，应当办理变更税务登记：改变名称、改变法定代表人、改变经济性质或经济类型、改变住所和经营地点（不涉及主管税务机关变动的）、改变生产经营或经营方式、增减注册资金（资本）、改变隶属关系、改变生产经营期限、改变或增减银行账号、改变生产经营权属以及改变其他税务登记内容的。

纳税人税务登记内容发生变化的，应当自工商行政管理机关或者其他机关办理变更登记之日起 30 日内，持有关证件向原税务登记机关申报办理变更税务登记。纳税人按照规定不需要到工商行政管理机关或者其他机关办理变更登记的，应当自发生变化之日起 30 日内，持有关证件向原税务登记机关申报办理变更税务登记。

**3. 注销税务登记**

注销税务登记，简称注销登记，是指纳税人税务登记内容发生了根本性变化，需终止履行纳税义务时向税务机关申报办理的税务登记手续。

（1）适用范围。纳税人因经营期限届满而自动解散；企业由于改组、分立、合并等原因而被撤销；企业资不抵债而破产；纳税人住所、经营地址迁移而涉及改变原主管税务机关的；纳税人被工商行政管理部门吊销营业执照；纳税人依法终止履行纳税义务的其他情形。

(2) 时间要求。纳税人发生解散、破产、撤销以及其他情形，依法终止纳税义务的，应当在向工商行政管理机关或其他相关办理注销登记前，持有关证件向原税务登记管理机关申报办理注销税务登记；按照规定不需要在工商行政管理机关或其他相关办理注销登记的，应当自有关机关批准或者宣告终止之日起15日内，持有关证件向原税务登记管理机关申报办理注销税务登记。

纳税人因住所、生产、经营场所变动而涉及改变税务登记机关的，应当在向工商行政管理机关或其他机关申请办理变更或注销登记前，或者住所、生产、经营场所变动前，向原税务登记机关申报办理注销税务登记，并在30日内向迁达地主管税务登记机关申报办理税务登记。

纳税人被工商行政管理机关吊销营业执照的，应当自营业执照被吊销之日起15日内，向原税务登记机关申报办理注销税务登记。

境外企业在中国境内承包建筑、安装、装配、勘探工程和提供劳务的，应当在项目完工、离开中国前15日内，持有关证件和资料，向原税务登记机关申报办理注销税务登记。

纳税人办理注销税务登记前，应当向税务机关提交相关证明文件和资料，领取注销税务登记申请审批表，如实填写注销登记事项内容及原因，结清应纳税款、多退（免）税款、滞纳金和罚款，缴销发票、税务登记证件和其他税务证件，经税务机关核准后，办理注销税务登记手续。

(3) 受理。税务机关受理纳税人填写完毕的表格，审阅其填报内容是否符合要求，所附资料是否齐全后，督促纳税人做好下列事宜。

纳税人持《注销税务登记申请审批表》、未经税务机关查验的发票和《发票领购簿》到发票管理环节申请办理发票缴销；发票管理环节按规定清票后，在《注销税务登记申请审批表》上签署发票缴销情况，同时将审批表返还纳税人。

纳税人向征收环节清缴税款；征收环节在纳税人缴纳税款后，在《注销税务登记申请审批表》上签署意见，同时将审批表返还纳税人。

### 4. 停业、复业登记

实行定期定额征收方式的个体工商户需要停业的，应当在停业前向税务机关申报办理停业登记。纳税人的停业期限不得超过一年。

(1) 停业登记的程序。纳税人在营业执照核准的经营期限内需要停业的应当向税务机关提出停业登记说明停业的理由、时间、停业前的纳税情况和发票的领、用、存情况，并如实填写申请停业登记表。税务机关经过审核（必要时可实地审查），应当责成申请停业的纳税人结清税款并收回税务登记证件、发票领购簿和发票，办理停业登记。纳税人停业期间发生纳税义务，应当及时向主管税务机关申报依法补缴应纳税款。

(2) 复业登记的程序。纳税人应当于恢复生产、经营之前，向税务机关提出复业登记申请，经确认后，办理复业登记，领回或启用税务登记证件和发票领购簿及其领购的发票，纳入正常管理。纳税人停业期满不能及时恢复生产、经营的，应当在停业期满前向税务机关提出延长停业登记。纳税人停业期满未按期复业又不申请延长停业的，税务机关应当视为已恢复营业，实施正常的税收征收管理。

### 5. 外出经营报验登记

纳税人到外县（市）临时从事生产经营活动的，应办理外出经营报验登记。

纳税人到外县（市）临时从事生产经营活动的，应当在外出生产经营以前，持税务登记证向主管税务机关申请开具《外出经营活动税收管理证明》(简称《外管证》)。

税务机关按照一地一证的原则，核发《外管证》,《外管证》的有效期限一般为 30 日，最长不得超过 180 日。

纳税人应当在《外管证》注明地进行生产经营前向当地税务机关报验登记，并提交税务登记证件副本和《外管证》。

纳税人在《外管证》注明地销售货物的，除提交以上证件、资料外，应如实填写《外出经营货物报验单》，申报查验货物。

纳税人外出经营活动结束，应当向经营地税务机关填报《外出经营活动情况申报表》，并结清税款、缴销发票。

纳税人应当在《外管证》有效期届满后 10 日内，持《外管证》回原税务登记地税务机关办理《外管证》缴销手续。

**6. 非正常户处理**

已办理税务登记的纳税人未按照规定的期限申报纳税，在税务机关责令其限期改正后，逾期不改正的，税务机关应当派人员实地检查，查无下落并且无法强制其履行纳税义务的，由检查人员制作非正常户认定书，存入纳税人档案，税务机关暂停其税务登记证件、发票领购簿和发票的使用。

纳税人被列入非正常户超过 3 个月的，税务机关可以宣布其税务登记证件失效。其应纳税款的追征仍按《税收征管法》及其实施细则的规定执行。

**7. 税务登记证的作用和管理**

(1) 税务登记证的作用。除按照规定不需要发给税务登记证件的外，纳税人办理开立银行账户，申请减税、免税、退税，申请办理延期申报、延期缴纳税款，领购发票，申请开具外出经营活动税收管理证明，办理停业、歇业和其他有关税务事项时，必须持税务登记证件，经税务机关核准相关信息后办理手续。

(2) 税务登记证的管理。税务机关对税务登记证件实行定期验证和换证制度。纳税人应当在规定的期限内持有关证件到主管税务机关办理验证或者换证手续；纳税人应当将税务登记证件正本在其生产、经营场所或者办公场所公开悬挂，接受税务机关检查；纳税人遗失税务登记证件的，应当于 15 日内书面报告主管税务机关，并登报声明作废。同时，凭报刊上刊登的遗失声明向主管税务机关申请补办税务登记证件。

## 10.2.2 账簿、凭证管理

账簿是纳税人、扣缴义务人连续地记录其各种经济业务的账册或簿籍。凭证是纳税人用来记录经济业务，明确经济责任，并据以登记账簿的书面证明。账簿、凭证是记录和反映纳税人经营活动的基本材料之一，也是税务机关对纳税人、扣缴义务人计征税款以及确认其是否正确履行纳税义务的重要凭证。

**1. 账簿、凭证设置管理**

所有的纳税人和扣缴义务人都必须按照有关法律、行政法规和国务院财政、税务主管部门的规定设置账簿。账簿是指总账、明细账、日记账以及其他辅助性账簿。总账、日记账应当采用订本式。从事生产、经营的纳税人应当自领取营业执照或者发生纳税义务之日起 15 日内设置账簿。扣缴义务人应当自税收法律、行政法规规定的扣缴义务发生之日起 10 日内，按照所代扣、代收的税种，分别设置代扣代缴、代收代缴税款账簿。生产、经营规模小又确无建账能力的纳税人，可以聘请经批准从事会计代理记账业务的专业机构或者经税务机关认可的财会人员代为建账和办理账务；聘请上述机构或者人员有实际困难的，经县以上税务机关批准，可以按照税务机关的规定，建立收支凭证粘贴簿、进货销货登记簿或者使用税控装置。

**2. 财务会计制度管理**

（1）备案制度。凡从事生产、经营的纳税人必须将所采用的财务、会计制度和具体的财务、会计处理办法，按税务机关的规定自领取税务登记证件之日起 15 日内，及时报送主管税务机关备案。

（2）财会制度、办法与税收规定相抵触的处理办法。当从事生产、经营的纳税人、扣缴义务人所使用的财务会计制度和具体的财务、会计处理办法与国务院和财政部、国家税务总局有关税收方面的规定相抵触时，纳税人、扣缴义务人必须按照国务院制定的税收法规的规定或者财政部、国家税务总局制定的有关税收的规定计缴税款。

**3. 账簿、凭证的保管期限**

账簿、记账凭证、报表、完税凭证、发票、出口凭证以及其他有关涉税资料的保管期限，除另有规定者外，应当保存 10 年。

### 10.2.3　发票管理

发票是指在购销商品、提供或者接受服务以及从事其他经营活动中，开具、收取的收付款的书面证明。我国在税收管理中历来十分重视发票管理。现行的《中华人民共和国发票管理办法》是国务院 1993 年 12 月 12 日批准，同年 12 月 13 日由财政部发布实施的。凡在中国境内印制、领购、开具、取得和保管发票的各类单位和个人，都应当遵守该办法。税务机关是发票的主管机关。

我国发票按其用途及反映的内容不同，可以分为增值税专用发票、普通发票、专业发票，见表 10-2。

**表 10-2　我国的常见发票类型**

| 序号 | 发票类型 | 具体内容 |
| --- | --- | --- |
| 1 | 增值税专用发票 | 增值税专用发票指专门用于结算销售货物和提供加工、修理修配劳务使用的一种发票 |
| 2 | 普通发票 | 普通发票主要由营业税纳税人和增值税小规模纳税人使用。增值税一般纳税人在不能开具专用发票的情况下也可使用普通发票 |
| 3 | 专业发票 | 专业发票指国有金融、保险企业的存货、汇兑、转账凭证和保险凭证；国有邮政、电信企业的邮票、邮单话务、电报收据，国有铁路、国有航空企业和交通部门、国有公路、水上运输企业的客票、货票等 |

发票管理是指税务机关依法对发票的印制、领购、使用全过程进行组织、协调、监督所开展的各项活动的总称，是税源监控的主要手段，也是税收征收管理的重要组成部分。

**1. 发票印制管理**

增值税专用发票由国务院税务主管部门指定的企业印制；其他发票，按照国务院税务主管部门的规定，分别由省、自治区、直辖市国家税务局、地方税务局指定企业印制。未经税务机关指定，不得私自印制、伪造、编造发票。

**2. 发票领购管理**

依法办理税务登记的单位和个人，在领取税务登记证后，向主管税务机关申请领购发票。对无固定经营场地或者财务制度不健全的纳税人申请领购发票，主管税务机关有权要求其提供担保人，不能提供担保人的，可以视其情况，要求其提供保证金，并限期缴销发票。对发票保证金应设专户储存，不得挪作他用。纳税人可以根据自己的需要申请领购普通发票。增值税专用发票只限增值税一般纳税人领购使用。

**3. 发票开具、使用、取得管理**

销售商品、提供服务以及从事其他经营活动的单位、个人应当按照规定开具、使用、取得发票。普通发票开具、使用、取得的管理，应注意以下几点（增值税专用发票开具、使用、取得的管理，按增值税有关规定办理）。

（1）销货方按规定填开发票。

（2）购买方按规定索取发票。

（3）纳税人进行电子商务必须开具或取得发票。

（4）发票要全联一次填写。

（5）发票不得跨省、直辖市、自治区使用。发票限于领购单位和个人在本省、自治区、直辖市内开具。发票领购单位未经批准不得跨规定使用区域携带、邮寄、运输空白发票，禁止携带、邮寄或者运输空白发票出入境。

（6）开具发票要加盖财务印章或发票专用章。

（7）开具发票后，如发生销货退回需开红字发票的，必须收回原发票并注明“作废”字样或取得对方有效证明；发生销售折让的，在收回原发票并证明“作废”后，重新开具发票。

**4. 发票保管管理**

根据发票管理的要求，发票保管分为税务机关保管和用票单位、个人保管两个层次，都必须建立严格的发票保管制度，包括专人保管制度、专库保管制度、专账登记制度、保管交接制度、定期盘点制度。

**5. 发票缴销管理**

发票缴销包括发票收缴和发票销毁。发票收缴是指用票单位和个人按照规定向税务机关上缴已经使用或者未使用的发票；发票销毁是指由税务机关统一将自己或者他人已使用或未使用的发票进行销毁。发票收缴与发票销毁既有联系又有区别，发票销毁首先必须收缴；但收缴的发票不一定都要销毁，一般都要按照法律法规保存一定时期后才能销毁。

## 10.2.4 纳税申报管理

纳税申报是纳税人按照税法规定的期限和内容，向税务机关提交有关纳税事项书面报告的法律行为，是纳税人履行纳税义务、界定纳税人法律责任的主要依据，是税务机关税收管理信息的主要来源和税务管理的重要制度。纳税申报有利于纳税人正确计算应纳税款，防止错缴、漏缴，便于税务机关依法征收税款，查处税务违法行为，降低税收成本，这对于强化依法治税、监控经济税源、加强征收管理、保证税款及时足额征收入库等方面，都具有十分重要的作用。

**1. 纳税申报的对象**

纳税申报的对象一是依法负有纳税义务的单位和个人，即纳税人。二是依法负有代扣代缴、代收代缴义务的单位和个人。纳税人在纳税期内没有应纳税款的，也应当按照规定办理纳税申报。纳税人享受减税、免税待遇的，在减税、免税期间应当按照规定办理纳税申报。

**2. 纳税申报的内容**

纳税申报的内容，主要在各税种的纳税申报表和代扣代缴、代收代缴税款报告表中体现，还有的是随纳税申报表附报的财务报表和有关纳税资料中体现。纳税人和扣缴义务人的纳税申报和代扣代缴、代收代缴税款报告的主要内容包括应纳税项目或者应代扣代缴、代收代缴税款项目，计税依据，扣除项目及标准，适用税率或者单位税额，应退税项目及税额、应减免税项目及税额，应纳税额或者应代扣代缴、代收代缴税额，税款所属期限，延期缴纳税款、欠税、滞纳金等。

**3. 纳税申报的期限**

一种是法律、行政法规明确规定的。例如，《中华人民共和国个人所得税法》规定，单位职工工资、薪金所得的纳税期限，按月计征，次月 7 日内申报纳税。

一种是税务机关按照法律、行政法规的原则规定，结合纳税人生产经营的实际情况及其所应缴纳的税种等相关问题予以确定的，如《中华人民共和国营业税暂行条例》规定，营业税的纳税期限为 15 日。应当注意的是纳税期限一般不等于纳税申报期限。纳税期限是指税收法律、法规规定的或者税务机关依照税收法律、法规的规定确定的纳税人应税行为发生后据以计算应纳税额的期限。由于纳税人会计核算从凭证、账簿记录到编制财务会计报告有一个过程，不可能以计算应纳税额的日期为纳税人日期，因此税法往往在规定纳税期限的同时还规定纳税申报的期限，以给纳税人留下充足的办理会计核算手续的期限。

**4. 纳税申报的方式**

目前，纳税申报主要有以下三种方式。

(1) 直接申报。直接申报是指纳税人自行到税务机关办理纳税申报，主要包括以表申报、IC 卡申报和微机录入卡申报。

(2) 邮寄申报。邮寄申报以寄出的邮戳日期为实际申报日期。

(3) 电文申报。电文申报即数据电文申报，是指纳税人、扣缴义务人采用电话语音、电子数据交换和网络传输等电子方式向税务机关办理的纳税申报。所谓数据电文，是指经电子、光学手段或类似手段生成、储存或传递的信息，包括但不限于电子数据交换（EDI）、电子邮件、电报、电传或传真。纳税人的网上申报，就是数据电文申报方式的一种形式。

纳税人采取电子方式办理纳税申报的，应当按照税务机关规定的期限和要求保存有关资料，并定期书面报送主管税务机关。纳税人、扣缴义务人采取数据电文方式办理纳税申报的，其申报日期以税务机关计算机网络系统收到该数据电文的时间为准。

实行定期定额缴纳税款的纳税人，可以实行简易申报、简并征期等申报纳税方式。“简易申报”是指实行定期定额缴纳税款的纳税人在法律、行政法规规定的期限内或税务机关依据法规的规定确定的期限内缴纳税款的，税务机关可以视同申报；“简并征期”是指实行定期定额缴纳税款的纳税人，经税务机关批准，可以采取将纳税期限合并为按季、半年、年的方式缴纳税款。

**5. 纳税申报的要求**

纳税人办理纳税申报时，应当如实填写纳税申报表，并根据不同的情况相应报送下列有关材料。

(1) 财务会计报表及其说明材料。

（2）与纳税有关的合同、协议书及凭证。

（3）税控装置的电子报税材料。

（4）外出经营活动税收管理证明和异地完税凭证。

（5）境内或者境外公证机构出具的有关证明文件。

（6）税务机关规定应当报送的其他有关证件、资料。

扣缴义务人办理代扣代缴、代收代缴税款报告时，应当如实填写代扣代缴、代收代缴税款报告表，并报送代扣代缴、代收代缴税款的合法凭证以及税务机关规定的其他有关证件资料。

纳税人和扣缴义务人要按照申报表规定的内容填写，并加盖单位公章，做到表内整洁、指标齐全、数字准确。税务人员收到纳税申报后，要及时审核、正确计算税款，并督促其办理税款缴库手续。

**6. 延期申报管理**

纳税人因有特殊情况，不能按期进行纳税申报的，经县以上税务机关核准，可以延期申报。但应当在规定的期限内向税务机关提出书面延期申请，经税务机关核准，在核准的期限内办理。如纳税人、扣缴义务人因不可抗力，不能按期办理纳税申报或者报送代扣代缴、代收代缴税款报告表的，可以延期办理，但应当在不可抗力情形消除后立即向税务机关报告。

经核准延期办理纳税申报的，应当在纳税期内按照上期实际缴纳的税额或者税务机关核定的税额预缴税款，并在核准的延期内办理纳税结算。

## 10.3　税款征收

税款征收是指税务机关依照税收法律、行政法规的规定，将纳税人依法向国家缴纳的税款及时足额地组织征收入库的一系列活动的总称。

### 10.3.1　税款征收原则

（1）唯一征收主体原则。根据《税收征管法》的规定，除税务机关、税务人员以及经税务机关依照法律、行政法规委托的单位或个人外，任何单位和个人不得进行税款征收活动。由此可以看出，代表国家行使征税权力的主体是国家税务机关，其包括国家各级税务机关、海关和财政机关。

（2）依法征税的原则。税务机关代表国家向纳税人征收税款，不能任意征收，只能依法征收。

（3）按法定权限与程序执法和保护纳税人合法权益的原则。在税款征收过程中，税务机关应当按照税收法律、行政法规预先规定的征收标准进行征税。不得擅自增减改变税目、调高或降低税率、加征或减免税款、提前征收或延缓征收税款以及摊派税款。

（4）按规定入库的原则。

（5）税款优先的原则。根据《税收征管法》的规定，税款优先的原则主要包括以下几方面的含义：①税收优先于无担保债权；②纳税人欠缴的税款发生在纳税人以其财产设定抵押、质押或被留置之前的，税收优先于抵押权、质权和留置权的执行；③税收优先于罚款、没收违法所得的，即纳税人欠缴税款，同时又被行政机关决定处以罚款、没收违法所得的，税收优先于罚款、没收违法所得。

### 10.3.2 税款征收方式

税款征收方式是指税务机关确定的对纳税人应纳税款计算核定、征收入库的具体方法和形式。它是税款计算、核定、缴纳整个过程的程序和手续的总称。税款征收主要有以下几种方式。

(1) 查账征收。查账征收是指税务机关按照纳税人提供的账表所反映的经营情况，依照适用税率计算缴纳税款的方式。这种方式一般适用于财务会计制度较为健全、能够认真履行纳税义务的纳税单位。但是这种征收方式存在易于发生税务机关失察，造成偷、欠税等不良现象的问题。

(2) 核定征收。核定征收是指地方税务机关对不能完整、准确提供纳税资料的纳税人，采用特定方法确定其应纳税收入或应纳税额，纳税人据以缴纳税款的一种征收方式。具体包括几方面。

①查定征收。查定征收是指税务机关根据纳税人的从业人员、生产设备、原材料耗用等因素在正常情况下的生产、销售情况，对其生产的应税产品查定产量和销售额，然后依照税法规定的税率征收的一种税款征收方式。这种方式适用于生产经营规模较小、产品零星、税源分散、会计账簿不健全的纳税人。

②查验征收。查验征收是指税务机关对纳税人应税商品，通过查验数量，按市场一般销售单价计算其销售收入并据以征税的方式。这种方式一般适用经营品种比较单一，经营地点、时间和商品来源不固定的纳税单位。

③定期定额征收。定期定额征收是指税务机关通过典型调查，逐户确定营业额和所得额并据以征税的方式。这种方式一般适用于无完整考核依据的小型纳税单位。具体做法是：由纳税人在季度或年度终了后规定的时间内，向主管税务机关申报营业和利润情况，税务机关通过典型调查，掌握代表性资料，逐户确定一定经营时间内的营业额和所得额，并以此为计税依据，确定其应纳税额进行征收。

(3) 代扣代缴、代收代缴征收。代扣代缴是指按照税法规定，负有扣缴税款的法定义务人，在向纳税人支付款项时，从所支付的款项中直接扣收税款并按照规定的期限和缴扣方法申报解缴的一种征收方式。其目的是对零星分散、不易控制的税源实行源泉控制；代收代缴是指按照税收法律、行政法规的规定，负有扣缴义务的单位和个人在收取款项时，代税务机关向负有纳税义务的单位和个人收取并向税务机关缴纳的行为。

(4) 邮寄纳税、自计自填自缴、自报核缴方式。邮寄纳税是一种新的纳税方式，主要适用于那些有能力按期纳税，但采用其他方式纳税又不方便的纳税人。

自计自填自缴是指由纳税人自行计算应纳税款，自行填开缴款书、自行送交其开户银行划解税款，纳税人持纳税申报表和税收缴款书的收据联、存根联向主管税务机关办理申报手续的方式。

自报核缴是指纳税人按期向主管税务机关办理纳税申报，税务机关根据纳税申报表及有关资料填开税收缴款书，纳税人在税收缴款书各联加盖财务章后，自行到开户银行划解税款的方式。

(5) 委托代征。委托代征税款是指税务机关委托代征人以税务机关的名义征收税款，并将税款缴入国库的方式。这种方式一般适用于小额、零散税源的征收。

### 10.3.3　税款征收制度

（1）代扣代缴、代收代缴税款制度。对法律、行政法规没有规定负有代扣、代收税款义务的单位和个人，税务机关不得要求其履行代扣、代收税款义务。扣缴义务人必须依法履行代扣、代收税款义务。如果不履行义务，就要承担法律责任，除按《税收征管法》及其实施细则的规定给予处罚外，还应责成扣缴义务人限期将应扣未扣、应收未收的税款补扣或补收。扣缴义务人依法履行代扣、代收税款义务时，纳税人不得拒绝。纳税人拒绝的扣缴义务人应当在一日之内报告主管税务机关处理，不及时向主管税务机关报告的，扣缴义务人应承担应扣未扣、应收未收税款的责任。税务机关按照规定付给扣缴义务人代扣、代收手续费，代扣、代收税款手续费只能由县（市）以上税务机关统一办理退库手续，不得在征收税款过程中坐支。

（2）延期缴纳税款制度。纳税人和扣缴义务人必须在税法规定的期限内缴纳、解缴税款。但考虑到纳税人在履行纳税义务的过程中，可能会遇到不可抗力导致损失、当期货币资金扣除工资及社保费用后不足以纳税，不能按期缴纳税款的，经省、自治区、直辖市国家税务局、地方税务局批准。可以延期缴纳税款，但最长不得超过 3 个月。

（3）税收滞纳金征收制度。纳税人未按照规定期限缴纳税款的，扣缴义务人未按照规定期限解缴税款的，税务机关除责令限期缴纳外，从滞纳税款之日起，按日加收滞纳税款万分之五的滞纳金。拒绝缴纳滞纳金的，可以按不履行纳税义务实行强制执行措施，强行划拨或者强制征收。

（4）税收减免制度。纳税人申请减免税，应向主管税务机关提出书面申请，并按规定附送有关资料。减免税的申请须经法律、行政法规规定的减税、免税审查批准机关审批。纳税人在享受减免税待遇期间，仍应按规定办理纳税申报。纳税人享受减税、免税的条件发生变化时，应当自发生变化之日起 15 日内向税务机关报告，经税务机关审核后，停止其减税、免税；对不报告的，又不再符合减税、免税条件的，税务机关有权追回已减免的税款。减税、免税期满，纳税人应当自期满次日起恢复纳税。

（5）税额核定制度。纳税人有下列情形之一的，税务机关有权核定其应纳税额。

①依照法律、行政法规的规定可以不设置账簿的。

②依照法律、行政法规的规定应当设置但未设置账簿的。

③擅自销毁账簿或者拒不提供纳税资料的。

④虽设置账簿，但账目混乱或者成本资料、收入凭证、费用凭证残缺不全，难以查账的。

⑤发生纳税义务，未按照规定的期限办理纳税申报，经税务机关责令限期申报，逾期仍不申报的。

⑥纳税人申报的计税依据明显偏低，又无正当理由的。

目前税务机关核定税额的方法主要有以下四种：

①参照当地同类行业或者类似行业中，经营规模和收入水平相近的纳税人的收入额和利润率核定。

②按照成本加合理费用和利润的方法核定。

③按照耗用的原材料、燃料、动力等推算或者测算核定。

④按照其他合理的方法核定。

可以同时采用两种以上的方法核定。

纳税人对税务机关采取规定的方法核定的应纳税额有异议的，应当提供相关证据，经税务机关认定后，调整应纳税额。

(6) 税收调整制度。税收调整制度主要指的是关联企业的税收调整制度。根据《税收征管法》的规定，企业或者外国企业在中国境内设立的从事生产、经营的机构、场所与其关联企业之间的业务往来，应当按照独立企业之间的业务往来收取或者支付价款、费用；不按照独立企业之间的业务往来收取或者支付价款、费用，而减少其应纳税的收入或者所得额的，税务机关有权进行合理调整。同时规定，纳税人与其关联企业未按照独立企业之间的业务往来支付价款、费用的，税务机关自该业务往来发生的纳税年度起 3 年内进行调整；有特殊情况的，可以自该业务往来发生的纳税年度起 10 年内进行调整。

(7) 税款征收制度的特别规定。对未按照规定办理税务登记的从事生产、经营的纳税人以及临时从事生产、经营的纳税人，由税务机关核定其应纳税额，责令缴纳；不缴纳的，税务机关可以扣押其价值相当于应纳税款的商品、货物。扣押后缴纳应纳税款的，税务机关必须立即解除扣押，并归还所扣押的商品、货物；扣押后仍不缴纳应纳税款的，经县以上税务局（分局）局长批准，依法拍卖或者变卖所扣押的商品、货物，以拍卖或者变卖所得抵缴税款。

(8) 税收保全措施。税收保全措施是指税务机关对可能由于纳税人的行为或者某种客观原因，致使以后税款的征收不能保证或难以保证的案件，采取限制纳税人处理或转移商品、货物或其他财产的措施。

税务机关有根据认为从事生产、经营的纳税人有逃避纳税义务行为的，可以在规定的纳税期之前，责令限期缴纳税款；在限期内发现纳税人有明显的转移、隐匿其应纳税的商品、货物以及其他财产迹象的，税务机关应责令其提供纳税担保。如果纳税人不能提供纳税担保，经县以上税务局（分局）局长批准，税务机关可以采取下列税收保全措施。

①书面通知纳税人开户银行或者其他金融机构冻结纳税人的金额相当于应纳税款的存款。

②扣押、查封纳税人的价值相当于应纳税款的商品、货物或者其他财产。其他财产包括纳税人的房地产、现金、有价证券等不动产和动产。

纳税人在规定的限期内缴纳税款的，税务机关必须立即解除税收保全措施；限期期满仍未缴纳税款的，经县以上税务局（分局）局长批准，税务机关可以书面通知纳税人开户银行或者其他金融机构，从其冻结的存款中扣缴税款，或者依法拍卖或变卖所扣押、查封的商品、货物或者其他财产，以拍卖或者变卖所得抵缴税款。

(9) 税收强制执行。

1) 税收强制执行的适用范围。从事生产、经营的纳税人、扣缴义务人、纳税担保人在规定的期限内未缴纳或者解缴税款或者提供担保的，经主管税务机关责令限期缴纳，逾期仍未缴纳的，经县以上税务局（分局）局长批准，书面通知其开户银行或者其他金融机构，从其存款中扣缴未按照规定的期限缴纳或者解缴的税款。

2) 税收强制执行的原则。税务机关采取税收强制执行措施时，必须坚持告诫在先的原则，即纳税人、扣缴义务人、纳税担保人未按照规定的期限缴纳或者解缴税款的，应当先行告诫，责令限期缴纳。逾期仍未缴纳的，再采取税收强制执行措施。如果没有责令限期缴纳，就采取强制执行措施，也就违背了告诫在先的原则，所采取的措施和程序是违法的。

3) 税收强制执行的措施。

①书面通知其开户银行或者其他金融机构从其存款中扣缴税款。在扣缴税款的同时，主管税务机关可以处以不缴或者少缴的税款 50%以上 5 倍以下的罚款。

②扣押、查封、拍卖或者变卖，以拍卖或者变卖所得抵缴税款。税务机关采取强制执行措施时，对上述纳税人、扣缴义务人、纳税担保人未缴纳的滞纳金同时强制执行。对纳税人已缴纳税款，但拒不缴纳滞纳金的，税务机关可以单独对纳税人应缴未缴的滞纳金采取强制执行措施。

4）税收强制执行的实施。税务机关将扣押、查封的商品、货物或者其他财产变现抵缴税款时，应当按照拍卖优先的原则委托依法成立的拍卖机构拍卖；无法委托拍卖或者不适于拍卖的，可以委托当地商业企业代为销售，或者责令被执行人限期处理；无法委托商业企业销售，被执行人也无法处理的，由税务机关变价处理。国家禁止自由买卖的商品、货物、其他财产，应当交由有关单位按照国家规定的价格收购，拍卖、变卖抵税财物时，应当通知被执行人到场。被执行人未到场的，不影响执行。税务机关及其工作人员不得参与被拍卖或者变卖商品、货物或者其他财产的竞买或收购；也不得委托他人为其竞买或收购。

5）离境清税制度。根据《税务征收管理法》的规定，欠缴税款的纳税人及其法定代表人需要出境的，应当在出境前向税务机关结清税款或者提供担保。未结清税款，又不提供担保的，税务机关可以通知出境管理机关阻止其出境。

（10）税款的退还和追征制度。

1）税款的退还。纳税人超过应纳税额缴纳的税款，税务机关发现后应当立即退还；纳税人自结算缴纳税款之日起 3 年内发现的，可以向税务机关要求退还多缴的税款并加算银行同期存款利息，税务机关及时查实后应当立即退还，涉及从国库中退款的，依照法律、行政法规有关国库管理的规定退还。

2）税款的追征。因税务机关责任，致使纳税人、扣缴义务人未缴或者少缴税款的，税务机关在 3 年内可以要求纳税人、扣缴义务人补缴税款，但是不得加收滞纳金。因纳税人、扣缴义务人计算等失误，未缴或少缴税款的，税务机关在 3 年内追征税款、滞纳金；有特殊情况的追征期可以延长到 5 年。“特殊情况”是指纳税人或扣缴义务人因计算错误等失误，未缴或少缴、未扣或少扣、未收或少收税款，累计金额在 10 万元以上的。

## 10.4　税务检查

税务检查又称纳税检查，是指税务机关根据税收法律、行政法规的规定，对纳税人、扣缴义务人履行纳税义务、扣缴义务及其他有关税务事项进行审查、核实、监督活动的总称。税务检查主要包括以下内容。

（1）检查纳税人的账簿、记账凭证、报表和有关资料，检查扣缴义务人代扣代缴、代收代缴税款账簿、记账凭证和有关资料。

（2）到纳税人的生产、经营场所和货物存放地检查纳税人应纳税的商品、货物或者其他财产，检查扣缴义务人与代扣代缴、代收代缴税款的经营情况。

（3）责成纳税人、扣缴义务人提供与纳税或者代扣代缴、代收代缴税款有关的文件、证明材料和有关资料。

（4）询问并责成纳税人、扣缴义务人提供与纳税或者代扣代缴、代收代缴税款有关的问题和情况。

（5）到车站、码头、机场、邮政企业及其分支机构检查纳税人托运、邮寄应纳税商品、货物或者其他财产的有关单据、凭证和有关资料。

（6）经县以上税务局（分局）局长批准，凭全国统一格式的检查存款账户许可证明，查询从事生产、经营的纳税人、扣缴义务人在银行或者其他金融机构的存款账户。税务机关在调查税收违法案件时，经设区的市、自治州以上税务局（分局）局长批准，可以查询案件涉嫌人员的储蓄存款。

税务机关依法进行税务检查时，有权向有关单位和个人调查纳税人、扣缴义务人和其他当事人与纳税或者代扣代缴、代收代缴税款有关的情况，有关单位和个人有义务向税务机关如实提供有关资料及证明材料，不得拒绝、隐瞒。

税务机关调查税务违法案件时，对与案件有关的情况和资料，可以记录、录音、录像、照相和复制。

## 10.5 税务违法处理

### 10.5.1 纳税人、扣缴义务人的税务违法处理

(1) 纳税人有下列行为之一的，由税务机关责令限期改正，可以处 2 000 元以下的罚款；情节严重的处 2 000 元以上 1 万元以下的罚款。

①未按照规定的期限申报办理税务登记、变更或者注销登记的。

②未按照规定设置、保管账簿或者保管记账凭证和有关资料的。

③未按照规定将财务、会计制度或者财务、会计处理办法和会计核算软件报送税务机关备查的。

④未按照规定将其全部银行账号向税务机关报告的。

⑤未按照规定安装、使用税控装置，或者损毁或擅自改动税控装置的。

纳税人不办理税务登记的，由税务机关责令限期改正；逾期不改正的，由工商行政管理机关吊销其营业执照。纳税人未按照规定使用税务登记证件，或者转借、涂改、损毁、买卖、伪造税务登记证件的，处 2 000 元以上 1 万元以下的罚款；情节严重的，处 1 万元以上 5 万元以下的罚款。

(2) 扣缴义务人未按照规定设置、保管代扣代缴、代收代缴税款账簿、记账凭证及有关资料的，由税务机关责令限期改正，可以处 2 000 元以下的罚款；情节严重的，处 2 000 元以上 5 000元以下的罚款。

(3) 纳税人未按照规定的期限办理纳税申报和报送纳税资料的，或者扣缴义务人未按照规定的期限向税务机关报送代扣代缴、代收代缴税款报告表和有关资料的，由税务机关责令限期改正，可以处 2 000 元以下的罚款；情节严重的，可以处 2 000 元以上 1 万元以下的罚款。

(4) 纳税人伪造、变造、隐匿、擅自销毁账簿、记账凭证，或者在账簿上多列支出或者不列、少列收入，或经税务机关通知申报而拒不申报或者进行虚假的纳税申报，不缴或者少缴应纳税款的，是偷税。对纳税人偷税的，由税务机关追缴其不缴或者少缴的税款、滞纳金，并处不缴或者少缴的税款 50%以上 5 倍以下的罚款；构成犯罪的，依法追究刑事责任。

《刑法》规定："纳税人采取伪造、变造、隐匿、擅自销毁账簿、记账凭证，在账簿上多列支出或者不列、少列收入，经税务机关通知申报而拒不申报或者进行虚假的纳税申报的手段，不缴或者少缴应纳税款，偷税数额占应纳税额的 10%以上不满 30%，或者因偷税被税务机关给予二次行政处罚又偷税的，处 3 年以下有期徒刑或者拘役，并处偷税数额 1 倍以上 5 倍以下罚金；偷税数额占应纳税额的 30%以上，处 3 年以上 7 年以下有期徒刑，并处偷税数额 1 倍以上 5 倍以下罚金。扣缴义务人采取前款所列手段，不缴或者少缴已扣、已收税款，数额占应缴税额的 10%以上的，依照前款的规定处罚。对多次犯有前两款行为，未经处理的，按照累计数额计算。"

(5) 纳税人、扣缴义务人编造虚假计税依据的，由税务机关责令限期改正，并处 5 万元以下的罚款。纳税人不进行纳税申报，不缴或者少缴应纳税款的，由税务机关追缴其不缴或者少缴的税款、滞纳金，并处不缴或者少缴税款 50%以上 5 倍以下的罚款。

(6) 纳税人欠缴应纳税款，采取转移或者隐匿财产的手段，妨碍税务机关追缴欠缴的税款的，由税务机关追缴欠缴的税款、滞纳金，并处欠缴税款 50%以上 5 倍以下的罚款；构成犯罪的，依法追究刑事责任。

(7) 纳税人以假报出口或者其他欺骗手段，骗取国家出口退税款的，由税务机关追缴其骗取的退税款，并处骗取税款 1 倍以上 5 倍以下的罚款；构成犯罪的，依法追究刑事责任。

对骗取国家出口退税款的，税务机关可以在规定期间内停止为其办理出口退税。

《刑法》第二百零四条规定："以假报出口或者其他欺骗手段，骗取国家出口退税款，数额较大的，处 5 年以下有期徒刑或者拘役，并处骗取税款 1 倍以上 5 倍以下罚金；数额巨大或者有其他严重情节的，处 5 年以上 10 年以下有期徒刑，并处骗取税款 1 倍以上 5 倍以下罚金；数额特别巨大或者有其他特别严重情节的处 10 年以上有期徒刑或者无期徒刑，并处骗取税款 1 倍以上 5 倍以下罚金或者没收财产。"

(8) 纳税人以暴力、威胁方法拒不缴纳税款的，是抗税。对抗税行为，除由税务机关追缴其拒缴的税款、滞纳金外，还应依法追究刑事责任。情节轻微，未构成犯罪的，由税务机关追缴其拒缴的税款、滞纳金，并处拒缴税款 1 倍以上 5 倍以下的罚款；情节严重的，处 3 年以上 7 年以下有期徒刑并处拒缴税款 1 倍以上 5 倍以下罚金。

(9) 纳税人、扣缴义务人在规定期限内不缴或者少缴应纳或者应解缴的税款，经税务机关责令限期缴纳，逾期仍未缴纳的，税务机关除采取强制执行措施追缴其不缴或者少缴的税款外，可以处不缴或者少缴税款 50%以上 5 倍以下的罚款。

(10) 扣缴义务人应扣未扣、应收而不收税款的，由税务机关向纳税人追缴税款，对扣缴义务人处应扣未扣、应收未收税款 50%以上 3 倍以下的罚款。

(11) 纳税人、扣缴义务人逃避、拒绝或者以其他方式阻挠税务机关检查的，由税务机关责令改正，可以处 1 万元以下的罚款；情节严重的，处 1 万元以上 5 万元以下的罚款。

税务机关到车站、码头、机场、邮政企业及其分支机构检查纳税人有关情况时，有关单位拒绝的，由税务机关责令改正，可以处 1 万元以下的罚款；情节严重的，处 1 万元以上 5 万元以下的罚款。

(12) 非法印制发票的，由税务机关销毁非法印制的发票，没收违法所得和作案工具，并处 1 万元以上 5 万元以下的罚款；构成犯罪的，依法追究刑事责任。

伪造并出售伪造的增值税专用发票，数量特别巨大、情节特别严重、严重破坏经济秩序的，处无期徒刑或者死刑，并处没收财产。

### 10.5.2　税务人员的税务违法处理

(1) 纳税人、扣缴义务人的开户银行或者其他金融机构拒绝接受税务机关依法检查纳税人、扣缴义务人存款账户，或者拒绝执行税务机关作出的冻结存款或者扣缴税款的决定，或者在接到税务机关的书面通知后帮助纳税人、扣缴义务人转移存款，造成税款流失的，由税务机关处 10 万元以上 50 万元以下的罚款，对直接负责的主管人员和其他直接责任人员处 1 000 元以上 1 万元以下的罚款。

(2) 税务机关和司法机关的涉税罚没收入，应当按照税款入库预算级次上缴国库。

(3) 税务机关违反规定擅自改变税收征收管理范围和税款入库预算级次的，责令限期改正，对直接负责的主管人员和其他直接责任人员依法给予降级或者撤职的行政处分。

(4) 税务人员徇私舞弊，对依法应当移交司法机关追究刑事责任的不移交，情节严重的，依法追究刑事责任。

(5) 未经税务机关依法委托征收税款的，责令退还收取的财物，依法给予行政处分或者行政处罚；致使他人合法权益受到损失的，依法承担赔偿责任；构成犯罪的，依法追究刑事责任。

(6) 税务机关、税务人员查封、扣押纳税人个人及其所扶养家属维持生活必需的住房和用品的，责令退还，依法给予行政处分；构成犯罪的，依法追究刑事责任。

(7) 税务人员与纳税人、扣缴义务人勾结，唆使或者协助纳税人、扣缴义务人有违法行为的，构成犯罪的，依法追究刑事责任；尚不构成犯罪的，依法给予行政处分。

(8) 税务人员利用职务上的便利，收受或者索取纳税人、扣缴义务人财物或者谋取其他不正当利益，构成犯罪的，依法追究刑事责任；尚不构成犯罪的，依法给予行政处分。

(9) 税务人员徇私舞弊或者玩忽职守，不征或者少征应征税款，致使国家税收遭受重大损失，构成犯罪的，依法追究刑事责任；尚不构成犯罪的，依法给予行政处分。

税务人员滥用职权，故意刁难纳税人、扣缴义务人的，调离税收工作岗位，并依法给予行政处分。

税务人员对控告、检举税收违法违纪行为的纳税人、扣缴义务人以及其他检举人进行打击报复的，依法给予行政处分；构成犯罪的，依法追究刑事责任。

(10) 违反法律、行政和法规的规定提前征收、延缓征收或者摊派税款的，由其上级机关或者行政监察机关责令改正，对直接负责的主管人员和其他直接责任人员依法给予行政处分。

(11) 违反法律、行政法规的规定，擅自作出税收的开征、停征或者减税、免税、退税、补税以及其他同税收法律、行政法规相抵触的决定的，除依照规定撤销其擅自作出的决定外，补征应征未征税款，退还不应征收而征收的税款，并由上级机关追究直接负责的主管人员和其他直接责任人员的行政责任；构成犯罪的，依法追究刑事责任。

(12) 税务人员在征收税款或者查处税收违法案件时，未按照本法规定进行回避的，对直接负责的主管人员和其他直接责任人员，依法给予行政处分。

(13) 违反税收法律、行政法规应当给予行政处罚的行为，在5年内未被发现的，不再给予行政处罚。

(14) 未按照本法规定为纳税人、扣缴义务人、检举人保密的，对直接负责的主管人员和其他直接责任人员，由所在单位或者有关单位依法给予行政处分。

(15) 纳税人、扣缴义务人、纳税担保人同税务机关在纳税上发生争议时，必须先依照税务机关的纳税决定缴纳或者解缴税款及滞纳金或者提供相应的担保，然后可以依法申请行政复议；对行政复议决定不服的，可以依法向人民法院起诉。

当事人对税务机关的处罚决定、强制执行措施或者税收保全措施不服的，可以依法申请行政复议，也可以依法向人民法院起诉。

当事人对税务机关的处罚决定逾期不申请行政复议也不向人民法院起诉、又不履行的，作出处罚决定的税务机关可以采取《税收征收管理法》第四十条规定的强制执行措施，或者申请人民法院强制执行。

## 本章小结

本章主要介绍了税收征收管理法的立法目的、适用范围、税收征收管理的程序与要求、税务违法处理。

(1) 税收征收管理是指税务机关代表国家行使征税权，指导纳税人和其他税务当事人正确履行义务，并对税务活动进行规划、组织、控制、监督、检查的一系列相互联系的活动。税收征收管理包括税务管理、税款征收和税务检查等活动。纳税人、扣缴义务人和其他有关单位是税务行政管理的相对人。

(2) 税务管理是整个税收征管工作的基础环节，是税款征收的前提，主要包括税务登记，账簿、凭证管理，发票管理和纳税申报等。

税务登记是税务机关对纳税人的生产、经营活动进行登记并据此对纳税人实施税务管理的一种法定制度，负责税务登记的开业登记，变更登记，注销登记，停业、复业登记，以及非正常户处理、外出经营报验登记等有关事项。

账簿、凭证是记录和反映纳税人经营活动的基本材料之一，也是税务机关对纳税人、扣缴义务人计征税款以及确认其是否正确履行纳税人义务的重要凭证。

发票管理是指税务机关依法对发票的印制、领购、使用全过程进行组织、协调、监督所开展的各项活动的总称，是税源监控的主要手段。

纳税申报是纳税人按照税法规定的期限和内容，向税务机关提交有关纳税事项书面报告的法律行为。纳税人办理纳税申报时，应当如实填写纳税申报表。

(3) 税款征收是税收征收管理工作的中心环节，是指税务机关依照税收法律、行政法规的规定，将纳税人依法向国家缴纳的税款及时足额地组织征收入库的一系列活动的总称，主要有查账征收、查定征收、查验征收、定期定额征收、代扣代缴征收、代收代缴征收、邮寄征收、委托征收等方式。

(4) 税务检查是指税务机关根据税收法律、行政法规的规定，对纳税人、扣缴义务人履行纳税义务、扣缴义务及其他有关税务事项进行审查、核实、监督活动的总称，可以有效控制税收征收管理工作。税务检查可分为重点检查、专项检查、分类检查、集中检查和临时检查。税务机关和纳税人在税务检查中都具有各自的权利与义务。

(5) 税务违法处理是指对征纳双方违反税法等法律制度时给予的惩处。如果未达到司法机关的立法标准，应给予违法的税务机关或纳税人以行政处理；如果达到司法机关的立法标准，则应追究刑事责任。

## 基础与提高

### 一、单项选择题

1.《税收征管法》立法的首要目的是(　　)。

A. 保障国家税收收入　　B. 规范税收征收和缴纳行为

C. 加强税收征收管理　　D. 促进经济发展和社会进步

2. 国务院决定从 1994 年(　　)起，在现有一套税务机构基础上，分设国家税务机构和地方税务机构。

A. 1月1日　　B. 5月1日　　C. 7月1日　　D. 10月1日

3. 下列各项中，不符合《税收征管法》有关规定的是(　　)。

A. 采取税收保全措施时，冻结的存款以纳税人应纳税款的数额为限

B. 采取税收强制执行的措施时，被执行人未缴纳的滞纳金必须同时执行

C. 税收强制执行的适用范围不限于从事生产经营的纳税人，也包括扣缴义务人

D. 税收保全措施的适用范围不限于从事生产经营的纳税人，也包括扣缴义务人

4. 税务机关对税务登记实行定期验证制度，一般(　　)验证一次。

A. 半年　　B. 1～2年　　C. 1～3年　　D. 3年

5. 根据《税收征收管理》规定，扣缴义务人应扣未扣、应收未收税款的，由税务机关向纳税人追缴税款，对扣缴义务人处以一定数额的罚款，其罚款限额是(　　)。

A. 2 000元以下

B. 2 000元以上5 000元以下

C. 应扣未扣、应收未收税款50%以上3倍以下

D. 应扣未扣、应收未收税款50%以上5倍以下

6.《税收登记管理办法》规定《外出经营活动税收管理证明》的有效期限一般为(　　)日，最后不得超过(　　)日。

A. 30，30　　B. 30，90　　C. 30，180　　D. 60，180

7. 以暴力、威胁方法拒不缴纳税款的，是(　　)。

A. 偷税　　B. 逃税　　C. 抗税　　D. 骗税

8. (　　)是指以假报出口或者其他欺骗手段骗取国家出口退税数额较大的行为。

A. 逃避追缴欠税款　　B. 抗税

C. 偷税　　D. 骗取出口退税

9. 根据税务行政复议法律制度的规定，纳税人对税务机关作出的下列具体行政行为不服时，可以选择申请行政复议或者直接提起行政诉讼的是(　　)。

A. 确认适用率　　B. 收缴发票

C. 确认计税依据　　D. 加收税收滞纳金

## 二 多项选择题

1. 下列不适用《税收征收管理法》的有(　　)。

A. 税务机关征收增值税　　B. 财政机关征收房地产交易的契税

C. 海关代征进口的增值税　　D. 地方税务局征收教育费附加

2. 我国税收的立法权属于全国最高权力机关，即(　　)。

A. 中国人民政治协商会议全国委员会

B. 财政部

C. 全国人民代表大会

D. 全国人民代表大会常务委员会

3. 从税收征管的程序来看，一般可以分为(　　)等步骤。

A. 自报、公议　　B. 纳税登记、纳税申报

C. 税务稽查、税款征收　　D. 行政复议、补退税款

4. 下列各项中，属于法定税务登记事项的有(　　)。

A. 开业税务登记　　B. 注销税务登记

C. 停业税务登记　　D. 临时经营税务登记

5. 下列各项中，符合《税收征管法》规定的征税方式有(　　)。

A. 税务机关通过典型调查，逐户确定营业额和所得额并据以征税的方式

B. 税务机关按照纳税人提供的账表所反映的经营情况，依照适用税率计算缴纳税款的方式

C. 税务机关对纳税人应税商品，通过查验数量，按市场一般销售单价计算其销售收入并据以征税的方式

D. 税务机关根据纳税人的从业人员、生产设备、采用原材料等因素，对其产制的应税产品查实核定产量、销售额并据以征税的方式

6. 根据税收征收管理法律制度的规定，税务机关在税款征收中可以根据不同情况采取相应的税款征收措施。下列各项中，属于税款征收措施的有(　　)。

A. 罚款　　B. 责令缴纳并加收滞纳金

C. 阻止出境　　D. 由税务机关核定，调整应纳税额

7. 税务代理遵循的原则是(　　)。

A. 依法代理　　B. 代理自愿

C. 客观公正　　D. 有偿服务

8. 下列关于税收优先权的表述中，正确的有(　　)。

A. 除法律另有规定外，税收优先于无担保债权

B. 纳税人有欠缴税款情形而又以其财产设定抵押的，税收优先于抵押权

C. 纳税人以其财产设定质押后又发生欠缴税款的，税收优先于质权

D. 纳税人欠缴税款，同时又被处以行政性罚款，税收优先于罚款

9. 纳税人有(　　)行为之一的，由税务机关责令限期改正，可以处2 000元以下的罚款；情节严重的，处2 000元以上10 000元以下的罚款。

A. 未按照规定设置、保管账簿或者保管记账凭证和有关资料的

B. 未按照规定的期限申报纳税的

C. 未按照规定将其全部银行账号向税务机关报告的

D. 未按照规定安装、使用税控装置，或者损毁或者擅自改动税控装置的

10. 纳税保证人是指在中国境内具有纳税担保能力的自然人、法人或者其他经济组织。下列不能作为纳税保证人的有(　　)。

A. 企业法人的分支机构由法人书面授权的

B. 企业法人的职能部门

C. 纳税信誉等级被评为C级以下的

D. 社会团体

## 三 思考题

1. 税收征收管理法的立法目的是什么？
2. 税务登记负责登记哪些事项？
3. 发票的种类有哪些？普通发票与专用发票有何区别？
4. 税务机关如何进行发票管理？
5. 纳税申报有何要求？
6. 税款征收的基本原则是什么？其征收方式有哪些？
7. 税务机关和纳税人、扣缴义务人在税务检查中有哪些权利和义务？
8. 如何确认税务人员和纳税人、扣缴义务人的法律责任？

## 四 计算分析题

某旅游公司2009年9月1日领取工商营业执照，主要经营范围为提供境内外旅游服务，开发经营荔园景区及射击、游戏机等游艺项目，公司有关经营情况如下。

(1) 2009年9月，申报办理了开业税务登记。

(2) 10月，持有关资料办理了发票领购手续。

(3) 12月，荔园景区正式接待游客，取得的营业收入包括门票、索道、观光电车、景区环保客用车等旅游收入和游艺收入，各项收入实行分别核算。

(4) 2010年1月，公司组织了一个境内夕阳红旅游团，该团共有游客30人，每人收取旅游费3 500元，公司为每位游客支付交通费1 000元、住宿费500元、餐费350元、景点门票费600元；当月支付员工工资5 000元、汽油费3 000元、过路费600元。

服务业适用营业税税率为5%，城市维护建设税税率为7%，教育费附加征收率为3%。

根据上述资料，分析回答下列问题：

(1) 该公司申报办理开业税务登记的最后期限是什么？

(2) 该公司2010年旅游收入应缴纳的税额是多少？

# 技能实训

### 一、实训项目

判断大华机械公司增值税处理是否正确，是否构成犯罪。

### 二、实训方式

1. 个人阅读实训材料及实训分析后进行思考，可以分小组讨论问题。
2. 分小组讨论后，每位同学把讨论结果整理成书面材料上交。
3. 教师评分后总结。

### 三、实训材料

大华机械公司为增值税一般纳税人，主要生产各种电动工具，适用的增值税税率为17%。增值税以1个月为一个纳税期，自期满之日起10日内申报纳税，增值税专用发票通过防伪税控系统开具。2007年7月5日该公司申报缴纳6月份增值税税款100万元。7月底，税务机关对该公司6月份增值税计算缴纳情况进行专项检查，有关检查情况如下。

(1) 6月6日，一批外购钢材因管理不善被盗，增值税专用发票确认的成本为40万元，增值税税额为6.8万元。在查明原因之前，该公司将40万元作为待处理财产损溢入账。

(2) 6月10日，处理一批下脚料，将取得的含增值税销售额3.51万元全部确认为其他业务收入。

(3) 6月15日，购进低值易耗品一批，取得承运公司开具的运输发票上注明的运费金额为1万元。该公司计算抵扣的进项税额为0.1万元。

(4) 6月25日，销售电动工具一批，另外向购货方收取包装物租金2.34万元。该公司将该项价外费用全部计入了营业外收入。

(5) 6月底计算应纳增值税时，将2007年2月份取得的一张防伪税控系统开具的增值税专用发票，作为6月份可抵扣的进项税额处理。该增值税专用发票注明的增值税税额为1.87万元，开票时间为2007年1月25日。

**四、实训分析**

已知税务机关依法责令该公司限期补缴少缴的增值税税款、加收滞纳金，并处少缴税款1.5倍的罚款。该公司于2007年8月3日缴纳增值税税款、滞纳金（滞纳天数为24天）和罚款，不考虑其他税收因素，回答下列问题。

1. 该公司上述（1）至（5）项业务的增值税处理是否正确？并说明理由。
2. 计算该公司应补缴的增值税税款，列出计算过程。
3. 计算该公司应缴纳的滞纳金和罚款数额，列出计算过程。
4. 该公司的行为属于何种税收违法行为？是否构成犯罪？分别说明理由。

## 案例分析

### 税收征管法制化建设

改革开放以来，我国税收法制化建设的进程不断加快，初步形成了有法可依的局面。但是目前我国依法治税还存在着很多的问题。税法是社会主义法制体系的一个重要组成部分，依法治税是税收领域贯彻落实依法治国基本方略的具体体现，也是税务部门一项法定的、神圣的职责。特别是我国加入WTO后，对税收执法的标准会更高，要求会更严。只有在税收管理中真正做到“有法可依、有法必依、执法必严、违法必究”，才能理顺税收工作中的各种关系，解决各种矛盾，才能进一步深化税制改革，全面加强税收依法征收管理，实现税收管理法制化、规范化、制度化。

**一、目前我国依法治税存在的问题**

(1) 税收法律体系不完整。①我国宪法有关税收基本制度规定较少，又没有税收基本法规定一些基本原则。②税务机构的设置及其组织形式、职权、管理体制等还没有真正意义上的税务机构组织法。③税收程序法薄弱。现行征管法中许多规定不够全面，许多税收征管实践在法律上依据不足，如税务征收、管理、稽查分局的主体资格，税务检查、税收保全、税收强制执行的保障措施等。

(2) 税收工作观念有待改进。①税务机关的服务意识不强，衙门思想根深蒂固，体现在工作中就是生、冷、硬，使征纳双方关系紧张，影响了工作效率。②管理意识不强。许多税务部门的领导和地方政府的领导，养成了重收入、轻管理的错误观念。干部升迁和奖励制度也相当程度地倚重于这一因素，所以税收成本的意识就相对被冲淡了，税收管理水平迟迟没有飞跃，更重要的是依法治税不能得到根本保证。

(3) 税收执法力度不够。①未能依法充分使用清欠手段。如扣押、查封、拍卖等税收保全、强制执行措施未能充分实施，这也是目前欠税普遍居高不下的主要原因。②立案及处罚不到位。立案率、处罚率偏低，处罚力度不够，大案、要案查处及公告不多，滞纳金的加收严重不足。③普遍存在以补代罚、以罚代刑的现象。对偷逃税事实清楚、手段恶劣的纳税人不能立案处罚，仅以补税处理结案，对应追究刑事责任的案件仅以行政处罚代替。

(4) 税务代理业发展缓慢。我国从20世纪80年代初开始兴起税务代理业务，从业人员也才近万，发展速度相当缓慢，这种缓慢的发展速度不利于配合深化税收征管改革，不利于税务机关和纳税人之间形成有效的相互监督、相互制约机制，不利于维护国家利益和委托人的合法权益，不利于社会主义市场经济的发展。

## 二、提高我国依法治税能力的几点建议

(1) 深化税收立法改革。①尽快制定《税收基本法》。《税收基本法》的制定对于加快完成税收实体法的立法，完成税收程序法的修订和完善，规范税收法律体系，提高税收执法和司法的法律效力具有关键意义。②完善税收实体法。税收实体法是税法的基本构成部分，我国税收实体法的进一步完善，主要是积极创造条件，有步骤地将各税种完成立法手续，主要税种应正式采取法律形式，其他税种有步骤地完成立法程序，提高各实体税法的法律级次，以维护税收法律的权威性和严肃性。③完善税收程序法。一方面，应该在《税收基本法》的指导下制定《税务机关组织法》；另一方面，完善行政复议法、行政诉讼法等程序法，以适应新形势的发展需要。

(2) 更新税收工作观念。①必须提高全体税务干部特别是各级政府领导干部对依法治税、加强税收管理的认识，要认真领会法治、公平、文明、效率的新时期治税思想。②加强管理意识。领导干部自身也要进一步解放思想，转变减税让利的陈旧观念，集中主要精力抓管理。

(3) 加大税法宣传力度。①加强税法知识普及教育，使纳税人知法、懂法、自觉遵纪守法，提高全民依法纳税意识。②丰富宣传手段。要善于利用科技飞速发展的成果，把多媒体、互联网技术运用到税法宣传工作中去，以便使广大纳税人能够全方位、多渠道地了解税法内涵。③认真学习税收法律、法规，强化税务队伍建设，通过学习、培训等手段，使税务人员加深对税收基本法规的理解。

(4) 加大执法力度。①强化税务处罚，增强执法力度。当前，偷逃税现象比较普遍，与处罚力度不够有着密切的关系，如果处罚有力，使偷逃税者纷纷落网，加

大偷税成本，就可以减少这种现象的存在。②建立过错责任追究制度。从税务机关执法特点看，过错追究应分为三个层次：一是岗位责任制追究，包括对违反劳动纪律、工作纪律的责任追究；二是税务执法过错责任追究；三是税务违法违纪的追究。

(5) 完善税务代理业。①健全税务代理机构。税务代理机构作为社会中介机构，同律师事务所、会计师事务所一样，不应隶属于任何政府部门。②提高税务代理人员的业务素质，这是税务代理业发展的根本保证。③加强服务宣传，让税务代理走向市场。税务代理机构应当从税务机构中剥离出来，找准自己的市场定位。税务代理业是服务业，而非垄断和强制性行业。我国的税务代理业要从“行政型”走向“市场导向型”，就要遵循经济规律，进行市场运作，加强业务宣传。当纳税人真正认识了税务代理，税务代理的业务范围和市场范围就自然扩展了。总之，发展税务代理是一种必然趋势，是我国市场经济发展的一种现实需求，只有认识其不足并对症下药，我国的税务代理业才能健康有序发展。

资料来源：中国前程网

**思考与分析：**

1. 结合我国的社会体制，讨论依法治税的现实意义与弊端。
2. 关于依法治税，你有什么更好的建议？

# 参考文献

[1] 王曙光．税法［M］．3 版．大连：东北财经大学出版社，2007.
[2] 中国注册会计师协会．税法［M］．北京：经济科学出版社，2009.
[3] 玉金申，常丽艳．税法［M］．北京：中国经济出版社，2007
[4] 张松．税法管理［M］．北京：中国税务出版社，2008.
[5] 张富强．税法学［M］．北京：法律出版社，2007.
[6] 杨斌．国际税收［M］上海：复旦大学出版社，2007.
[7] 汤长胜．税法［M］．上海：立信会计出版社，2009.
[8] 赵恒群．税法教程［M］．北京：清华大学出版社，2007.